威廉‧德萊斯代爾

Helps for ambitious boys

論青春

寫雄心壯志的你

威廉‧德萊斯代爾 著

孫陽 譯

美國教育家談青春的轉化與成功

用堅持與毅力克服挑戰！

以正確的方式步步為營，

──────── 【實際案例 × 名人名言】 ────────

做正確的事，比財富更有價值！

不僅是年輕人的指南，更是一部激勵人心的經典之作
值得每一位有志於成就一番事業的年輕人細細品讀

目 錄

目錄

目錄

引言

「成功的奧祕在於對目標始終如一地追求。」只有精力是不夠的。每一個年輕的美國人都擁有精力，但是他們可能會被誤導，最終迷失。要將精力和始終如一地追求目標結合起來，以這樣的狀態來做事情，幾乎無往不利。

班傑明·迪斯雷利（Benjamin Disraeli）說過這些話，並且清楚地了解它們的含義。有一些人為了追求名譽、榮耀、地位而比他更加努力，可是他卻成功地超越了這些人。所以，如果你為自己定了一個高遠的目標，並且下決心越過在前進道路上的每一個障礙，那麼你肯定可以獲得那些名譽、榮耀和地位。

堅守始終如一的目標，就是奇蹟的創造者。很少有人在年少時，或者剛剛成年之際就能親眼目睹這個奇蹟。比如說一個小男孩，他還未到達懷有理想的年紀，做事情全憑興趣，設立了一些看起來超越自身能力的目標。他沒有錢，他的父母和朋友也沒有多餘的錢。不過這個孩子若完全下決心去做，那麼成功就會到來。每賺得一分錢，每節省一分錢，就會離成功接近一點。沒有什麼可以誘使他花掉這筆很少的積蓄，因為在他眼中只有那一個目標。倘若他始終如一地追求這個目標，那麼他就可以擺脫貧困 —— 克服這個最常見、最困難的障礙 —— 然後達成目標。

這也同樣適用於生活中的許多事情。對目標持之以恆的年輕人，決心以自己的方式度過大學時期，他們極少會失敗。然後他替自己設定了另外一個目標 —— 在某一個特定的產業裡取得成功。上帝給予了他健康和力量，只要他始終如一地追求這個目標，就一定會成功。人們通常會對這個人強大的意志力讚嘆不已。

引 言

　　在本書中，作者盡力在選擇方向以及鎖定目標上，給予年輕人一些實際的幫助。只告訴一個人勝利之後可以獲得什麼獎賞是不夠的，他必須學會怎樣邁出通往勝利的第一步。他必須獲得一些幫助，去選擇更高的目標作為他持之以恆的對象。

　　但是即使是一個最明確的目標，經過多年努力後實現了，除非這個目標是由一顆純潔的心靈和清楚的認知達成的，否則它也將失去自己全部的光彩，唯剩遺憾的灰燼。沒有成功能彌補這些昂貴財富的流失，做正確事情的意識要比金子更有價值。世界上巨大的財富不足以補償一個年輕人失去的自尊。這不是種信念，而是事實；作者設法用這種不爭的事實，作為本書每一章節的基礎。

—— 威廉·德萊斯代爾

第一章　抵押青春

不僅要生活，還要生活得更好。

—— 馬提雅爾

讓我們看一下股票並計算一下自己的資本。無論做什麼事情，都必須有某種資本。倘若想要合理安排自己的事務，就必須弄清楚我們到底處在怎樣的處境中。

只以商業的眼光來對待股票是不夠的。我們有很多已到手或馬上就要到手的現金、商品、證券、房產，同時也有不少負債，所以必需要進行更深入的研究。那麼什麼樣的書，用不著拐彎抹角，就能向我們展示如何確立自身的信用，或者說，能夠幫助我們找到生活的機遇，讓我們擁有健康的生活呢？

某些最重要的資本，無法在書籍中展現出來，只能透過觀察研究來得到。信用便是其中之一。看看周圍年輕的朋友，選擇其中的兩位。第一個人，整日隨隨便便，無精打采，懶懶散散，在一個地方待不住。身上總有些劣質香菸的味道；臉色泛黃，喜歡百無聊賴地四處閒逛。你認識這樣的年輕人嗎？你不會也是這樣的年輕人吧？倘若他要借錢的話，鎮上的每一個商人都會嘲笑他。因為大家都知道他沒有能力償還，這個人沒有信譽。

另一個則正好相反，做事謹慎，精力充沛，有禮貌且神采奕奕，遵守承諾，總是在忙一些事情，不沉溺於酒吧，認識的人都喜歡他。你也十分了解他，城鎮上無論是百貨商場還是街邊小店，都樂於賣給他任何他想要的東西。他也不用要求信任，他確實不需要這麼做。但是如果他急需

用錢，也不會被人拒絕。因為大家都知道他會還，這就是信用，這就是資本。

　　繃起你手臂的肌肉，是的，這很難，那適度地伸展呢？若是把這種理念放到信用上面，那就是資本。眼睛不錯，即使在讀了許多書之後仍然不會感到難受，這是更多的資本。每天晚上睡得不錯，那麼你擁有的資本就越來越多了。強健的體魄，強壯的四肢，走路鏗鏘有力，身體筆直，抬頭挺胸，即使關節鬆弛，也不會無精打采。那就是你的儀態，這種儀態就是資本。在人生的道路上，擁有這種儀態的人才更容易成功。沒有人願意去僱傭一個拖拖拉拉的人，這個人即使是在上班的時候也會無精打采。

　　當我們猜想你的青春價值時，若是告訴你這是多麼龐大的一筆資本，你會認為這非常誇張，因為它幾乎超出了你的想像。一個中年的雇員根本就無法擁有與你相同的機會。讓我們設想一下，你和一個四十五歲的中年男人一起在一家商店應徵，這家店待遇優厚，前景良好。你覺得誰會更有機會呢？這個中年人強調他的從商經驗，但他生活不幸，事事不如意，妻子和孩子疾病纏身，倘若把這個職位給他，就是一種慈善行為。身為一個不得志的中年雇員，鬱鬱寡歡是他的行為特徵。而你呢？輪到你時，你承認自己入行尚淺，什麼也沒有，除了青春、誠實、信念、良好的儀態、健康的身體以及不錯的精神狀態──「我將會盡最大努力去學習的，先生！」

　　從雇主的角度去看待這個問題，他會怎麼想呢？這個男人不是一個成功的人，而是一個不幸的人。我不喜歡不成功和不幸的人，我和他的妻子和孩子有什麼關係？這裡又不是慈善機構。他熟識商業，經驗豐富，可是他不知道我們的經營方法。這個中年男子為某家公司或很多小公司工作了二十年，並且知曉他們的經營理念。但那是他們的經營理念不是我們的，很難讓舊瓶裝新酒。

而另一個表明會積極學習的年輕人，他的朋友對他評價頗高，並且他本人也相當積極、健康、樂觀，對事物充滿了好奇。他會去做我吩咐做的事情，即使使用一些不太熟悉的方法也不會抱怨；當我派他去做一些他不想做的工作時，他也會去做，並且回來時仍會面帶微笑，他會學一些我的方法，並且讓我感覺很舒服。但那個中年人在做完之後，卻會怨聲載道。所以我會選擇年輕的那個。

　　有理由相信，我們所擁有的資本要比自己認為的多得多。青春、健康、良好的信譽、雄心壯志、愉快的心境、端莊的姿態、正直的行為準則，所有的一切都展現出一個良好的你。要是我們沒有負債，我們就能夠滿帆而行。倘若我們不能平衡資本與負債，那麼我們就很難立足。下面是關於債務的一些問題：

　　在一位商人自己的帳冊中，債務不會完全展現。許多公司在根本不具備償還能力的情形下，財務報表卻做得十分完美。帳外帳一般會被放到安全的地方，通常是放在家中，而正是那些帳冊，才能真正地說明公司債務的問題。如果我們可以看出營業額已經下降，而必要的花費幾乎不能降低，那麼為了所需的現金，抵押一部分財產，資本就承擔了被削弱的風險。然而以上所提到的這些，沒有記錄到正常的帳簿上，它們只記錄到了被小心保管的個人帳簿中。結帳前你一定要仔細翻看記帳簿，並且了解資金的數目，認真核對每一筆帳目。我的資本在削減嗎？我的財產抵押了嗎？

　　我們早已對你的資本有所了解，棒極了！不過與其他資金一樣，你需要小心地使用。有一句經常令人誤解的古老諺語：「用好小錢，大錢自然滾滾來。」但大錢是存不住的。大錢要小心照管，兩塊錢要甚於一塊錢，一千塊錢要甚於一百塊錢，一百萬要甚於一萬塊。資本無論大小都不能自我增值，因為對任何形式的資本來說，它們都可能被用來進行抵押，這是極度危險的。

　　資本的抵押是所有風險中最可怕的。大商人如果失敗，資本全部賣空，他可以選擇重新累積資本，可是你沒有這種機會。上帝賜予你的資本是為了讓你妥善地保管，且能夠適量地增加。只要失敗一次，資本將一去不復返，不會有重新開始的機會了。所以留心資本抵押！

　　在危險的抵押中，任何環節都有可能給你這筆新資金造成貶值。你的體力和精力占據你所擁有資本中的大部分，並且無論什麼影響或消耗了它們，都需要你去補償，只是時間的早晚罷了，而通常是早早地補償為好。假使你做的事情需要你付出精力、體力以及年輕的心態，那麼你是要付出代價的，並且一點都不能拖延。你曾做過這樣的抵押嗎？

　　仔細想想，除了你自己以外，無人能回答這樣的問題了。你也許已經做過類似的抵押而沒有察覺，原因是它們並非全部透過不道德的行為與錯誤的行動而進行。你的夥伴做的某些事，也許對他來講並沒有什麼傷害，對你卻不然。

　　就像早餐的一杯特濃咖啡，這可能會緩解你早晨的倦怠，卻也有可能影響身體。這杯特濃咖啡是很有效的振奮精神飲料，然而對於你的年紀與精神狀態來說，卻不需要這樣的振奮劑，你只要好好休息、恢復體力就夠了。咖啡本身並無害處，但是若發覺你受到傷害了，那它就不再無害。沒有什麼東西能讓你的氣色，在接下來的幾個小時裡看上去很健康，無論它是什麼（那些會削弱你的資本的許多小事件，以及無數的大事情），只要傷害你的健康，削弱你的體力，都是將你進行了抵押。

　　在這個國家有將近 500 萬的房地產抵押借款，有 400 萬憂慮並陷入麻煩的抵押者。但還是有上百萬的抵押存在，而且不少的焦慮和悲傷是由抵押所引起的！小心抵押！

　　你非常強壯，行動力極佳，而且沒有什麼能傷害你嗎？你總是參與球類運動，賽艇比賽嗎？在健身房中，參與所有運動專案嗎？所有的一切你

都要更加小心。因為你可能太過於自信，太肯定自己的體力了。有多少人把他們一半的體力，投身於這些健康的運動中，卻窮其一生無法彌補。就好像經常用水罐去井裡打水，最後水罐卻破掉了。

你知道保險公司是怎麼談論風險的嗎？一個人自己去承擔風險是愚蠢的，應該由其他人承擔。可是上面所說的風險是無人能代替的，即使是最好的朋友也不行，你必須自己承擔。腿腳不靈活或其他任何身體殘疾，都是不良資產。

某一天，一個有著這些不良資產的年輕人，拖著一條木製的假腿，拄著拐杖，蹣跚前行。若非如此，他是一位相當優秀的年輕人。在其他同伴圍著一輛煤車，努力地往上爬時，他會做什麼呢？他會照顧自己。而且他確實是這樣做的，早上，他們把撞傷了腿的他送到醫院。他的三個兄弟在城中都十分富有，不過他只是個鄉下雜貨店的營業員，深受殘疾的拖累。臨街有另一個人，他沒有右手。他用鳥槍射擊的時候炸掉了右手。與擁有雙手的人相比，區別在哪裡呢？

你自己知道競爭是多麼激烈嗎？對於每個新開的店來講，有許多應徵者和許多適合這個位置的人，但如果是身障人士，或者是能力不足的人，那麼便注定要失敗。你需要用自己全部的資本，去爭取一切的機會。基於這個原因，我想要你問問自己：是否要透過吸菸來耗盡自己的體力？我們大家都知道，這是錯誤的，因此在這一點上不需要討論。每個人都知道這個道理，老菸槍最了解。

在這件事情上，你需要透過別人的眼睛看問題，去形成自己的觀點。當你看到一個男孩或者一個年輕人在抽菸，對於他，你總是有自己的看法，不是嗎？要是你也愚蠢到去做同樣的事情，其他人對於你也會有這樣的看法。當你看到一個男孩在抽菸，你是否會感覺到，在他的身上缺少了些什麼？難道這不是反映著他的父母，以及在他成長過程中的烙印嗎？

　　如果你是老闆，你的年輕店員總是找機會抽菸，你會怎麼想？當他經過時，大家都關門閉窗，阻擋那難聞的氣味；這個年輕人身上永遠帶著難聞的菸味。你會僱傭他嗎？又或者你自己就是一名年輕人，你會把這樣的人塑造成一個供別人模仿的榜樣嗎？

　　但是儘管如此糟糕，關於吸菸，這還都不是最壞的。問問任何一個你認識的吸菸的人，吸完菸之後，沮喪的情緒是否依然存在？然後問問他，酒精是否是能夠消除低落情緒最快的東西？注意看，在你問他這個問題的時候，他的眼神是否有閃躲？不過這並不重要。繼續問他，是否喝完酒會吸菸，吸菸之後是否會繼續喝酒。

　　簡短地問他，作為經歷過這件事的人，香菸和酒精是否是住在同一個屋子裡面的、最好的兄弟。記住，是烈酒，不是啤酒，不是威士忌，只是烈酒。人們想喝的就是烈酒，而且也真的是在喝烈酒。何種包裝都無所謂，不管它是以啤酒的形式或是烈酒，或者白酒，甚至是很烈的蘋果酒，都含有古老的、相同的酒精。酒精，這個公路上的殺手，去年殺死了比美國與西班牙戰爭死亡人數多 1,000 倍的人，而且它今年也會害死和去年一樣多的人。請不要讓酒精害了你！

　　我們幾乎沒有必要去討論酒精的問題，不是嗎？你知道所有自己關注的東西，不是嗎？一旦你陷入那裡便無法自拔。一旦一個年輕人習慣於此，他便再也不能回到從前，而且，爭論對錯也為時已晚。畢竟資本沒有了，信用也沒有了，一切已經落幕。

　　我們看到了許多陷阱，但是在它們中間有穩固寬廣硬實的路，通往快樂、幸福、健康和優秀。由這些年輕而又忠心的美國人所組成的偉大軍隊，每年都安全地走過這條大道。這些士兵們強壯、勇敢、雄心勃勃，絲毫不會失去他們的資本，沒有進行抵押。這些大路如此擁擠，稍稍有些猶豫便會被人擠到後面。意志薄弱者必須得到幫助；而心智堅強且身體健康

者，會在路上穩步前行。至於那些打擦邊球的人，最終還是會跌到。

聰明的考頓說：「健康和金錢的差別就在於：金錢是最被嫉妒的，被享受的卻最少；健康是最被享受的，卻很少被羨慕。當我們看到窮人不會用健康來交換金錢，富有的人卻很樂意用他們的錢去買健康時，健康的優勢就顯而易見了！」

第二章　健康的體魄與健康的心靈

我的朋友，我非常真誠地建議你，一定要照顧好自己的健康與安全，它們於我們是最為珍貴的。我不會讓那些照顧簡化成毫不在意，或者變成過度的關心。這樣的話，通常會失去一個人的優雅，也會給他人造成麻煩。

—— 伯克

適度與節制的生活，是你擁有健康身體的關鍵。

—— 班傑明・富蘭克林（Benjamin Franklin）

只有健康，才能在工作與生命中得到樂趣。愚蠢的人才會揮霍健康，如果他浪費健康的話，簡直就是一種犯罪。為了短暫的歡愉而搞壞了身體，幾年時間的紙醉金迷，只會帶來無盡的懺悔。很多時候，那些所謂的快樂更像一個搶劫犯，摧毀了我們的幸福。

—— 薩穆爾・約翰遜

每個人都能在艱苦的條件下，發揮出驚人的、創造奇蹟的能力。

—— 洛克（John Locke）

快樂是健康之本。心臟小小的顫動，就會讓纖細的血管產生阻塞的危險，很有可能還要做心臟搭橋的手術。更不要提那些讓血壓飆升，或者不斷影響情緒的事情了。我記得有不少以前遇到的老年人，他們衣著光鮮，到處找樂子，最終都讓心臟受到了很大的傷害。實際上，健康與快樂是互相影響的。也正是基於這個不同，我們經常可以看到擁有健康體魄的人肯定會擁有快樂，而那些注重快樂的人，卻未必會擁有健康的身體。

—— 埃迪森

讓身體保持流汗，是保證健康的不二法門，也是身體健康的特徵之一；反之，疾病就離你不遠了。

—— 阿巴斯諾特

一個只注重外表的人，認為健康是可有可無的，他們總是覺得自己的做法，不會令自己生病。不過，當我在替他們檢查身體時，我知道他們的血管已經出了問題。我很好奇，為什麼人們總是要去做那麼多直接影響自己身體健康，甚至會導致死亡的事情？不過還好，上帝只允許我們死一次。

—— 布朗爵士

做些園藝，養養動物，或者在森林裡工作，都是不錯的、讓人健康的工作。

—— 洛克

現如今，一半的疾病都是由於大腦超負荷工作而忽視了自己的身體。在這個火車的世紀，體力與腦力的發展並不會有絲毫停頓，或者是因為人們的自憐而進展緩慢。我們比我們的祖輩活得更長，但是卻比他們受了更多的壓力。他們損傷的是肌肉，而我們卻連神經也受到了傷害。

—— 利頓勳爵

保持健康的有效方法，是擁有一個安靜與愉悅的心情，而不受那些無謂的或者無節制的激情影響。

—— 雷

在富足的家庭中，很少可以看到如運動員般的健康與精力充沛；而在鄉村，在那些貼近自然的地方卻很常見。

—— 索斯

健康是非常珍貴的，實際上，也是人們唯一應該為之付出的東西。不僅僅是付出時間、汗水，體力與財富，還有生命本身。因為沒有健康的

話，生命對於我們來講就是有害的。如果沒有健康，更加談不上樂趣、智慧、學習與品德了。我們都不否認，哲學對我們來說很重要，但是假設柏拉圖疾病纏身，有著嚴重的癲癇，或是中風，他還可以用他的靈魂來創作嗎？為了健康，任何付出都是值得的。

—— 蒙田

若是健康可以用金子來購買，誰會變得不貪求呢？若是健康要透過權力和名譽來保持，誰會不努力追求呢？不過，對於患了痛風的雙足來說，就算是白宮的幕僚也比不上一根橡木拐杖。再好的綬帶也不如繃帶那樣可以包紮傷口。金銀首飾的光芒只會灼傷雙眼，卻不能治癒疾病。把普通的睡帽換成皇冠，也不會對頭痛產生絲毫作用。

—— 坦普爾爵士

對於富人來講，健康的辦法就是多鍛鍊和減少慾望，要假想自己是個貧窮的人。

—— 坦普爾爵士

沒有人會說：「我馬上要開始生活了。」幻想著明天才開始生活是不明智的，要活在今天。

—— 馬沙爾

是的，身體裡裝了太多昨日的垃圾，讓我們的心靈不再高尚，如行屍走肉一般。

—— 賀瑞斯

首先，我要健康，其次，我要財富，第三，我要快樂，最後，我不要對任何人有所虧欠。

—— 腓利門

到目前為止，覺得死亡才是更好的人，往往是那些生活中遭受痛苦和憂傷的人。

—— 埃斯庫羅斯

對於所有要祈禱的人，他們最想祈禱的是健康的身體和聰明的才智。

—— 埃索克里特斯

健康就好像早上清新的空氣。

—— 詹姆士·格蘭傑

有 3 個燈芯去點燃生活的燈，其中包括大腦，血液和呼吸。大腦的燈芯熄滅，其他兩個也不復存在；心臟停止跳動，生命亦將終止。就像肺裡如果沒有空氣，那麼火焰就會熄滅，所有的一切很快就會停滯，變冷，變黑暗。

—— 奧利弗·溫德爾·霍姆斯

要健康就要節慾。

—— 波普（Alexander Pope）

健康是每個人想祈禱自己擁有的，卻沒有能力用錢買來。

—— 扎克·沃爾頓

健康的人年輕。

—— 弗蘭德

失掉健康就失掉一切。

—— 盧梭（Jean-Jacques Rousseau）

健康生活在森林裡，它是空氣與運動之子。

—— 考培威

噢，讓我們祈禱上帝保佑我們健康吧！那是所有人都想擁有的。因為他們深知健康的價值所在。

—— 奧頓

健康是最大的財富。正如我們都知道的一個格言，一個強壯的鞋匠要比一個患病的國王生活得更舒服。

—— 比克斯

　　只有保持健康，人們才能享受生活。一個病死在豐盛飯桌下的可憐人，可能是這些人中最有錢的。常見的疾病會讓人體力衰退，年輕的人會失去活力和魅力；音樂可以緩解令人壓抑的談話；王宮就好像監獄一樣，或者說和監獄差不多；富貴其實是毫無用處的，皇室的榮耀，麻煩的侍者和王冠，都會給他們自己帶來一些負擔；不過在他們的生活中，疾病就好像暴徒一樣，當王子和乞丐沒什麼不同。

—— 坦普爾爵士

　　一個年輕人寫下了一段他想要履行的責任，其中最重要的就是健康，對於健康的價值來說並沒有誇張，健康是必不可少的，每個人都想擁有它。

—— 曼恩

　　如果健康是生活中最珍貴的東西，那麼我們必須避免任何事去傷害它或影響它。做一些值得去做的工作還是可以的。健康是人們最想向上帝祈禱保佑我們的事情，擁有了健康的身體才可能讓我們熱忱地投入到其他我們想做的事中。

—— 浮士德博士

　　健康當然比金錢更有價值，因為只有身體健康，我們才有能力去使用金錢。成千上萬的人認為，健康有助於減輕痛苦的折磨，去修補損壞的感官，使消化吸收恢復良好。

—— 塞繆爾·約翰遜博士

　　最大的財富是健康，得病了之後精神就不飽滿。雖然節儉的人能生活下去，但是為了健康，他們也會不遺餘力。人們應該更重視健康。

—— 拉爾夫·沃爾多·愛默生（Ralph Waldo Emerson）

一個有著強壯體魄的窮人，要比一個受盡病痛折磨的富人更加幸福。健康和良好的身體狀況，要比所有的金錢更重要，強健的體魄要比無限的財富更重要。沒有什麼錢財和快樂享受，能比健康對我們的影響更大。

—— 西拉

倘若一個人失掉了良知，那麼這個人就沒有必要繼續活在這個世上，因此，要萬分注意。第二件事就是健康，若是你已擁有健康，那就感謝上帝吧！那是僅次於良知的東西！

—— 沃爾頓

你貯藏的健康是你私人的東西，而金錢是大家共用的！

—— 德萊登

一個擁有最佳大腦的身體，同時也可能是最早出現問題的身體。

—— 迪歐·劉易斯

使男人和女人精神萎靡的主要原因，是處於不健康的身體狀態。

—— 亨利·沃德·畢徹

沒有健康就無法生存下去。當體質逐漸衰弱的時候，死亡的侵襲就會隨之而來！

—— 拉伯雷

關心你的健康，你不能忽視它。病痛會成為你的負擔，也會牽連到其他的人。吃點清淡的食物，切記不要吃的太多；做適當的鍛鍊，有計畫、有步驟的做好所有的事；如果身體欠佳，在身體沒有康復之前，你肯定也吃不下飯的。

—— 霍爾

有規律地調整情緒、堅持不懈地鍛鍊、應季地增減衣服、吃點簡單營養的食物、戒酒，這些都是健康的養生之法。

—— 西格妮

血的教訓肯定會成為我們精神的指導者。老師給我們的第一課，也會是同樣的內容。身體是精神的基礎。事實上，我們只有淨化一下吃的食物和呼吸的空氣，我們才能健康。

—— 廷代爾

他們給人們留下的深刻印象，莫過於在戰爭中所有充滿血腥的武器。那些忽略保護的人相當於是自殺。

—— 尼弗

胃病的一個症狀是消化不良。

—— 克爾

如果人們在通風、沐浴和戶外運動上，再增加三倍的注意，並且只有三分之一的時間花在吃，消費和熬夜上，那麼醫生、牙醫和藥商的數量，還有神經痛、消化不良、痛風、發熱發生的次數，就都會減少了。

—— 克拉克

想成為一個真正的好人，最好的方法就是要將健全的精神寓於健康的身體之中。

—— 鮑文

健康和長壽的祕訣，在於要有良好的自制力、新鮮的空氣、簡單的勞動和較少的煩惱。

—— 菲利浦·西德尼爵士

聽力遲鈍會使人焦急，但是如果每天都陷入這些無法想像的恐怖意識，難道不會引起肝臟疾病嗎？

—— 克萊爾

思想的痛苦驅使人們數千次的自殺，而身體的痛苦卻不會。這證明，健康的心態給我們帶來的快樂，比身體健康帶來的快樂更多，兩者都值得更多的關注。

—— 科爾頓

養生法要比藥物治療好，每個人都應該是他自己的醫生。我們應該協助生理機能去工作而不是去強迫它。吃的東西要適度，適合自己的體質，不是什麼東西都對身體好。因為我們需要去消化它。什麼藥物可以促進消化？運動。什麼東西可以恢復體力？睡覺。什麼可以減輕無法贖掉的罪惡？耐心。

—— 伏爾泰（Voltaire）

人類若要維持生命，空氣比吃喝更重要，要是沒有空氣的話，人類存活不超過一個小時。不過現在呼吸的空氣中，含有很多汙染性物質和氣體，這些氣體不能減少我們體內的碳含量，也不能使我們覺得神清氣爽了。

—— 薩克雷

拒絕生病。不要告訴別人你生病了；不要讓你自己得病。一個人在生病開始時，就可以消除它的。

—— 布林沃

無論什麼時候，一個人無論遇到多大的困難，他都必須要保全兩個東西：胃黏膜和琺瑯質。所有罪惡都可以被安慰，但是消化不良和牙痛卻無法。

—— 布林沃

有健康就有希望，有希望就有一切。

—— 阿拉伯諺語

在田野上狩獵和醫生開一副令人作嘔的藥相比起來，前者對健康要好。

—— 德萊登

在每次困難的考試之前，我總是有一個好點子，就是把書都放置一邊，一兩天不去看。考試前，你始終要保持頭腦清醒；保持腳下溫暖；稍微吃一點點心；起得早一些，在半夜十二點之前入睡。

—— 哈代

我向上帝祈禱，當我過完 28 歲時還能和原來一樣。經常地鍛鍊，早起，每天早晨和晚上宣講、說教是我主要的工作。

—— 韋斯利

我有一隻老貓，牠跟我學到許多關於健康的課程。牠知道日光浴的保健價值，並且會找到庭院裡陽光充足的地方，我會走過去並且坐在牠旁邊，仔細想想我該怎樣去工作。

通常來說，年輕人除了需要陽光和空氣之外，不需要醫生；但糟糕的是，如果他病了或者他認為自己有病，他就會去找醫生，而且通常是去諮詢那些嚇唬年輕人的庸醫。即使他因為自己的愚蠢真的病了，與其去找那些庸醫和騙子，還不如多聽聽他父親或者是家庭醫生的建議。

—— 哈代

我們必須非常小心地考慮，我們嘴裡說出的話和允許進入我們嘴裡的食物和飲料。一名男生曾在班上觀察一根針，然後寫了一篇短文 —— 是針拯救了上千人的性命。校長要求他解釋，針是怎樣拯救上千人的性命？男生回答道：「因為沒有人會吞食它。」現在英國正好是醉人的酒，救了超過 4 千萬戒酒者的性命。因為他們為了自己的健康、好的德行和可省下的錢，而沒有飲那些酒。

—— 哈代

無論我們身上的缺點或者優點是什麼，都很少人會去注意到，無論是我們的幼年時期還是青年時期，大家喜歡的運動和娛樂消遣都是挺不錯的。某些工作的性質，決定那些四肢強壯的人可以勝任，這項工作也同樣

會逐漸適合那些四肢強壯的年輕人，讓那些從事重體力工作的人去從事輕體力工作，或是間歇性工作，會毫無競爭意義，也無法給他們帶來強烈的成就感。那結果不言而喻

——布萊凱

清晨，做這樣的二頭肌鍛鍊：讓一個年輕人直立，手按住他的胸膛，讓他深呼吸，同時做曲臂運動五十次，不要間斷。然後把啞鈴放在腳邊的地板上，同時小幅度的曲腿，雙臂自然下垂便可，再直立，重複此動作五十次。這樣，腰部和背部也得到了鍛鍊。休息一分鐘後，直立，讓他向上舉啞鈴五十次，並保持肘部不彎曲，當啞鈴達到最高點的瞬間，定位要當心，下一步是把啞鈴置於與肩同高處，舉過頭頂再移到肩部，重複此動作五十次。再休息一會，然後再把啞鈴舉過頭頂，並且緩慢向下移動，直到手臂處於水平位置，同時要保持肘部的放鬆。

增加舉啞鈴的高度，再減少，像這樣小心地把啞鈴舉過頭頂六英寸，或更高的垂直位置然後再降低，重複此動作十次，這樣使胸腔得到最大的擴張。像這樣的擴胸運動，十次之後便可休息半分鐘，依此循環直到完成五十次。這最後一項鍛鍊，是最耳熟能詳的擴胸運動。上述五項鍛鍊之法不足為過，畢竟腰部以上的肌肉群並沒有得到充分的鍛鍊。而且肺本身擁有超強的韌性，所以整個過程你只花費了不足十五分鐘。假使想做手部和前臂的鍛鍊，你可以抓住一個類似於掃帚柄或粗壯藤條的棒狀物體的中間部分，抓住的長度大概是你手臂的長度，用一隻手快速地旋轉一百次之後換另一隻手。

——白禮傑

在傍晚的時候，以每小時四英里的速度步行，其著地的力度相對於平時走路的力度要大些。這項鍛鍊會給腿部和腰部帶來足夠的鍛鍊，宏觀來說，這也是必要的。簡要地講，如果每天睡覺之前，基於那些人已做的鍛

鍊，每晚可穿著輕便的服裝進行七分半的一公里跑步鍛鍊，或者不到七分鐘，以此堅持一個月，或是每週三次，每晚兩公里。若是堅持此項鍛鍊六個月，將會給大腿和小腿全新的變化，這變化是我們所希望見到的。

—— 白禮傑

第三章　大學是什麼

　　春天來了，小草生根發芽，很快就會遍布整個院子；除掉那些藥草，不要讓它們妨礙到鮮草的美味。

—— 莎士比亞（William Shakespeare）

　　「知識就是力量」始終是真理。當今世界的所有變化，並不能影響舊時的這個說法，但是，究竟什麼是力量呢？過去的機械時代，代表著一千個木質槓桿需要兩千人去控制。而當今一個小小的發動機便可做許多工作。通常狀況下，一個人，甚或是一個小孩子，就可控制閥門的開或關。這兩千人曾經所做的工，與現在小型發動機所做的工是一樣的。不過對於他們來說，那些工作是沒有任何要求的。在不同時代使用的能量，無論是精神上的還是身體上的，其形式也會隨著時間的變遷而改變。

　　大概在一千多年前，安德烈向俘虜他的人展示自己的金錶，以此說服他們相信自己是身分尊貴的人。現在你會相信那是身分尊貴的象徵嗎？很早的時候，人們引用那些來自希臘和拉丁的詩歌，以便使對話顯得優雅，這在那個時代都是必不可少的部分，特別是與那些不懂拉丁文的人談論一些拉丁文的段落，你就會被當作是學者或是紳士。可是現在，在正式場合已不再使用拉丁文了。隨著權力的更迭，習慣也有所改變，同時知識的組成形式也隨著其要求而有了變化。

　　「我需要一把鏟子。」你對五金店主講。

　　「你用它做什麼？」五金店主問。

　　當你告訴他要做什麼時，店主就知道該向你介紹雪鏟、煤鏟，或是農用鏟了。

「我對於知識有一種恐慌感。」我想我聽到這是你所說的。首先向自己提出問題：「我將用知識做什麼？」當你在回答這個問題的時候，要確定自己所需要的是哪種知識 —— 哪一種教育。

大學教育是一件好事情嗎？它當然是一件好事情，這一點很少有人會否認。藝術、建築藝術、象形文字都是不錯的知識。它們是不錯，但是否值得花費大量的時間和金錢來研究，你必須要考慮這一點。在某些情況下它們是不錯的，可是在另一些條件下，它們是一種對資本可悲的浪費。比如說，特等豪華鐵路客車對旅行是一件好事情，不過有時候普通火車更合適一些。這兩種車都能到達目的地。

你經常會從長輩那裡聽說他們讀完大學的方式，不少東西在我們看來很難克服，例如伐木，生火或者一些其他的方式。那些故事大部分是真實的，也彰顯著他們無數的榮耀。但是不要再想了，畢竟在那個年代裡，幾乎每個美國村民都曾經宰過自己的公牛，晒乾皮，做成靴子。擁有兩千美元的人就是富翁了，但是他每天早上還是要自己去井邊洗衣服，就像他的那些窮鄰居一樣。這是一片新的疆土，沒有奢侈品和財富。不過現在時代已經改變了。

很久以前，大學生的狀況反映了他們父母的地位 —— 現在還是如此，將來也是如此。父母工作十分努力，孩子們工作也努力，即使那是一份不太體面的伐木工作。但是現在它沒有一點不光彩，這是自然法則，所有的美國人以其平等思想都會遵守的。

我們在政治上是平等的，在社會上卻未必如此。這個伐木工人可能是比其他人更好的男人，可是他在他的公司裡感覺不一定舒服。有一個富豪，他自己擁有蒸汽遊艇，花錢不會受任何約束，而如果不考慮你和他在社會地位上、智力上、和所擁有的財富之間的差異，其他所有方面你們都是平等的。但是在與他的交往中，你有什麼可以高興的嗎？你可能永遠也

不會被他們接受。人以群分，物以類聚。

我們的父母不再自己做長靴了，大學生也不再生活在太古時代的閉塞中了。我們的財富增長來得容易，居住條件更加奢侈，大學也是這樣。富人的兒子都會上大學，那可能只是為了一個名聲。原來年輕人上大學的方式已不復存在，當然那種方式在某些情況下，還是挺有效的。不過現在比一個世紀以前要難上十倍，如果當時的條件像現在這樣，也許我們那些歷史英雄也做不到。

你自己就會注意到，當然也可能是在別人的提醒下注意到的，那些感慨自己沒機會上大學的人，通常都不了解大學會賦予人什麼 —— 其實並不是普通學校所教授的那些知識。

倘若你將成為一名大學生，對知識的渴求是第一位的，但不是像那種迫切希望在報紙看到自己身為足球運動員的大幅照片的那種渴望。有時候這兩種情況會混淆。第二位就是你的父母或者其他人，願意為你的花費買單。現在大學裡已不再教授砍伐樹木、開闢土地等等事情，要是你生活在一個世紀以前，你也許會這麼做。但你仍然要保留自尊，這是很必要的事情，不過現在能這麼做的人，不過千分之一了。

另外就是健康了。你身體足夠強壯嗎？學習是一件相當耗體力的事情。不過只要努力學習，心無旁騖，你一定不會是一百人中的第九十九名。在從普通學校學習了幾年之後畢業，然後進入大學的低階班，新生班。美國有許多大學，你可以根據自己的需求選擇 —— 學院的大小完全取決於他們各自的人數。允許進入普林斯頓大學初級班，你必須在以下學習科目中有令人滿意的成績：

1. 英語。該測試內容，基於英語考試統一要求的書籍。關於這些書籍的主題、結構、風格均屬考試範疇。考生要熟知所有書籍，包括：米爾頓（John Milton）的《失樂園》（*Paradise Lost*）第一冊和第二冊；荷馬

(Homer)《伊里亞德》(*Iliad*) 之一、六、二十二、二十四；德科弗利爵士的《檔案》；戈德史密斯 (Oliver Goldsmith) 的《威克菲的牧師》(*The Vicar of Wakefield*)；科爾里奇的《古代水手的霜》；索西的《納爾遜的一生》；凱雷的《燒傷》。需要研讀的書籍有：莎士比亞《馬克白》(*Macbeth*)；伯克關於美國調和主義的演講；昆德西的《韃靼部落的飛行》以及丁尼生的《公主》。

2. 拉丁語語法：詞形變化；複合詞與衍生詞的規則；句法結構與動詞；一般句子的結構；比較句和關係從句；間接引用和虛擬語氣；與方言有關的韻律學；詩律；長短格六步格詩。

3. 拉丁作品：翻譯成拉丁語的凱撒 (Caesar) 和西塞羅 (Cicero) 的散文。

4. 凱撒：《高盧戰爭》，前五冊。

5. 維吉爾 (Virgil)：《艾尼亞斯紀》(*Aeneid*)，前六冊，包括六步格詩的韻律。

6. 西塞羅：九次演說，包括反對凱蒂琳的四次演講，為阿爾齊亞斯和瑪尼連法致辭，任選其他三個，最好是為米洛、馬塞和拉格林斯的演講，以及第十四次抨擊。

7. 奧維德 (Ovid)：《變形記》(*Metamorphoses*) 節選。

8. 薩盧斯特：《凱蒂琳》或者《久顧薩》。(7 和 8 可以替換成西塞羅的演講)

9. 維吉爾：《牧歌集》(*Eclogues*) 和《農事詩》(*Georgics*)，或《艾尼亞斯紀》的後六冊。

10. 拉丁視譯：視譯成英語的拉丁散文，例如尼波斯哥尼利、奧盧斯·蓋里烏斯、塞多留寇提斯、和尤特羅匹斯。

11. 羅馬的歷史和地理：從羅馬的歷史至亞克興角戰役；義大利和高盧的古地理；羅馬城的地形。

12. 希臘語法：希臘語法與拉丁語法的相似點，重點是名字和動詞音變的知識。

13. 希臘語的構成：色諾芬（Xenophon）《遠征記》（*Anabasis*）中的簡單句和語篇，主要測試考生的口音、音變、名詞和動詞的基本句法規則。

14. 色諾芬：《遠征記》，前四冊。

15. 色諾芬：《遠征記》，第五、六、七冊（第一至三章）。

16. 希羅多德（Herodotus）：《歷史》（*Histories*），第七冊（第 160 章，第 172 ～ 239 章）。

17. 荷馬：《伊里亞德》，前三冊。

18. 希臘的歷史和地理：從希臘的歷史到伯羅奔尼撒戰爭；希臘和小亞細亞的古老地域。

19. 希臘語的視譯：從簡單的散文視譯成英語，例如色諾芬的作品。

20. 基礎法語：簡單的法語散文視譯成英語，和練習簡單的英語翻譯成法語；語法的基本原理，包括不規則變化的動詞（包括惠特尼《簡明法語語法》或者《使用法語語法》第一章，或者艾德格倫的第一章）。

21. 基礎德語：簡單的德語散文視譯成英語，和練習簡單的英語翻譯成德語；語法的基本原則，包括名詞的詞尾變化，助動詞的結合，規則和不規則動詞，可分離的和不可分離的動詞，詞尾變化和形容詞的比較級，代詞，最常見的介詞，數詞，倒裝和變位；簡單的散文的前 50 頁，《格林童話》（*Grimms' Fairy Tales*）以及邁斯納《邁納的世界》。

22. 高級法語：大仲馬（Alexandre Dumas）的《黑色鬱金香》（*The Black Tulip*）和多德的《波斯人》的法譯本。

23. 高級德語：歌德（Johann Wolfgang von Goethe）的《坎託斯赫爾曼》第五章；多蘿西婭的《倒楣鬼皮特》；哈里斯的《德語作品》，包括引言與敘事文章。

24. 算術：只包括最大公約數與最小公倍數；小數；百分比，其商業應用不在考試範圍之內；平方根；公制度量衡制度。特別考察對計算的準確性和方法的使用。

25. 平面幾何。

26. 代數：二元二次方程，包括根數，分數與指數。

27. 代數：比率和比例；變數；算數和幾何級數；待定係數與二項式定理。

28. 立體幾何與球面幾何。

29. 對數和平面三角。

在普林斯頓大學，約有 1,100 名本科學生，在拉斐特，大約有 300 名學生，對他們的要求會少些。通常的情況是，學院越大，要求越高。以下是想要成為拉斐特新生所需要參加的考試：

■ 所有課程的要求

地理 —— 現代的：政治地理或自然地理。

歷史 —— 美國：約翰斯頓、埃格爾斯頓或者菲斯克。

數學 —— 所有內容，包括公制單位。

代數學：從根式到二次方程（沃特斯大學代數前十二章，或者同等程度）。

幾何學：平面幾何的全部內容，沃特斯或盧米斯版。

英語 —— 語法：無指定教材，一般性的英語測試，主要是測試詞形變化和句法分析，以及英語慣用語的使用。

《富蘭克林自傳》(*The Autobiography of Benjamin Franklin*)和米爾頓的《失樂園》，上下兩冊：相關主題，形式與結構，包括詞源、句法與韻律在內的語言的使用。

散文習作：援引上述教材中的某一主題寫一篇短散文，如有任何拼

寫、標點、慣用語抑或段落上的明顯錯誤，均視為不及格。

　　所有考生均需讀過一定量的英語作品，最好是預備班時有老師指導，並且進行相應考試，時間以四年為宜。

■ 古典學科

　　地理 —— 古代地理。

　　歷史 —— 羅馬史的奧古斯都大帝（Augustus）和希臘史的亞歷山大大帝（Alexander the Great），通史提綱。

　　拉丁語 —— 語法：羅馬讀音法。

　　《凱撒：評註》四冊，尼波斯里的相關內容也可。

　　《西塞羅：演講》，七冊。

　　《維吉爾：艾尼亞斯紀》，六冊，田園詩。

　　《散文習作》，丹尼爾著或相應作品。

　　希臘語 —— 語法：語音，根據書面口音，或者古德溫語法序言或者哈德利—阿倫語法的第 11、14、19、20、21 章。

　　《瑟諾芬：長征記》，四冊，塞羅皮迪亞中的相關部分也可。

　　《荷馬：伊里亞德》或者《奧德賽》（Odyssey），三冊；或者《新約：福音》，三冊。

　　《散文習作》：考勒、丹尼爾，或者同等作品。

　　除了必要的花費之外，大學裡的其他開銷全靠個人把握。如果你總是一邊賺錢一邊花錢，或者看到心儀的東西會馬上買下，那麼就不要期望自己可以節省地度過大學歲月。其實在大學裡，不會比在家裡花費少。

　　大部分學校會公布學生必要的開銷。下面是從大學的開銷單子裡選出的四項。在看它們之前，我先問你一個問題：你要去旅行，可能只是個短暫的旅行，那麼在開始旅行之前，你是否會估算一下全部的花費？交通費是多少？住宿費是多少？有沒有發現最終會比預計的開銷要多？當你離開

家的那一刻起，花費就開始增長了。要是一個人對錢沒有那麼敏感，那麼他很可能要多花出一倍。下面就是那四項：

■ 哈佛大學

	低（美元）	中等（美元）	高（美元）	很高（美元）
學費	150	150	150	150
住宿	30	50	100	200
家居（年平均）	10	15	25	50
餐費（39 週）	117	160	160	390
水電費	11	15	30	45
雜費	40	60	100	200
總計	358	450	565	1,035

上述猜想金額不包括實驗室費用，書費，服裝費，洗理費，會員費，訂閱費，服務費，假期裡的費用。它們中的某些還都挺高的，而所有的花費是與每個學生的習慣分不開的。

■ 耶魯大學

下面的這個表，是耶魯大學的普通年花費，不含衣服，假期花費和雜費

	較低（美元）	普通（美元）	較高（美元）
學費	155	155	155
大學兩人合租房（均攤一半）	20	100	140
餐費，36 週	125	175	250
家居，四年合租房（均攤一半）	10	25	40
水電費（均攤一半）	15	20	35
洗衣費	15	25	40

	較低（美元）	普通（美元）	較高（美元）
書籍和訂閱費	10	25	40
服務費（社團、運動、期刊費等等）		20	100
總計	350	545	800

■ 普林斯頓大學

要是宿舍裡沒有家具，那麼學生每年的大約開銷就如下圖所示，不含服裝費，旅遊或者假期開銷

	最少（美元）	中等（美元）	最多（美元）
餐費，36 週，3～7 美元不等	108	180	252
洗衣費，36 週，每週 50 美分	18	18	18
學費與公共教室費用	150	150	150
醫務費用（可能增加）	4	4	4
布洛考樓使用費	4	4	4
錄取費（只在入學時收取）	5	5	5
房屋租金	30	60	175
水電費	10	20	30
煤氣費		10	25
總計	329	451	663
得獎學金後減免	100		
	229		
神學考生	30		
	199		

■ 拉斐特大學

	較高（美元）	中等（美元）	最少（美元）
普通花費	24	24	24
閱覽室、體育館等費用	12	12	12
餐費，36 週， 2.50 ～ 4 美元不等	144	108	90
學院宿舍，15 ～ 42 美元	42	25	15
水電費	15	12	10
洗衣費	25	16	9
學費	100	100	100
	362	297	260
官員子女減免，僅限古典課程			100
			160
官員子女減免，僅限其他課程			50
			210
古典課程最低花費			160
技術課程最低花費			210
書費			20

　　這些表格各不相同，只是金錢上的不同。其實還要計算時間成本 —— 兩年的預備學校，四年的大學時間，總共是六年。也就是要從十五歲學到二十一歲。在這六年裡，你必須要做極其艱苦的工作，必須為了你的夢想奮鬥，這些是不能不算的。

　　你聽說過不少有關大學生活裡的誘惑，當然，在大學裡的確是有很多的誘惑，我並沒有對它們置之不理，因為這些東西還都不差。不過無論是在大學，在公司，甚至在家，當你遇到它們時最好抵制一下。「讓我們不要被誘惑」，這是一個很好的要求；「給我們力量去拒絕誘惑」，這個更好。後一個是「讓我們走出邪惡」的不同說法。

我們在大學得到的知識，並不像我們應該得到的那麼多，不過在大學裡我們可以交到有價值的朋友。我不能讓你錯過大學課程裡那些非常有用的知識。朋友不再像少年時代和青年時代的那些朋友，那可以稱為最初的朋友。幾年後我們交到新朋友，但那些朋友都是處於第二位的。大學校園裡有許多優秀的年輕人，他們中的某些人將來會得到榮譽和地位。對你來說，用這個角度看待交朋友並不自私，你也會對此表示同意的。

所有的人都同意這種說法：工作中的友誼僅僅是為了實用。

—— 西塞羅

我試圖給你一些角度，讓你可以從不同方面來思考問題，從更實用的，而不是傳統的角度來思考問題。我的觀察告訴我，在工作中，最成功、最有用的人，常常不是那些受過教育的人。沒有兩個完全一樣的人，在許多情況下，你可能想當然地把大學生活看成是一個奢華的，但卻不是一個必須經歷的過程。假使你能付得起金錢和時間，就可以在大學裡混下去，否則就不行。大學經歷對於你在商界的成功，並不是必不可少的。

亨利·沃德·比切爾說：「大學學習就像是雪，擁有的越多，你可以使用的土地就越少，直到你用實際生活去融化它以前，它不會生產任何東西。」

可是不論在不在大學，都要學習和思考。塞納卡人坦率地說：「就像土地，無論它多麼肥沃，如果不培育它就不會盛產，所以沒有耕耘就沒有收穫。」

教育構成人的心靈，就像樹的傾斜是由樹枝造成的一樣。

—— 波普

第四章 「教育不是學習」

　　每個受過教育的人，都有一種自學的能力。無論一位老師的能力有多大，都無法讓一個不喜歡學習的學生學習，或者讓一個懶惰的學生學習。老師可以戰勝困難，可以指出方向，可以提出建議和指示，可以激勵學生的興趣，但是必須是由學生自己來做實際的工作。

—— 埃格爾斯頓

　　遲鈍的腦袋不能產生精神力量。

—— 赫伯特‧史賓賽（Herbert Spencer）

　　有這麼一種說法，通常自學成功的人，比那些透過正規途徑獲得教育的人更偉大、更好、更聰明，對這個說法我絕不贊同。富蘭克林博士就是一名聰明能幹的人；格里曆先生在他的職業中，獲得了重要的成功。但若是他們曾經受過正規教育的話，他們的成就會更大，成功得也會更早。

—— 埃格爾斯頓

　　每個人都受兩方面的教育：一個是所接受的教育，一個是他們的自學。後者更有價值。實際上，最有價值的事情是，他必須了解並且控制自己。正是這個構成了我們最真實、最好的營養，我們所受的教育，永遠比不上我們自己的感悟。

—— 廷曼

　　對於所有高藝術品味的建築，數學運算是必不可少的。檢查員檢查已購買的土地，建築師設計大廈，建築者計算出他的評估成本，工頭建造基地，石匠切削石頭，工匠按照幾何原理把它放到適合的地方。

—— 赫伯特‧史賓賽

你有必要問一下自己，在學習中最實際需要的是什麼？生活中工作是什麼樣的，或將來是什麼樣子？在你的工作中，什麼知識是特別需要的？什麼樣的學習會帶來你所需要的知識？讓自己在學習的過程中，學習一些實際的必要知識，在現在或將來的生活中，學習一些商業知識是非常有必要的。對於一個想要讓自己成為內科醫生的人來說，化學知識是非常重要的，然而高等數學對於他們來講，卻無關緊要。

—— 埃格爾斯頓

不到五十分之一的人，包括那些受過傳統教育的人，可以用準確的英語寫出一頁的文字。

—— 埃格爾斯頓

大眾都以為，教育的好壞主要是看人們到底得到了多少知識，而實際上，標準應該是看人們到底可以使用多少知識。他們掌握的知識中，有多少可以轉化為能力，既包括生活的能力，也包括自我提升的能力。

—— 赫伯特‧史賓賽

一個人該給兒子一個自由的教育，而不是一筆豐厚的遺產，這是父親對兒子尊重和負責任的一種表現。

—— 蘇格拉底（Socrates）

無論從限制作用還是指導意義來說，科學是最有價值的。在它所有的作用中，學習其本質要勝過了解其表象。無論是思想、道德，還是宗教，對於其現象本質的研究，要勝過對其從語法和詞彙的角度來研究。

—— 赫伯特‧史賓賽

我可以斷言，在 100 個人當中，有超過 90 個人，可以從他們所受到的教育中，知道自己是怎樣一個人，是好是壞，對社會有價值還是沒價值。這個明顯的差異，取決於他們所受教育的不同，最不容易在腦海中留下的印記，是在我們嬰兒時期所接受到的東西，而這些所產生的後果是非常重要的，在成長過程中也要持續相當長的一段時間。

我們可以容易地知道，人的第一印象就像一條河，河水可以通過不同的溝渠，若在完全相反的水道上，河流就會失去源頭的方向，在最後匯聚的時候，與其他的支流相距甚遠。我想，培養孩子也要按照我們滿意的方向引導。

—— 萊克

每個人，只要是可以稱得上人，都要用其成年後的時間去彌補罪惡，和補償我們在年輕時所犯下的錯誤。

—— 雪萊（Percy Bysshe Shelley）

一位父親會詢問兒子是否了解荷馬，是否了解賀拉斯（Horace），或者是否知曉維吉爾，卻很少會詢問或者注意，他的兒子可否能夠抑制住自己的激情，是否心懷感激，是否慷慨，是否仁慈，是否具有同情心，是否與人為善。

—— 赫維女士

我們想知道，讓孩子們接受傳統教育的真正動機是什麼？結果發現那只不過是單單要符合公眾的想法。人們像給自己穿衣服一樣，用最流行的東西來充斥孩子的心靈。一個男孩賣力地研究拉丁語和希臘語，不是因為它們的內在魅力，而是因為如果他們被別人發現自己不會這些，委實是十分丟臉的一件事情。

—— 赫伯特·史賓賽

《獨立宣言》的所有簽署者中，除了十個人之外，其他人都在大學裡受過教育。從建國到現在，超過四分之一的國家議會成員，是從大學畢業的。實際上，從人口和畢業生的比例可以看出，每個大學給與每名大學生超過三十個選擇機會。西塞羅、皮特和薩姆納，有沒有因為他們文化底蘊太深，而使自己的演講遜色呢？

—— 福斯博士

在美國，大學就是孩子們的教堂。哈佛大學 —— 這片大陸最古老的學校 —— 的象徵含有一個傳說 —— 基督和教會。耶魯大學起始於一些來自於康乃狄克州的牧師所帶來的禮物，他們從圖書館裡帶來一些書，「並將它們作為學校的基礎」。教育專員最新的報導顯示，在 368 所大學中，只有 30 所大學與宗教毫無關係，而其他 261 所大學都與宗教有著千絲萬縷的連繫。

—— 福斯博士

智慧的美麗絲綢，不可能源自腐朽的線頭。

—— 赫伯特·史賓賽

真正的教育形成於心靈的錘鍊。錘鍊心靈需要刻苦的、耐心的和獨立的思考及工作。只是簡單地羅列一些事實，學習者自己並不動腦子，也不完全消化吸收，這根本就不是錘鍊。這些學習者無法令他們的心靈得到灌溉，只不過是囫圇吞棗，然後置之不理。

他似乎是一個知識很多的人，卻只是一個瓶子，原來往裡面倒進什麼，現在就倒出什麼，可能是醋也可能是酒；他只不過是彙集了其他人的想法而已；他可能有足夠的能力去記住那些事情，不過叫這樣的人為受過教育的人，實在大為不妥。

—— 凱萊

教育出良知。

—— 曼恩

教育並不是要教給人們他們不知道的，而是要教給人們去觀察他們沒有觀察到的。

—— 拉斯金

教育的真正目的，應該是訓練一個人如何認真思考與正確行事。

—— 亨利·范戴克

我從培根博士那裡得到一些啟示，那時他已是大學校長，我還是一名學生。我曾經經常去他在牛津大學附近的住所拜訪，他常常對我說：「你在做什麼？你都在學什麼？」「我經常像現在這樣讀書。」「你這樣做完全是錯誤的，當我年輕的時候，我可以輕鬆地把任何一段希伯來語譯成希臘語。可是，當我到了這個地方，去教這些落後的人群時，我完全迷失了。他們以為我是一個偉大的人，但他們是錯的，因為對於他們來講，什麼才是最重要的東西，我也是一無所知。最主要的是，要研究什麼可以使你將來生活得更好。」

—— 塞西爾

知識並不能包含所有的「教育」意義。感覺變得靈敏，思想變得深邃，衝動得以收斂，雄心得以釋放，信仰得以建立，在所有情況下都能堅持高尚的德行。所有的這些構成了教育。

—— 丹尼爾・韋伯斯特

重要性僅次於自由與公正的就是教育，不過若是沒有教育，公正與自由也就不能永遠存在了。

—— 加菲爾德

教育是一個人的終生伴侶，沒有不幸可以對其壓制，沒有犯罪能夠將其摧毀。沒有敵人可以使之疏遠，沒有專制可以將其奴役。在家裡，是一個朋友；到國外，是一個引薦；孤獨的時候，是一個安慰。若沒有了這些，什麼是人？一個極好的奴隸，一堆野蠻的道理。

—— 瓦爾萊

我認為教育不是拼湊那些無用藝術的碎片，而應該去灌輸道義，重塑品味，陶冶性情，挖掘內在，征服衝動，引導感覺，引起深思。更為重要的是，引導學生的行為、感情、情緒、品味以及熱情，這些都是對於上帝的愛與敬畏。

—— 漢拿・莫爾

教育的宗旨應該是人本第一，然後去發現自己，把微不足道的學習轉化為全面的發展，尤其是道德和智力。對於為了造就精力充沛、聰明、敬愛上帝的人來講是第一要務，而這些人創造著這個大陸的財富。

—— 亨利·范戴克

實踐證明，有許多智力水準相當的孩子，他們在嬰兒時期沒有過早期教育的經歷，那時候憲法也沒對教育做出說明，所以他們也沒上學，不過他們卻享受到了不錯的實踐教育，結果在學習中，很快就超過了那些受過早期教育，和在孩童時期讀過很多書的孩子。

—— 珀茨海姆

教學止於教室裡，而教育伴隨終生。孩子應該從各方面接受教育。

—— 羅伯遜

教育是有關如何好好利用人一生的知識。上天賦予我們相當多的本領，不少人卻只能用好其中的一兩項。而受過教育的人，則知道如何使用其他本領 —— 如何掌握，如何精進，如何應用。

—— 亨利·沃德·比徹（Henry Ward Beecher）

要是能夠教會人們自我否定，那麼這個教育就算再差，也要比其他什麼都教，卻唯獨教不會人們自我否定的教育要好。

—— 斯特靈

世界上最好的教育是謀生。

—— 溫德爾·菲利普斯

貿易，商務或學習沒什麼不同。不管是體力勞動還是腦力勞動，受過教育的人總是能坐到很高的位置上。習慣正確使用知識的人，做事情總是井然有序，而且舉重若輕。

—— 克勞福德

教育不是學習，而是心靈力量的鍛鍊與發展。有兩個辦法可以達到這個目的：在知識的海洋中暢遊，或者在生活的苦難中戰鬥。

—— 普林斯頓

心靈是一個倉庫，而教育是向裡面儲藏貨物的過程。這個想法愚蠢無比。

—— 約翰‧梅森

每一天的經歷，都展現了課堂外的教育是多麼主動與重要。

—— 錢寧

學習的正確順序應該是：第一，必要的知識；第二，有用的知識；第三，浮華的知識。如果不遵照這個順序的話，就像要建造一座高樓，卻從頂端開始修葺一樣。

—— 西格尼

不要問一個人是否上過了大學，而要問大學給他留下了什麼 —— 他是否已成為一座知識庫。

—— 查賓

從不要僅僅把人教育成為一個紳士或一個貴婦，而是要成為真正的男人或女人。

—— 赫伯特‧史賓賽

沒有什麼可以勝過大學的教育，但是如果一所大學不了解什麼是教育，那也糟糕透頂。

—— 布林沃

學習會被誤認為是智慧。

—— 坦普爾

我很少見博學的人會炫耀。太陽的升起與落下會產生影子，在中午太陽最高的時候，所有的影子都是最短的。

—— 畢曉普・霍爾

學習，倘若使用得當，可以讓年輕人有思想、機警、勤奮、自信與謹慎。可以讓老年人高興與滿意。那是繁榮時的盛景，危難時的避難所，任何時候的娛樂，在任何時候都使人謙遜，富於智慧。

—— 帕默

在世界上有三類人。第一類人是從他們自己的經驗中學習，這類人是明智的；第二類人是從其他人的經驗學習，這類人是快樂的；第三類人既不從他們自己的經驗、也不從其他人的經驗中學習，這類人是愚笨的。

—— 切斯特菲爾德

如果一個人不是透過自己的經驗和觀察了解世界，那麼他所謂的最好的學習都是荒謬的。因此在朋友中也不會受歡迎。他也許說的是不錯的東西， 卻相當不合時宜，或者文不對題，抑或講話對象錯誤，所以他最好緘口不言。

—— 切斯特菲爾德

學識使一個人更好地適應社交。

—— 楊

完全信書的學生不是好學生。他們只不過是接受了不成系統的知識，若要將之結構化，還要靠自己。

—— 麥克唐納

人無遠慮必有近憂。若是一個人可以活千年，他會知曉些什麼？他會成就些什麼？所有的都不需匆忙或緊張。

—— 老歌

人們認為生活中成功的首要條件，是要像動物一樣有健壯的體魄。倘若沒有足夠的精力，最伶俐的大腦也沒有用處。因此，犧牲體力去換取腦力實在是愚蠢之極 —— 從那些天才兒童的最終結局就可見一斑。因此我們發現這句俗語還是挺有道理的：教育的祕密就在於，如何聰明地使用時間。

　　　　　　　　　　　　　　　　　　　　　　　—— 赫伯特‧史賓賽

　　一個兒子在家與你共度的時間，要勝過一眾賓客。如果你沒有好好教給他那些傑出的藝術，那麼他就如行屍走肉一般。

　　　　　　　　　　　　　　　　　　　　　　　　　　　—— 德萊頓

　　學習是多麼空洞，藝術是多麼浮華。可是它們卻可以彌補生命的不足，並使心靈得到慰藉。

　　　　　　　　　　　　　　　　　　　　　　　　　　　　　—— 楊

　　有很多事情我們可以忘掉，但是卻從來沒有好好學習過。

　　　　　　　　　　　　　　　　　　　—— 奧利弗‧溫德爾‧霍姆斯

　　到處閒逛的學生，要比憋在家裡的孩子懂得更多。

　　　　　　　　　　　　　　　　　　　　　　　　　　　—— 考珀

　　要是一個孩子不能接受良好的教育，還不如不出生。

　　　　　　　　　　　　　　　　　　　　　　　　　　—— 加斯科因

第五章　最艱難的工作

遍嘗所有藝術，實際一無所得。

—— 富勒

比起那些沒有正式工作或者穩定工作的人來說，很多上班的年輕人卻不努力，或者說他們實際上十分可憐。我不是指那些遊手好閒的人，他們懶到不願去工作；也不是指那些紈褲子弟，他們有人供給他們金錢。我們說的一切與他們無關。在每個城鎮或鄉村都有一些年輕人，不喜歡付出努力來學習一門手藝，他們覺得這是「折磨」。他們會去抄近路獲取成功，那些成功在其他人看來，可能要頗費些力氣。

你一定知道這樣的年輕人。他們快滿十八歲，即將從學校畢業，開始獨立賺錢生活。他會去學著做生意嗎？不會的，因為還有更快的賺錢辦法。為什麼？剛開始的時候，他不可能賺到每週三四美元那麼多，雙手沾滿泥土，衣服變得破爛，最終只是變成了一個「普通工人」。他可能沒有任何機會學到一門手藝，或者他有機會，但是不願意做。

他是一個「猴精」，必須「在一開始的時候，就要有不錯的報酬」。這句話基本成了他們的口頭禪 ——「在一開始的時候，就要有不錯的報酬」—— 而「猴精」的作用，也由這句話展現出來。叫一個年輕人為「猴精」，沒有什麼讚揚的成分在裡面。對我來說，只有批評某個人的時候，才會使用這個詞。一個「猴精」是匆忙地鋪開一大攤子，卻根本不能完成的人。他總是忙忙碌碌，去趕火車，跑得上氣不接下氣。而那些安靜的、勤奮的人，卻在兢兢業業地工作著。「猴精」根本就是在自吹自擂。

他從「現在」就要開始賺錢了。他還有另一些口頭禪:「沒錯!」「很正確!」「完全正確!」這一類句子他總是要掛在口頭上,這些詞語都用得很濫了,沒什麼新意。在某些場合,他們被人誤認為有智慧,並被人尊敬為一個聰明的年輕人。

為了「馬上」賺錢,他開了一家經銷橡皮圖章的店。當遇到他時,他告訴你他做得如何的好。他要所有的親戚朋友都去購買橡皮圖章,但是很快情況變了,橡皮圖章過時了。於是,他又有了一家腳踏車店。這裡生產最好的腳踏車,並且以最低的價格出售。他斷言有很大的利潤,並且他確實在努力工作。

第二年夏天,他開始銷售一本書。接著,他又為縫紉機做代理,為了補充資金,他以抽獎的方式出售留在手裡的腳踏車。然後,他又在某個地方弄了一個攤位來賣水果和糖果。如果你有一段時間沒看到他,那他是在去某些市裡公司的路上。他總是有一些大事要做,不過你可曾看過他,有那麼幾天不為了資金的問題而緊張嗎?

你知道的就是這樣的一個年輕人。我希望你從未借給他錢,因為他不可能會還,就算他能,也許他也不會還。他永遠只是借錢。他想借 25 美元,能不借他就不借;要是不得不借,一次就借他 25 美分。起初他會因為自己被人小小地欺騙而感到羞恥,隨著長大,他就會慢慢習慣了。一個人必須要生存,他悟到了。

不要向人借錢,也不要借錢給人,因為借錢給人,很可能你會同時失去金錢和朋友,而向人借錢只會助長自己的懶惰。

—— 莎士比亞

如果你的父親也讓你去讀那些被形容成是浪費時間的年輕人的故事,你可以這樣問問他:「您難道不這樣認為嗎?那個年輕人的父母是最該被責怪的人?」他將會用肯定的語氣回答你,這是毫無疑問的。那些父母

培養孩子的方法是有問題的，這種教育方式從一開始就注定了孩子們的失敗。

但是父母的疏忽，不能為我們的缺點找藉口，每個孩子和大人都必須承擔自己的責任。年輕人必須要自己看明白，世界上沒有不勞而獲的東西，這是他最主要的問題。畢竟，他為自己所得到的，付出了高昂的代價，因為花在做不盡人意的工作的成本，要比花在如何學習做生意上的成本多得多。

若是他能看一下周圍的情況，一定一眼就能看出來，什麼樣的行業不能做。他沒有經商的頭腦，也沒有錢。設想一下賣橡皮圖章成為一個很好的、能永久賺錢的生意，就和銀行業和製造業一樣利潤可觀。如果他能在這方面做得很好，只是因為缺乏經驗和資金，那麼有一千萬的其他年輕人，也在尋找這樣的機會。在六週之內，這個行業將會變得飽和，繼而開始變得沒有價值了。

太容易從事的行業，是沒有學習的必要的，這是亙古不變的法則。在這些職業上面投入是不值得的，因為很快就能掌握的職業，總是人滿為患。以電報業為例，很容易學會使用那些點和線，或者聲音。我認為你可能在一個月內，就可以完全掌握。有多少年輕人正在盯著那個空缺？一些變得特別專業的少數人，被城市裡的好公司選中。只有你能決定自己要做什麼。

電報業只是其中一個容易掌握，又總是有許多人競爭的行業。其他的職業當中也有一些是像電報業這樣的，有著良好的僱傭關係、有益健康、受人尊重，並且偶爾也有利可圖。要是沒有電報和電報公司，社會將倒退至少兩個世紀。這主要是因為這些行業不需要擴展培訓，而這些擴展培訓是有可能引起麻煩的。另一方面，它是容易掌握的。並不是每個行業或專業都不好學習，需要多年準備的。

一些用人的限制，使得你無法發揮自己最大的能力，我有個關於速記的例子，可以很好地說明這一點。出色的技能並不是透過簡單學習就能得來的，據說精通一門技能的難度，與熟練掌握三到四門外語是一樣困難的；但是如今現代化的學習方法使得其變得簡單了。數以千計的速記員，一流的寥寥無幾，不過這些人拿的薪水卻和普通的速記員是一樣的。不過身為一名速記員，尤其是一名出色的速記員，無時無刻不在考慮他人的想法，把自己置之度外。有些有名的雜誌社願意付給霍爾·凱恩（Hall Caine）、柯南·道爾（Arthur Conan Doyle）或者吉卜林（Rudyard Kipling）等作家，一頁原稿一百美元的報酬，速記員則是只能透過「接受」或是寫下這些原稿賺得一美元。

支配價格的因素也許並不是這些特別的書頁，而是預先對人們知名程度的了解。一位知名演說家花費了一週的時間，準備自己演講的大致輪廓，當這輪廓在他腦海中成型時，他將其口述給速記員，而後再自己將速記員整理的數據加以修改潤色。其實書寫的速度能跟上人口述的速度，是一件非常厲害的事情，一般說來肯定是個可以撈錢的技能。可是在你的世界裡有很多選擇，為什麼不去當個著名演說家，或是知名作家？僅提出你的想法，讓其他速記員把你的想法落實到紙上就好了。

既然花了一會功夫，提到了電報員和速記員這兩個不同選擇下的典型職業，你不會想到，我為什麼把做這些事情的人叫做逃避者。先不去提它，這兩個職業都是很好的選擇。最重要的問題是，對於你來說它們是不是最好，無論是這兩個工作，還是其他工作。一個二十五歲，沒受過什麼教育的人問我，對他來說什麼是最好的。對於你來說，只要能夠勝任的工作就是最好的。

盡可能多想一些你的未來。同時我們也不能預言自己，是否會對未來的事業有一個正確的估計；我們能做的就是，盡可能讓結果更接近期望。

我認識的最成功的商人中，有一個富得讓人難以置信的傢伙，他把他的成功歸結為對未來有充分的準備和了解。他準備修建一條鐵路，無論你能讓這條鐵路穿越你們國家裡大大小小多少個城市，問題就是，能否在熟練操作的情況下，同時更新自己的技術？並不是維持現狀，明年會是什麼樣呢？從今以後十年呢？二十年後呢？北方的終點設定在哪裡？我們可以在那裡建立起良好的商業航線嗎？是不是每一個成功的商人，都把自己的成功歸功於對未來的把握呢？

儘管你現在並不經商，但展望未來對於你來說同樣十分重要。你同樣可以取得像他那樣的成功。你的成功全部來自於你對未來的預測與計畫，從一個行業跳到另一個，也許不再受到意志不堅定的困擾，你會一週賺到十美元，而且透過學習和鍛鍊，你會得到更多。或者說，今年根本沒有學到很有用的東西，那麼明年呢？十年以後呢？也許你在一個人身上看不到成長，可是你不能忽略那麼多經歷失敗後又成功的人。

你願意成為這樣一個例子嗎？有個小男孩在火車上做合法的生意，也有了一筆可觀的收入，但是這個小「男孩」已經有四十歲了。儘管他還是在同樣的地方經營著同樣的生意，可是他在別人在外打拚的時候，仍守在原地做著自己原來的工作。一個美國男孩可能因為貧窮而成為擦鞋匠，但是一個美國人，絕不會因為做擦鞋的廣告而承認自己失敗。

透過沉思，你可以總結十年以來得到的與失去的。什麼是可能性？難道你現在還不知道，在你取得豐富的人生經驗之前，最好的事情是最難辦到的，也是最花時間的？值得擁有的必須要先付出？容易獲得的東西，儘管馬上就可以給你利益，但是長久看來卻沒什麼價值，不值一提？

收入是經商這部汽車源源不斷的汽油。

—— 庫珀

第六章　倒楣的亂忙

徒然的繁忙，浪費了一切。

—— 戈德史密斯

我活著，對大地來講就是無用的負擔。

—— 霍默

沒有什麼可以補償流逝的時間，沒有什麼可以彌補懶惰的惡果，四處閒逛似流放，害處比想像的要多。

—— 奧布里·德·維爾

噢，他是多麼希望別人可以幫他建造房子，為他播種，一次拜訪就能喜歡上他，他卻從來沒有審視過自己。

—— 沃茲沃斯

無論多差的工作都有其快樂的時刻，即使我是一位掘墓人，或者是一名劊子手，我仍然可以為一些人快樂地工作著。

—— 道格拉斯·傑羅德

每個人的生命中都有一小時是用來創造幸福的，只要我們可以把握住。

—— 博蒙特和弗萊徹

如果我們錯過了只發生一次的事情，那便是永遠地錯過了。

—— 羅伯特·白朗寧

能做時不做，要做時已不能做。

—— 伯頓

一個人總有可以生活的地方，和生活下去的方法。

—— 莎士比亞

　　大多數時候，年輕人所有的麻煩中，最麻煩的是對於職業的選擇。若是不能從祖輩那裡接班，總是會遇到這樣的麻煩的。有一些事業是代代相傳的，孩子從一出生就注定將來要接替父親的工作，以後也是朝著這個方向努力。不過對於很多年輕人來說，家裡沒有任何背景可以幫助他找到生命中的踏板，也沒有辦法幫助他們建立自己的事業。對這些年輕人來說，工作是一個令人頭疼的問題。

—— 哈代

　　問問自己，你究竟最討厭什麼職業？進到這一行，盡全力去做，使之形成一種習慣，習慣成自然，很快你就會感到愉快的。庫克船長（James Cook），我們偉大的航海家之一，最早他認為選擇航海這一行是一個錯誤。詹姆斯·辛普森爵士（James Young Simpson），是第一位證明氯仿對人體具有麻醉作用的醫生，最開始他曾想退出醫學界。在這個和虛度光陰之間做選擇，可能是非常不幸的事情。

—— 哈代

　　倘若每個班的孩子們，都可以學到一些有關生計的知識，那倒是挺不錯的，掌握一門謀生手段，就是在手中抓住了財富。我知道有些愚人，他們認為當一名職員是非常受人尊敬的。然而一個職員的一生，是不能和機修工相比的，抄寫檔案的快樂，也無法與創業過程中的愉快時光相提並論。

—— 哈代

　　累積財富沒什麼祕密，你唯一要做的就是下海經商。但不包括一件事，那就是在你做成一件事之前，千萬不要告訴他人你要做什麼。

—— 科尼利厄斯·範德比爾特

這個工作可能薪水很少，可是比另一個薪水更多的要好，因為它可能不會有那麼多的誘惑，以及對於道德和智力的考驗。

—— 哈代

人們降生到這個世界，這個世界就會替他準備一份工作。只要你願意，世上總是會有工作來讓你生存下去的；只要你努力，就會有好的結果。

—— 無名氏

沒有工作只是閒聊天的話，真的是一個諷刺，那不是我們有權利享受的樂趣，不是我們應獲得的獎賞，它像是去睡了一整晚，卻還在白天打哈欠一樣。

—— 迪安‧法勒

一個人證明天才的奇蹟，只因為他曾經努力勞動。

—— 西德尼‧史密斯

一次值得尊敬的失敗，要勝過一次苟且的勝利。

—— 無名氏

如果我想用一句話來詮釋，我所度過的積極而又成功的一生，以及年輕人們在任何環境下所提出的，關於規範和成功的祕訣，那應該是：責任第一，享樂第二。從那些我所看到的青年人和他們在未來的進步，我認為所謂的壞運氣，不走運和不幸運，幾乎都是違背了上述原則的結果。最糟糕的是享樂第一，責任第二。

—— 內史密斯

他要麼抱怨自己付出太多，要麼擔心自己獲得太少，不敢去承擔，從而滿盤皆輸。

—— 無名氏

最好就是要讓自己時刻都顯得重要，向老闆證明他們把利益放在你手中是安全的，他們擁有的，不僅僅是一個為了金錢而工作的下屬。一個人要做些超出他範圍的事情，只有這樣才能升遷。若是他腦中總是充滿熱情，他就會使自己成功。

—— 哈代

我認識一個人，他可能是軍隊中最年輕的上校。他能獲得這個職位，主要是因為：在上次的阿富汗戰爭中的某次戰役，一個砲兵連的軍官們都死掉了，他飛奔過來說自己可以領導大家，他確實做到了，而且得到了長官的賞識。當他的機會到來時，他永遠都可以抓住。

—— 哈代

要堅信在這個世界上，每個人都有自己的空間和職業，你應該搞清楚這些。不要輕信那些嘴上說著「一事成，百事順」的人。努力 —— 誠實，勇敢，謙遜的努力 —— 不是由成功來證明，而是由所做的事情來證明。的確是這樣，越早努力，成功的機率越大。不過太早的話也不好，就像第一次投骰子就大獲全勝的人一樣，會變得盲目且頭腦不清。學習你所能獲得的知識，做事細緻徹底，天天努力向上。關心你所關心的，拓寬你的視野，嘉獎你的員工。

—— 格萊斯頓

看不起別人的人，將會被別人看不起；也許情緒不高漲的人，注定要卑躬屈膝。

—— 比康絲非德

如果我說的是廢話，我將會以我的廢話說得最好而驕傲；如果我是個小爐匠，就沒有修理舊水壺比我修得更好的人。

—— 無名氏

生活的競爭變得越來越激烈。這使成千上萬的年輕人，覺得生計的困

難越來越大。倘若是一個聰明的年輕人，那麼他會盡量讓生活的條件變得簡單，並且減少不必要的日常開支。

—— 哈代

不要相信運氣，厄運是對於相信運氣的人來說唯一的運氣。追尋小而穩定的收穫，不要對此產生疑慮。年輕的時候節省，年老的時候花錢。關心你所娶的人，不要等到能夠養得起妻子的時候才結婚。賺你所能賺的錢，用這些錢做所有你能做的好事。記住只為自己而活的人，就是在創造吝嗇的生活。

—— 哈代

人類歷史上最陰暗的時期，就是當人們坐下來靜靜地思考，怎樣不誠實的賺錢的時期。

—— 無名氏

一旦方向確定，勇往直前；一旦開始，不要停歇。快樂和憂愁並不能改變你的實際情況，只要堅持努力，不要暴怒，你就會贏得這場競賽。

—— 無名氏

孩子們，小心播種，因為你們播的種子將會成長！如果你播種的是劣質的種子，那你必須馬上更換；如果你今天播種的是野生燕麥，那麼你明天就會收割野生燕麥。

—— 無名氏

播種一個行動，收穫一個習慣；若你播種的是一個品格，那你就會收割一份命運。

—— 古諺語。

賺足夠的錢來滿足自己想要的；獨立自主是每個人的責任。不用犧牲有價值的東西，就可以賺很多錢是他的優勢。

—— 艾格雷森

　　人的事業中，特別重要的就是開始，它比我們的高學歷還重要，這也決定了人類從古到今的繁榮昌盛。事業的選擇，決定了一個人的生活。事業無時無刻不限制著人們，有時影響人們的肉體，智力，甚至是道德；事業決定了一個人能從事什麼樣的工作和賺多少錢；他有多少休閒時間；他讀什麼書；他會在什麼樣的社會圈子，對他日常生活中也有的好幾百種影響，比他所接受過的教育，更能塑造他的性格。

—— 艾格雷森

　　失敗也許是來自於愚蠢的選擇，其結果自然是效率低下，不符合現狀要求。但是聰明的選擇，來自於仔細認真的選擇。一個人必須徹底地認識自己，必須按照正確的原則作出決定，不論做什麼都要小心謹慎。這裡的一個失誤，就是導致失敗的致命的原因和泉源。

—— 埃格爾斯頓

　　你選擇事業的第一步，應該是你在工作中獲得生計的能力。倘若給不出一個合理的目標，那麼這個事業就不適合你。雇員值得被僱傭，你沒有權利去拒絕這個事情，即使你自己就是那個談論中的雇員。就像古語所說，世界不會欠你一個謀生的機會。但是你會欠世界一個自己謀生的機會。你必須自己謀生。

—— 埃格爾斯頓

　　這個工作對你來說，不僅僅是謀生這麼簡單，這是另一個需要考慮的事情。要是所獲得的金錢，超過了人們的實際需求，那麼它就是一種象徵，大大提升了人們好好工作的熱情。儘管對很多人而言，這是第二重要的，但這一點不可以被忽視。如果其他條件都是相同的，那麼最好的工作，就是可以為人們帶來更多價值的工作。

—— 埃格爾斯頓

只要快樂的話，就算是去當馬掌，也要比勉強研究法律或者醫藥來得好。倘若一個人擁有天賦，可以當一名不錯的技師，結果反而去做自己並不擅長的生意，這完全是一個錯誤。

—— 埃格爾斯頓

　　幸福應該是人們偉大的奮鬥目標，而且是只能透過自己的力量達到的目標。我們要銘記，成功只能靠我們自己本身的素養和努力來獲得，而不是透過恩惠、偏愛、關係、還有所謂的利益。

　　那些不靠自己勞動而生存的人，他們那些少得可憐的先天資源，很容易就被人超越。他們每天都擔心會被人超越；他們每天的生計都是反覆無常的，他們生活在一種不確定和永不停止的恐懼狀態中。我沒想到讀過這篇文章的年輕人，會甘願生活在這種狀態中。這種狀態只適合那些不顧自身，不思進取，盲目和天生就注定要墮落的人。

—— 科貝特

　　現在的一大不幸是，每個人並非是從白手起家，用自己的能力來生活，他們靠的是自己的遺產；每個人認為自己生來就有這種權利，即使不是爵位或豐厚的遺產，至少可以不用辛苦工作。

—— 科貝特

　　儘管我們透過各種方式逃避勞動，稅還是會有的。畢竟要養活這麼多懶漢。我們不可能都是騎士或紳士，我們當中肯定有人以做衣服、修房子，或者是以其他的工作來謀生，可是不管怎樣，我們還是必須得做些普通的工作來過活，否則就成了《聖經》(Bible)裡說的那種「不勞動要挨餓」的人了。

—— 科貝特

　　在這個投機的國家裡，年輕人做「紳士」的願望是如此強烈，而這種自欺欺人的願望隨處可見，導致這個時代成千上萬的年輕人，處於極度的

飢餓狀態，不是因為他們太懶不出去謀生，而是因為他們太狂妄。結果會是怎樣？結果是這樣的青年成為父母的負擔。他們如果不讓父母養活，也得讓父母給予舒適的環境。總是期望得到得不到的東西，所以他們的生活是失望和羞恥的。他們的命運比普通的勞苦大眾都要差。

—— 科貝特

那種自己謀生的人，打算透過自己的勞動贏得大家尊重的人，是絕對不會懶惰的。簡而言之，就是每天不懶惰，用最快的速度做自己應該做的事。

—— 科貝特

工人，並不是指那些做力氣活的人，因為馬也可以做這些活，而是那些傑出的腦力勞動者和那些技術高超的人。畫家、作家、法學家、詩人是最高級別的工人，不用承受像農民和牧羊人的那種身體上的勞累。不過他們在為社會提供精神食糧上，並不比做力氣活的人差。

—— 斯邁爾斯

世界的剩餘產生了世界的文明。剩餘是勞動的產物。只有當勞動開始產生剩餘價值的時候，人類文明才開始累積。我們說節儉源於文明，我們也可以說節儉產生了文明。節儉創造資本，資本是勞動儲存的結果。資本家就是不把自己賺得的錢花掉的人。

—— 斯邁爾斯

節儉不是天生的本性，而是後天習得的。它包括自我犧牲，為了將來的美好而犧牲現在的樂趣，慾望服從理性，做事謹慎，眼光長遠。今天的努力奮鬥是為了明天更好的生活。

—— 斯邁爾斯

很多人不為將來著想，也不記得過去，他們只考慮當下。他們把賺的錢全都花掉，不存一分一毫。他們不養活自己也不養活家人，他們可能有

不錯的薪資，但是這些都被他們吃喝掉了。這樣的人是一直貧窮的，或者是一直處在貧窮邊緣的人。

—— 斯邁爾斯

大多數人是為了現在工作，很少是為了將來。聰明的人是既為了將來，也為了眼下而工作的人。

—— 《猜測真相》

所有成功的奧祕，就是知道怎樣拒絕自己。若是你學會了控制自己，這就是最好的教育。若是你能向我證明，你能控制自己，我會說你是個受過教育的人；如若不能，那麼其他受過的教育沒有任何意義。

—— 歐儷分特女士

我的存在不是在於我所擁有的，而是在於我所做的。

—— 卡萊爾

富有成效的勤奮，是使人富足的唯一資本，也是使國家富足的唯一資本。「所有的勞動都能獲得利益」，所羅門如是說。政治經濟是什麼，只是在課本中的乏味說教嗎？

—— 塞繆爾‧萊恩

上帝透過農民的勞動，手藝人的技能和努力，商人的冒險與運輸，替世界提供優質的東西，來滿足我們的本能需求。一個懶散的人就像是一個死人：他活著僅僅是在浪費時間和地球上的資源；他就像是一個害蟲或者一匹狼，當時間到頭時他們就會死亡，但他們絕不會做任何好事。

—— 傑姆里‧泰勒

為了我們居住的世界，時間都被各種物質占據了；我們的昨天和今天，就是我們建造的起跑器。

—— 朗費羅

大多數人都擁有能力，使用足夠的手段來保障自己。那些被支付了高額薪資的人，常常會變成資本家，享受著世界的發達與財富。可是他們只能夠透過勞動實踐、精力、誠實和節儉，來提升他們自己的地位或者他們階級的地位。

——斯邁爾斯

每個人都可以一週儲蓄三先令。二十年中，每週三先令的累積，將會使錢的數量達到 240 磅。再過上十年，透過利息的增加，錢的數量將達到 420 磅。有些人可能會說，他們幾乎不可能累積那麼多，那好吧！我們從現在就開始累積 2 先令，1 先令，甚至是 6 便士。一定要開始做，因為所有的大事，都需要先有一個開始。這是節省習慣與自我否定的養成，這些都十分必要。

——斯邁爾斯

男人必須在青年和中年時期，就為老年的快樂做準備。一個老人在他的大半生時間裡，一直從事高報酬的勞動，就是為了老時不用靠救濟生活，結果由於不會節約，老年時卻要依賴他鄰居的同情，或者是陌生人的慷慨而活著，世上沒有什麼比看到這樣的事情，更令人痛苦的了。考慮到這點，一個人在他人生的早期，就該為晚年時的生活而工作，為他自己的利益和家人的生活而節約。

——斯邁爾斯

一個年輕人的開銷，或者是花費的慾望，通常比他快要退休的父親更大。他繼續父親的生活，不過花費卻比父親在這個年紀的時候花得更多。他很快發現自己欠了債，為了滿足自己的慾望，他竭盡全力，不擇手段。他努力快速地賺錢，四處投機，買空賣空，直至身敗名裂。他也因此獲得了經驗，但這是惡果，不是好的經驗。

——斯邁爾斯

若要贏得財富女神的青睞，必須要耐心等待。在每一次的機會裡累積每一分錢，要由誠實來判斷是否是真正的機會。但是不要過於吝嗇，要將之當作自己獨立的榮耀。

—— 羅伯特・伯恩斯

第七章　四年賺足兩萬塊美金

投入最少，產出最多

—— 伯恩斯

　　如今每個行業都競爭激烈，如果想在四年賺足兩萬塊美金，每年需要五千塊美金，這不是那麼簡單的事。如果經過投資，你的錢在四年之後沒有什麼損失的話，而且也沒有諸如疾病、死亡等事情將它們花光，那就更不容易了。但是這並非不能實現，你完全可以做到。

　　在這個國家，兩萬美元曾經是一大筆錢，當貨幣大量減少時，我們需要支付更多成本來使用它，就像其他的商品一樣，它在市場上有自己的價格。在上一代人的那個時候，經營大生意的商人，非常樂意為了金錢付出10% 的使用費用。也就是說，若是一個人借出兩萬美元，他一年的收入就是兩千美元。也就是在那時，亞伯拉罕·林肯 (Abraham Lincoln) 宣布每個人不應該超過兩萬美元。

　　不過時間和環境已經改變，現在貨幣非常充足，因此價格自然就低了。成千上萬的人都有不少錢向外貸款，而聰明人更加看重投資的安全性，而非其收益性。政府，被認為是絕對安全的債務人，用3% 或者更少的利息借了大量的錢。在任何有保障的私營公司裡，利息很難超過5%。因此，與三四十年前比較起來，兩萬美元所帶來的收入僅僅是那時的一半。如果林肯先生想在今天做出判斷，在有相同收入的情況下，他將會說是四萬，而不是兩萬。

　　現在，如果投資得當，兩萬美元的收益是一年一千美元。我們推測一

下，資金能夠產生什麼或者資金應該如何利用。一年兩萬美元能產出一千美元。任何其他的資金形式，像專業知識、技能、資訊都能產生一年一千美元，這些與兩萬美元有著同等的價值。

沒有什麼是確定和安全的，人們所擁有的資金和收入，就如同學習一項好的謀生手段。一年一千美元，湊個整數，每個星期就是二十美元，這個數量是一位技術工人可以賺得到的。並不是所有掌握兩種技能的人，都喜歡不斷地換工作。鐘點工看著鐘錶，從星期一早上就期待著週六晚上的到來。不過優秀的工人熟悉自己的工作，並且熱愛自己的工作。投資政府證券也不如自己的收入來得穩妥。當危機到來的時候，受損失的不是這些優秀的工人，而是那些投機者。

在這個世界上，能夠很好地掌握一門生存知識，是最能保障經濟安全的事情，這件事可以在四年內辦到。無論是窮人還是富人，都要這麼做。聖經上說：「財富可以自己翱翔。」今天的百萬富翁可能就是明天的乞丐，父輩不可能總有能力照顧我們。幾年後，你的生意、經營理念可能證明你失敗了，因為你所學到的生意經，總是一些過時的東西。在經濟危機時候，無助的人被逼上了絕路，有生存技能的人會笑笑地繼續向前走。

沒有哪個年輕人可以認為，這件事對他不重要，在這種環境中泰然處之。富二代都是因為這些或者其他更好的原因，才學會做生意的。他們獲得了不錯的經驗，而這些經驗是不會被削弱的。如果子承父業，他們能更好地了解到企業是如何建構的。

倘若最後成功地成為富有的人，那麼生存技能不會給你帶來人生負累。如果時運不濟，你的生存技能也許會挽救自己和你的家人，幾年之後，可能就會有其他人來幫助你了。從一開始你就必須想到這些。在某個中年人的家庭，這個男人習慣了富裕、奢侈的生活，卻在突然間破產了，他很無助，窮途潦倒，這是一幅多麼不幸的畫面啊！

你覺得會有毫無用處的生存知識嗎？相反，它將會是讓你引以為榮的事情，我不知道一個成功的人，是否對於他年輕時學的謀生之計感到慚愧，但我知道大多數人都以他們自己的知識為榮。在印度西部的一座城市，有一個很不錯的例子可以說明這件事。這座城市裡最著名的出版社買了一臺列印機，當列印機送到時並不是組裝好的，這座城裡沒有一個人會組裝這臺列印機。這臺列印機和舊時手動印刷機很相似，但出版社對此一無所知，列印機的零件零散地放在那裡，產生不了絲毫作用。除了把它送到一千英里外的紐約出版社，似乎沒什麼其他可做的。但是如果這麼做的話，就需要花幾百美元。

一個美國人聽說了這件事，他那時正住在一家上等酒店，和家人一起度假，他自告奮勇要求組裝這臺列印機。報社編輯十分吃驚：「你？你懂列印機的知識嗎？」這個美國人說：「我曾經是印刷工。」然後就收拾了一些工具，和編輯一起開車到印刷室。他脫下外套，挽起袖子，只用了五分鐘就替機器塗上了墨和油，這令其他人相當驚訝。按照那些國家的慣例，白人是絕對不會做體力勞動的。

那些人開始的時候，還提供一些建議和幫助。不過他們很快地就意識到，這個美國人對列印機知之甚多，就好像是他發明了這臺機器一樣。他不僅熟知這些零件，而且還確切地知道怎麼用。他知道怎樣用巧勁搬起那個沉重的墨盒，所以看起來似乎毫不費力。這個人在三十年前就學過這些知識，而且並沒有忘記。

兩三個小時，列印機就被安裝好了。你認為這個美國人會為他懂得機械工業方面的知識而羞愧嗎？為他所能做的，是這個世界上別人做不到的而羞愧嗎？如果這個人不太富有，那麼他可以在 2 個小時內輕易地賺到 200 美元。可是他很有錢，對這樣的報酬不屑一顧。他之所以這麼做，是因為還熱愛著這樣的工作，並且還知道自己能把這工作做得很好。

　　這就是我說過的「好的」手藝。謀生手段有好和壞之分，就算是好的手段，也會因不當的學習方式而變得很糟。我認為好的交易，是能夠合理地給予這種持續不斷的僱傭和被僱傭的雙方合理的利潤。

　　總體上說，主要生產生活必需品的交易是好的交易；只是生產奢侈品的交易不是好的交易。在艱難的時期可以不使用那些奢侈品，但生活必需品不行。在任何時候我們都必須有衣服穿，有車運貨，有麵粉，還有其他食物來填飽肚子。缺錢的時候，沒有珠寶、皮衣以及其他奢侈品依然可以生存。進一步說，能輕易學到的謀生手段不算是好的手段，因為如果那樣的話，這種生意就會人員過盛了。

　　十之有九的交易，在農村學的比在城市學的更好。在農村，生意的範疇更小一些，人手也更少一些，學徒可以掌握這一行業幾乎所有方面的知識。而在大城市的大商店裡有上百個員工，學徒們只能學到這門生意中某個分支的知識。

　　印刷業的例子就非常能說明這個問題。在農村，剛入行的學徒要學習排字，學習分發，學清洗滾軸，學做防水，保養印刷機，做輪廓，檢測防水，切紙和操作機器。四年裡他就學會了關於印刷的所有知識，成為一名真正懂印刷的人。然而在大城市的大工廠裡，他卻只能學到關於一個部門的知識。要是在印刷室工作，那他對排版將一無所知；若他做的是合成工作，那他甚至不會知道印刷到底是怎麼回事。最後這個人也不過算是個一知半解的印刷工。

　　上述關於印刷業的例子，在其他行業中也經常可以看到。這樣的例子很多，只不過印刷工的例子是最明顯的。印刷廠的學徒變成了排版工人，排版工人變成了記者，記者變成了主編，主編變成了作家。從一個發展成另一個，雖並不是永遠如此，卻經常是如此。

　　現在有多少著名的作家曾經當過主編，之前是記者，再之前是印刷工

人，這樣的例子太多了。在他們生涯的每一步裡，都會發現因為自己掌握印刷知識，而給自己帶來了太多的好處。我曾經拜訪過紐約一家著名的報社，在記者辦公室裡，有好多曾經是印刷工人的記者，沒有想過他們會為自己的報紙排版。他們不可能想過，因為印刷工人本身的工作很簡單，只是和印刷打交道，他們從沒想為自己排版。

若是一個記者沒做過印刷廠的工人，這對他來講並不是什麼好事。主編一樣，作家也是一樣。如果一個人沒見過，或者根本不知道印刷的流程，那他做什麼工作都會是盲目的。做印刷工人起步的作者，會知道自己的文章排版後是什麼樣子，會占據多大的空間，用什麼樣的方法會產生理想的效果，他會知道自己在做什麼。

這就是我能建議你的，在 4 年內賺到 2 萬美金的最好方式，這是一條讓你至少不會後悔的路。這是一種投資、一種保險、一件值得慶幸的事情。不管你最後想成為什麼，是牧師、醫生、商人甚至是百萬富翁，這種謀生的知識是沒有任何期限的，會終身受用。學習的過程就是受訓練的過程，一旦掌握，就永遠不會失去。

來到某處，把床鋪好卻睡不著。看著用自己辛勤的汗水換來的麵包，這雖是原罪，但心會因慈悲而變得柔軟。祝願每一天都充滿快樂，每個夜晚都不難熬。

—— 庫柏

第八章 「能謀生的人有房住」

祈禱他找到工作，祝願他沒有煩惱。

—— 卡萊爾

最幸福的人是那些把工作安排得滿滿的，不會因錢而起煩惱的人。

—— 安東尼‧特羅洛浦

每個人都知道自己應該做什麼，而且能找到自己心儀的工作模式是多麼幸福啊！

—— 霍蘭德

讓人們選擇做那些自己胸有成竹的事，記住身邊的好事和讓自己感到滿足的事，這樣會令人感到幸福。如果一個人能隨時離開工作和快樂，這也只能反映出他本來的樣子。貧窮、懶散是不會讓一個人幸福的，他會把未來變得陰鬱。因此，除非讓工作來拯救他，否則他只能是個可憐人。

—— 帕斯卡

一個人最珍貴的財富，是生來就為了追求，而且能找到自己的職業和幸福，不管是編籃子、鑄劍、挖運河、刻雕像或是寫歌曲。

—— 愛默生

對於我們熱愛的工作，我們會帶著喜悅的心情去完成它，並且及時完成它。

—— 莎士比亞

有工作的人不會不幸福。

—— 杜威

在各行各業中，大部分都是中等水準的人，能力超強的人很少，因此若僱傭那些有著超強能力的人，需要付出極高的價錢。奇怪的是，每家報社的編輯，每個商家，每一個製造商，以及各行各業的雇主，都在用那些勉強可以工作的人，而他們真正需要的，卻是有能力的那些人。所以要努力尋找，找到後要付給他很高的薪資。現在，那些在工作上有能力的人，是那些把自己投身於事業當中的人，並且天性符合，而且受過適當的教育。

—— 埃格爾斯頓

倘若你找到了自己的位置，這的確是一件非常稱心的事。人生中大部分的失敗和痛苦，是因為人們堅持嘗試去做那些不適合他們的事情。幾乎在一開始，這種大錯就注定使人煩惱一生，可是沒有人願意承認這個錯誤。讓一個已經開始著手工作，但不具備資格的人去放棄是一種傷害。有數以百計的人被夢想打出凹痕，當他們有能力把另一種工作做得十分出色，卻在朋友不明智的幫助下，浪費一生的時間去做那些沒有前途，或者報酬很少的工作，這也是一種傷害。

—— 埃格爾斯頓

煩惱通常來源於對「體面」的錯誤想法。甚至在我們這樣民主的國家裡，也有人覺得某些職業比其他職業更加受人尊敬。這種想法使成千上萬的人誤入歧途，走向毀滅。既然它涉及到的是專業知識的學習，我們便容易對此產生偏見，因為成功追求這些東西，不可避免地會涉及到文化和智力的差異。不過偏見的產生，不只是出現在以文化為基礎的領域，也出現在不以文化為基礎的領域。例如當售貨員比當技工更好，這種想法並不少見。

整體而言，那些需要穿著細毛織品、上等服裝的職業，似乎比不需要穿的更值得尊敬。然而技工都受過技術的栽培 —— 透過多年的學習獲得一種技能，這種技能是其他人沒有的。而能夠獲得這種文化財富的原因之

一，是要有自尊心，同時，它也是富足生活的保障。總之，所有誠信的工作都是光榮的、有尊嚴的。在自己的文化範圍內，技工的技能是一個值得驕傲的本錢。公平一點來說，技工實際上比不會技術的人要高一等。儘管他可能不是最聰明的，卻可以比那些不是知識分子或天才，並且缺少技術知識的人，更好地完成工作。

—— 埃格爾斯頓

那些本應該開創事業的年輕人，成為了公司的實習生或職員，這是一個有關體面的錯誤觀念。在許多年輕人中流行一種觀念，比起學習研究技術，在商業領域中有更多更好的晉升機會。他們對於美好的未來，並沒有一個清晰的想法。當年輕人來應徵一般職員的工作時，有一半的人期望著在將來能夠成就一番事業，他們看起來信心十足。

這些年輕人想當然地認為會像很多故事的主角那樣，剛開始只是個辦公室職員，後來成為公司的中堅力量，甚至最後成為這家大公司的資深領導者。這些事情慢慢地變成他們眼中一再上演的劇情，以致忘記了儘管這種成功的確可以實現，但在一千人當中也就僅有一人脫穎而出。然而就算真的實現了，也是這個人努力的結果，而不是純粹靠機會。

—— 埃格爾斯頓

如果一個年輕人很有潛力，或者有著不錯的能力，那麼職員的職位可能會引領他走向成功的彼岸。若是沒有的話，他基本不可能出人頭地，而且是連千分之一的機會都沒有。畢竟晉升的條件又多又苛刻，前途風雲變幻。然而在解決賺錢的問題上，技術工人是有其固定資本的，只有那些有相同技術的人，才可以相互競爭，一個人的技術就是他的固定資本，資本越多，工作越是富有成效。如果這個人頭腦冷靜，而且積極向上，那麼生活是相當有保障的。倘若他對理財也在行，那麼最後他會累積一大筆財富。

—— 埃格爾斯頓

通常說來，在任何情況下，工人都應該知道如何把某種工作做好。在學技術方面，需求是最好的老師。要是一個人沒有任何謀生技能，他的生活是絲毫沒有保障的。只要是一個新興國家，百廢待興，就會到處都是累積財富的機會。即便是沒有特殊本事，幾乎任何一個正常的人都可以賺到錢。當然，某些知識不像現在這麼重要，這些只是個案。如果每個人即使沒有特殊知識，也可以做有用的事情，因此可以找到工作賺錢，那麼技術教育就不像現在一樣這麼受大家需要了。只不過容易賺錢的時代已一去不復返了。

—— 埃格爾斯頓

自我依賴和自我否定，將教會一個人如何在坐吃山空之後，透過自主的學習和勞動來生活下去，也會努力累積並小心使用與自己誠信有關的所有東西。

—— 培根

因此，即使不是為了獲得食物或者鍛鍊身體，活著也要勞動，這對身心都有好處，也可以防止每天無所事事。

—— 佩恩

父母不教孩子手藝，就是在教他做賊。

—— 經文

現在有一種流行的想法，認為勞動階級的地位是很差的。我想要說明的是，從我成為一位技術熟練的工人，一直到我離開工作職位，我從來沒想過賺錢的問題。我的兩個叔叔，祖父和我的石匠師傅，所有的這些工人都和我一樣，沒有體會過這種感覺，我的父親也是如此。我不否認那些應該得到獎賞的機械師可能是個例外，但我還是有一點疑惑，就是這些情況是特殊的，而整個階級所受的痛苦，要麼是由於對專業技術過於輕視，要麼是在當學徒的時候不認真，就像在學校不認真一樣。所有的這些都讓那些醉心於技術的人，成為了最底層的工人，處在尷尬的位置上。

—— 休·米勒

那些說「這件事做不了」的人，大概沒有意識到，許多工人的收入要比那些專業人士高得多。最近某位最大的鋼鐵製造商，在報紙上公布了他們公司某些員工的名字，這些員工每週的收入差不多是 4～5 英鎊。也就是說，他們的年薪可以達到兩百或者兩百五十英鎊。

—— 斯邁爾斯

　　上面提到的這位鋼鐵製造商是理查·福瑟吉爾。在隨後的一封信中，他就同樣的話題說道：「毫無疑問，對不少職員和接受了昂貴教育的人來說，這筆收入委實不少，因為他們還得為了麵包辛苦勞作。但是，這是工人應得的。我也非常樂意增加薪資，讓那些身體健康、樂於工作的礦工們，可以賺取同樣多的、不錯的薪資。在南威爾斯還有好幾百名這樣的工人，他們做著和我的礦工們同樣的工作，也可能更繁重些。

　　戈德·史密斯談到了一位助理牧師，每年可以得到 40 英鎊。當然這以後助理牧師的薪資增長了，不過卻不像技術工人和非技術工人的薪資增長得那麼多。如果助理牧師只是為了金錢而工作的話，那麼他完全可以去當礦工或者鍊鋼工人。

—— 斯邁爾斯

　　一位在布萊克本工作的人曾說：「我買不起羔羊肉、大麻哈魚、嫩鴨子、青豆、新鮮馬鈴薯、草莓或者其他食物。我得等到三、四個星期後，才買得起這些應季的食物。」

—— 斯邁爾斯

　　牛津的製鞋商布朗認為，一個好的機械師是世界上最自力更生的人。他的能力技術總能在市場中得以展現。如果這個人勤奮、認真、明事理，那麼他應該是能幹的、身體健康的、幸福的。有節制地花錢，每個星期能賺 30～40 英鎊，那麼他會穿得好，住得好，讓他的孩子可以受到好的教育。

—— 斯邁爾斯

一個人的優勢力量能夠讓他成功。

　　　　　　　　　　　　　　　　　　　　　—— 莎士比亞

例子顯示了成功的可能性。

　　　　　　　　　　　　　　　　　　　　　—— 科爾頓

小心駛得萬年船。如果一個人勤奮地工作，卻不努力地存錢，很有可能就像黑熊掰玉米一樣，掰一個丟一個。

　　　　　　　　　　　　　　　　　　　　　—— 科爾頓

是變得貧窮，還是累積資本，全在於一個人是否努力地工作，法律是不會對此有所保障，亦不會對此設定障礙的。

　　　　　　　　　　　　　　　　　　　　　—— 格雷格

假使一個人要改善自己的境況，他必須要盡力去賺錢，盡量少花錢，並且要用他所有的花費，來讓自己和家庭享受到真正的快樂。必須要存錢，無論是用什麼方法存錢。因為這是第一步，也是最重要的、走向自立的一步。現在，對於那些開始時窮困，可是勤奮地賺錢之人，自立是很實際的東西，而且也是值得尊敬的品格。

還有一個過程也要注意，就是整個消費不能高於全部收入，要仔細考慮到所有可能發生的情況，所有剩餘的錢要拿來以備不時之需，以及用在其他真正重要或有用的東西上。這些都需要仔細地考慮，盡量節省，要有一點點遠見。對於你希望得到的所有東西，都要採取這個態度。據我所知，對於任何一個工人來說，他那用雙手開創的、長時間的以及報酬很低的勞動，都是一個自我否定的過程。我可以大膽地認為，獲得獨立，或者說自立的經驗，要比這個過程中所付出的辛勞更值得。

　　　　　　　　　　　　　　　　　—— 費爾頓，諾丁漢市長

若是一個人不知道怎麼去節約一分錢或者一英鎊，他會一輩子辛勞受窮。貧窮就像個搶劫犯一樣，每天都要降臨。小心的節約是有魔力的，一

旦開始，就會變成習慣。它會給人滿足、力量和保障。他存在銀行裡的存款，可以保障他在生病時或者年老後，有一個舒適的生活。存錢的人有本錢來與貧窮對抗。

—— 斯邁爾斯

一個有著不錯工作的人，即使是債務纏身也不會輕易輸掉，因為他的手裡有著永不過時的技術。他無須擔心為自己的貨物找個好市場，也不需要擔心原物料價格的波動。這些都是對他有利的情況，通常他不需要考慮那麼多的事情。如果生意不好，他當然會受損失，可是效益好的話，他的薪資也會高。要是他願意的話，就可以存錢了。可能大家認為他要自己承受公司的好和壞，但是卻可以避免搭檔的誠信問題。

—— 斯邁爾斯

沒有工作的人，會處於一個很差的境況中；如果他沒錢，貧窮會永遠持續，並且使他痛苦；如果他有錢，無聊將會是比貧窮更加殘忍的痛苦。

—— 賈德森

以下是凱雷對英國製造業者的奇妙描述：聖多利的普拉生，長得有點像個海盜，對他的工人說：「尊貴的紡紗工們，這是我們賺的十萬塊。其中十萬是我的，每天的三塊六是你們的。再見了，尊貴的紡紗工們！用我多給大家的錢去喝酒吧！並祝我身體健康！」

我的冒險不是一條清晰見底的河流，不是到一個固定的目的地，也不是我所有的財產，而是今年的命運。

—— 莎士比亞

最艱辛的路，會帶來最豐富的收穫。

—— 富蘭克林

有的人可以運用體面來賺錢，這雖然不錯，卻也會變成很大的負累。

—— 道格拉斯·傑羅德

能工作的人，可以在世界任何一個地方生存。

—— 朱什

不喜歡自己職業的人，根本就不了解這個職業。

—— 瓦倫賽

要是不會產生罪惡感的話，多研究一門手藝是挺好的事情。

—— 猶太法典

有職業就會有財富；有職業就會有信譽。努力工作的農夫，比四處乞討的紳士來得高貴。

—— 班傑明·富蘭克林

每一年，每個埃及人都要依照法律，說明自己是依靠什麼得到收入的，他要是撒謊或者給出的數據不能令人信服，就可能會被判死刑。這個法律是索倫從雅典帶到埃及的，並且在埃及嚴格地執行著。

—— 希羅多德

要經常做理智的事情：讓魔鬼發現你並沒有無所事事。

—— 傑羅姆

第九章　專業

一丁點的疏忽就可以產生許多鬧劇；為了釘子鞋子丟了，為了鞋子馬丟了，為了馬騎馬的人丟了。

—— 班傑明·富蘭克林

讓每一個年輕人都去學一門手藝，並不是要區分專業或者謀生手段。它們兩個是相互轉化的，謀生手段可以轉化成專業，專業可以轉化成謀生手段，彼此互為保障。

職業生活是一種簡單的生活，支持這個觀點是一個非常大的錯誤，因為職業生活裡會涉及到許多艱難的工作。一些專業人士雖然輕易地完成那些艱難的工作，但是在他們的專業中，因為不願付出，所以他們可能從來都不是最成功的那個人。這些人通常都有足夠的本錢來生存，可是懶惰阻礙了他們的發展。而那些成功的人，其實並沒有在所有的技術工作中花費太大的力氣，他們只是在自己的專業裡付出了極大的心血。

當你走進一間法庭，看見一個十惡不赦的罪犯，他的律師正在為能夠判他無罪而努力辯論。律師仔細詢問某個證人，在這裡或者在那裡來製造一些異議；在閉庭的時候，提供給陪審團一個強而有力的辯詞。這看來是非常容易的。雖然聽說這個律師收了不少錢來受理這個案子，但是我們看到的，只是經過漫長的審判和令人厭煩的工作之後，公布於眾的結果。

你不知道這個律師在他的辦公室裡，詢問調查了多少名目擊者，有三分之二的目擊者所說的話，可能用處都不大。他需要努力事先篩選出這些證據，以及布局他的整套方案和每一個細節。透過法律法規來強調自己的

觀點，並以此來給陪審團一個深刻的印象。在這場辯論中，他十分流利地表達出自己的思路。這名律師可能花費了許多個白天和夜晚來做這項工作，法庭中那些強而有力的證據，都是事先整理出來的。

　　每個行業都有這種情況。我們看到的僅僅是那些已經完成的工作，而沒有去考慮之前準備它所付出的努力。牧師宣講訓誡只用了三十分鐘，他卻要用三天的時間來撰寫。醫生先測量脈搏跳動的次數，再問一些問題，然後才寫下他的處方。雖然這些看起來都相當容易，但若他不是一個深諳此道的人，很難在一分鐘內給病人一個滿意的回覆。

　　倘若你和一個外科醫生一起去做一個危險性極高的手術，他幾乎聽不到你和他說什麼，因為他正在全心思考這個手術，其他人的錯誤也許沒有關係，但是他的不行，手術中的一點馬虎，或者忽略手術中的任何一個微不足道的細節，都可能帶來無法彌補的過失。你可以在空閒時把一本書讀個三四遍，而作者可能用了許多個月或者許多年才完成它。

　　有些年輕人天生就偏愛一種可靠的職業，這種偏愛顯示出他自己現在，甚至是在兒童時期就常做的事情，而且這種偏愛應該從來都沒有改變過，那麼他們在選擇職業上就沒什麼問題。如果我們相信這個說法的話，就會發現有些人天生就是當醫生的料，有的是當傳教士，還有的是當律師。自然創造的僅僅是粗糙的半成品，就像礦石，在可以使用之前一定要好好地錘鍊和打磨。天性只能夠給我們對於職業的偏好，而辛苦的工作能幫助我們確定最終的職業。

　　這些早期傾向對做好工作是有益的。但是，人們也不總是這麼認為，因為有許多天才最終被證明只是極其普通的人。相反的，許多年輕人在青年時期，並沒有顯示出對某種職業的偏好，於是誤打誤撞地選擇一個職業，也做到了很高的位置上。

　　從不要輕視環境和周圍事物，職業是透過它們來詮釋的，透過它們中

的大多數來創造的。我們透過自己的價值取得成功。要是沒有創造環境和大部分周圍事物的本領，那麼人類就不要奢望能夠提高世界上所有的價值。有時候你會聽說有一個人「不管在什麼情況下都能到達頂峰」。這種說法可能是真實的，因為我們並不能看到某一個人，在所有情況下工作的情景，不過我們還是可以對此持謹慎態度。

我們都知道格蘭特將軍（Ulysses S. Grant），他戰功赫赫，有頭腦，受過良好的軍事教育。如果他沒有能力在所有的環境中生存下去，我們也不會聽說過他。內戰不是用來創造將軍或總統的，若是內戰早發生 20 年，或者晚發生 20 年，他的能力是一樣巨大的。大部的人都是更多地強調能力卻忽視環境，這其實是極不明智的。

窮其一生，每個人經歷的事情都有一種趨勢，順著這個趨勢，人們會到達幸福的彼岸，如果忽視它，人生的旅途會充滿暗礁與險灘。

就連莎士比亞也無法說出，一件比在某個聖誕節前夕挑選工作的年輕人更明智的事了。「當它適合我們的時候，我們一定要抓住當前機遇，否則就會失去賭注。這個趨勢勢必會來，要去洪流中抓住這個浪頭。我們不能控制自身的境況，尤其是在剛開始的時候，所以必須把它們當作職業，並且充分加以利用。這指的不單單是經濟環境，還包括所有的環境。」

有時候年輕人傾向於某項特別的職業，也許這是一個不錯的指引，不過不能在所有方面，都過於仔細地遵從這個指引。不少過錯的產生，都是由於年輕人的一廂情願，而誤導了他們在職業上的選擇。

可能就是在童年的某一天，你去教堂祈禱，想對你的兄弟姊妹宣教，她們便會立即說：「啊哈，他又要開始宣教了！」在他們的刺激下，你會說得更多，直到你相信自己真的被他們看成是一個牧師。如果有一天你去看了醫生，回來後開始玩扮演醫生的遊戲，先聽診，然後把一小份糖包起來當作藥，你就會感到很有信心去當一名真正的醫生。這樣的事情在各個家

庭都會看到。在你第一次坐電車之後，最喜歡的遊戲變成了來回扭轉方向盤，這時，你心中的大英雄是個司機。

你現在是不相信這種所謂的預兆了。因為你喜歡在法庭上聽庭審，卻不會認為自己一定有學法律的天賦。在許多大城市，每天都有成百上千的人在法庭裡待上一天，一個庭審結束，又轉向另一個庭審。你覺得他們是不是所有人都是當律師的料，但是卻沒能成為律師？實際不是的，他們只是沒有更好的事情去做，覺得審訊很有意思而已。

你可能會期望成為一名正在做手術的醫生助手，並且對這個想法有種幾乎病態的依戀，卻不願意選擇醫生成為自己的終生職業。你也知道某些人對於參加葬禮有著特殊的偏好，但他是不是天生就是個殯葬人呢？在馬戲團來城鎮表演之後，一半的男孩都會希望自己能拿起馴獸的鞭子，不過那就表明他會是一位合格的馴獸師嗎？對於某件事情，孩子式的迷戀絕對不可以當作選擇職業的聖旨。

毫無疑問，有這樣的情況：在每個世紀，我們都能找到兩三個偉大的政治家、將軍或者作家，但很難再找到更多。自然界並不會為特殊的地方，提供特殊的人，更多情況下，環境比自然的影響更大。一個男孩用鉛筆描繪出我們所謂的自然景觀，而稍微大一點的男孩就沒有這種對自然的感覺，但是他卻能畫出更好的畫，這是誰指導的呢？自然藝術家也許有一種偉大的藝術細胞，可是環境或者好的感覺，會給他們不同的方向，帶來更多的自身優勢。

我所說的自然環境是什麼意思呢？我會用例證來很好的說明。假設你的父親是一位受歡迎的內科醫生，他畢生工作於某個地方並且養成了良好的習慣，人們對他有信心。當你的父親退休後，人們也會對他所推薦的繼承人有信心。你跟他生活在一起，對內科醫生的職責相當熟悉，不快樂的生活給你留下的印象，比快樂的時候更深刻，剩下的一切都會讓你往前

看，往更好的方面看。

　　你知道父親經常在大風的夜晚被叫起來，不論多麼困難都必須開車出去。研究病因是多麼困難的一件事情。你會聽他或者其他人說過，他所做的工作是世界上最困難而且最不賺錢的。你的環境告訴你，在一個內科醫生的生活中，存在著多少的陰暗面，你非常確定自己對做一名內科醫生不感興趣。那是個單純的想法：困難的工作，很少的回報。你不願意把自己的一生都綁在這個小城鎮上，而是更喜歡去大城市當一名律師。一個偉大律師的一生充滿了榮譽和鮮花，除了辯護和收錢，就沒什麼別的事情需要操心了。

　　或者你的父親不是一位醫生。叔叔或者家人的某個朋友，要提供一個工作機會給你，這可能比不上你父親的律師，直接把你招進他的律師事務所，讓你的起點比別人要高很多。簡單地說，任何人都希望在某個地方有一個好的開始，你相信自己在別的地方會有所作為，但是不要這麼做。你相信自己在其他行業會有一個不錯的前程，於是走過了一道為你敞開的大門，走過去之後，也許遇到的下一道門是緊鎖的。所以在這麼做之前，一定要仔細考慮一百次，而不是考慮兩三次。

　　我的意思是，環境會在開始時帶給你有希望的機會。如果一開始的時候還不錯，你會接著做下去；如果開始的時候不順利，你就會覺得自己是「命中注定」要從事另一行的人。無論從事什麼職業，都會有許多人才，要想成功，有一個好的開端是非常重要的。決定闖出一條自己的路，是一件值得稱讚的事情，但若發現這與常理不符，就不要這麼做了。

　　在所能觸及的範圍內，你也許會想打破常規，尋找自己的路，這樣的事有可能發生，但是不會經常發生。要想打拚出一條自己的路，要有強大的精神和道德力量。當發現這條路已經開啟時，這個需要你為自己製造機會的力量，就會更有優勢。倘若給兩個年輕人同等的道德和精神品格，那麼有著良好開端的人會更有機會成功。

　　沒有人能夠肯定地對你說，因為你的父親是醫生，你就該學醫；或者說你叔叔是律師，你就該學法律。可以這樣說，你的最好機會在哪裡，你就應該在哪裡，除非你有壓倒一切的理由，否則不要選擇一個不同方向的職業。不要孩子氣地幻想了，要有好的、合理的理由。

　　然而教堂是一個例外。對於牧師職位，若是不想以欺詐手段從事這個職業，你就該有神聖的使命感。由於這個話題可以寫上好多頁，所以在這裡我只想讓你注意聖人馬修所說的話，他的話適用於牧師職業，也適用於其他所有職業：「對於大多數人來說，他們只是在等待機會，只有少數人會得到機會。」

第十章 人生中的潮起潮落

　　沒有什麼可以比得上強大且準確的記憶力，天賦是在年輕時訓練形成的，因此加強這個能力最好的方法之一，是養成背誦的習慣，背誦我們喜歡的散文和詩中的段落。當你步入積極的工作生活，回到家會感到疲勞，很少會有想學習的衝動，因此年輕時努力學習是非常重要的。

—— 最高法院首席法官柯爾雷基

　　你熱愛生命嗎？那麼，不要浪費時間，因為生命是由時間組成的。

—— 班傑明・富蘭克林

　　很多學生比我讀的書多，但是我讀的那些書築造了我自己。看半個小時的書，最多一個小時後，我會闔上書，思考一下自己讀到了什麼。倘若文章裡有特別有意思或吸引人的地方，我會努力地回想並記住，這通常會讓我有目的地去讀書。

—— 丹尼爾・韋伯斯特

　　每天花六個小時學習，其中用四個小時適當地學習，二個小時刻苦鑽研和討論，這就足夠了。要是頭腦有雜念，會影響記憶力和創造力，思維也會不敏捷。

—— 魯費斯・喬特

　　漫無目的的閱讀，就是在浪費生命。

—— 魯費斯・喬特

　　你最好什麼都知道，這樣可以免去無知帶來的災難。

—— 西德尼・史密斯

　　我一直依從自己的想法，去學習固定科目的課程，毫不動搖地堅持著，直到我真正學會並掌握了那些知識。現在只要是我喜歡，我就可以把掌握的知識運用到任何話題中。一個人出去散步或騎車時，我會選擇一個話題去思考，這是我一貫的習慣。直到得出滿意的結論之前，我絕不會讓自己的思維離題。

——約翰·卡爾霍恩

　　約翰·馬歇爾的思想似乎像覆蓋著巨大岩石的山峰一樣，那裡像一個無窮無盡的採礦場，他在那搬運材料，建構結構，有粗糙的也有哥德式的結構，不過這種結構的強度是時間和力量都不能將其摧毀的；他就是這麼一個人，就算有個極樂世界不斷地引誘他，他也不會從正在研究的問題上抬起頭來的。

——沃特

　　在開始閱讀一本書之前，總是仔細閱讀序言和目錄，這樣你會對作者的目的和意圖有一個準確的概括性了解，這對閱讀很有幫助。同時也會對整個作品有一個總體了解，這樣有助於你完全理解書的內容。

——麥克唐納

　　反省使人進步，而且一定要真正地認真反省，也就是說，一定要不斷重複。我是這樣做的：每天反省前一天的工作；每週末反省這一週的工作；月末反省這一個月的工作。另外，休假時要把這一段時期仔細認真地反覆反省。

——維滕巴哈

　　一個愚蠢的人說：「不要把你所有的雞蛋放進同一個籃子裡」，而聰明的人卻說：「把你所有的雞蛋放進同一個籃子裡，然後看好這個籃子。」

——馬克·吐溫（Mark Twain）

每個人職業生活的那些時光，就是受教育的時候，他們認定這是天意，成功之門只為那些有準備的人而開。大多數成功之人的經驗，是當這些人回顧他們生活的過程，無論何時，他們都準備著到達更高的地方，他們能夠聽到邀請他們進入更高地方的召喚。

—— 喬治·麥克唐納

不勞動就沒有美德，沼澤沒有遠大的抱負就不可能成為高地。發光發亮的事物都有它們的職責和使命，只是一味地渴望、遐想、夢想著偉大的事情，是永遠都不可能成功的。努力地學習和孜孜不倦地觀察，是形成卓越造詣的必不可少要件。依靠前者，你可以讓自己成為科學的主人；依靠後者，你可以知道人們的普遍性和特殊性，以及自己擁有的天資個性。

—— 威廉·沃特

想要成為一名偉大的律師，就必須要在生活上像個隱士，工作時像匹駿馬。

—— 埃爾金勛爵

大革命的領導者代表殖民地的勝利，華盛頓（George Washington）是美國最富有的人，傑佛遜（Thomas Jefferson）、漢彌爾頓（Alexander Hamilton）、傑伊（John Jay）和亞當斯（John Adams），都是美國學府文化與機會的創造者。在第二個階段，競爭是為了得到最高權力來保護聯邦，去對抗有破壞性的地區權力。丹尼爾·韋伯斯特（Daniel Webster）和亨利·克萊（Henry Clay），他們代表美國農民的兒子，也享受了自由教育帶來的好處。第三階段，發表宣告去反對逐漸擴大的奴隸制，對於保護國家和領土的戰爭是有貢獻的，這些都是來自於我們政治家的才能。英雄都出生於貧苦大眾，我們後五十年的歷史創造者，也是來源於貧苦大眾，他們沒有強烈的慾望和野心，都是出自於最原始的、最簡單的目的。

—— 昌西

　　切斯特菲爾德勳爵曾被要求，去推動國會採用羅馬教宗制定的曆法。「從那個時候開始，」他說，「我的麻煩就來了。我開始研究這個曆法，它是由法律專業術語和縝密的計算組成的，對於這兩部分我是個外行。然而，讓上議院認為我知道這裡面的法則，確實是很重要的，並且我還必須讓他們相信，他們自己也可以知道那些其實他們不知道的事情。對我而言，我也只能像天文學家談論凱爾特語或者斯拉夫尼亞語一樣外行，他們也僅僅是明白我的話，所以我決定不僅要說，而且還要做得更好，要讓他們高興，而不僅僅是告知他們。

　　「我特別注意語言的選擇，注意各個部分銜接得盡量完美，注意使我的演講和動作保持一致，達到一個圓滿的結果。上議院認為我對整個事情知之甚多，他們非常滿意。許多人都說我即使沒有準備，也可以清楚地讓他們了解整件事。麥克萊斯菲爾德公爵對這個事情最有發言權，而且他是歐洲最偉大的數學家之一。他用無盡的學識和清晰的思路解決了那些錯綜複雜的難題，只是他的話語、文辭和言論都沒有我的精彩，所以最終的結果不言而喻，大家都投了贊成票給我。」

　　這是帕森斯公爵的故事，喬治・麥克唐納在他那本名為《如何培養成功的律師》書中告訴我們，無論是在選擇措詞還是演說的風格，真誠都非常重要。他提到帕森斯在年輕的時候，就被聘請在緬因州法庭打一場重要的官司，那時人們還沒聽說過他，他在律師界也沒有什麼名氣。

　　我就是在那時認識他的，也好奇地去法庭上學習，他是如何能夠這麼地有魅力。他把一隻腳踩在椅子上，用肘部拄著膝蓋開始他的答辯，像個大人似的用親切的語氣與陪審團交談。一瞬間，我認為我聽明白了。儘管他並沒有什麼誇張的表演，卻是完全在引導著陪審團。他對這個案件的處理舉重若輕，結論清楚明瞭。他沒說太久的時間，裁決馬上就下來了。陪審團退庭之後，其中一個我恰好認識的人走過來對我說：「這個帕森斯是誰？他的言談舉止根本不像一個律師，而且看上去像一個好人。」

我們國高中學生和大學生對於《聖經》的漠視，使我們的教育在滿足日常生活需求的方面相差甚遠。就算不從宗教角度或者道德角度來分析，只要這個人希望自己與世界的思想接軌，或者希望分享基督時代的偉大想法，《聖經》就是一本任何有才智的人都不能錯過的書。

　　所有的現代文學和藝術都有它的影子，若沒有這個知識，幾乎沒有一本著作可以被完全理解和喜愛，每本書裡都有提到或是套用《聖經》裡的例子，在小說、詩歌、經濟學、哲學、科學，甚至是那些不可知論者的專題著作裡也會存在。它根本不是一個宗教或者神學或者教義的問題，而是一個綜合理解的問題。大學生若是對聖經知識一無所知，便是無知的人，同樣也是下層社會的人。

—— 查爾斯・達德利・華納。

　　首先應該找到你最適合做的事情，然後盡你最大的努力去發揮長處，使它更自然地展示出來。多面性未必全都是好的，我的意思並不是說，某個人不可能同時成為一名偉大的律師、著名的音樂家、高超的高爾夫球運動員，以及享譽國際的劍客。這些成功的人都需要有社會方面的生活，這些社會生活對於成功有著非常重要的影響。

　　沒有一個人可以單獨存在，就算是一名成功的、以身作則的律師，一位成功的商人或者優秀的金融家也不例外。如果一個學習法律的學生，把他的精力都用於關注政治、體育和賺錢，他就不會成為一名成功的律師。就算是個鞋匠，也要做好自己分內的事。

—— 喬治・麥克唐納

　　當我開始研習法律的時候，一個案件我沒有讀上三遍，是不會讓它從我手上溜走的。

—— 丹尼爾・韋伯斯特

　　為了和平而奮鬥的部長和領導者們，那些我曾經見過的人，名聲享譽全世界，在內戰時我們為他們的勝利振臂高呼，比方說像格蘭特、薛曼（William Tecumseh Sherman）和謝里登（Philip Henry Sheridan）。在戰爭以後的生活中，他們就是和平的使徒和信仰者。

—— 昌西

　　地方主義和來自全世界的孤立，造就了人們極大的熱情。這種熱情就像洗刷了大氣與賦予了生命活力的雷電一般。在一切殆盡的時候，我想知道熱情是否也隨之而逝。

—— 昌西

　　事情的發生，是因為人們使它們發生了；如果人們等待它們發生，那麼便永遠都不會發生。他們若是想等著事情向好的方面發展，這是徒勞的，他們必須努力讓事情向好的方面發展。上帝給予人才能，但人們必須使用它，人們也必須知道怎樣使用它，人們必須開啟它。

—— 塞耶

　　他從來沒有低估過文化的價值。他替自己設計了一套學習計畫，並規定自己讀很多的書，這些都是參照大學課程的標準來制定的。猜想沒有人讀書的數量能夠超過他。他成為了一名優秀的學者，在希伯來語方面尤其見長。老師說，在這個孩子成年後，只要參加大學考試就可以獲得學位，什麼時候參加考試都可以。閱讀極為重要，對年輕人是如此，對那些渴望獲得高等知識的成年人也是如此。

——《斯珀吉翁的生活》，塞耶著

　　亨利‧沃德‧比徹的童年並不像其他孩子那樣，非要從大人那裡得到一個玩具，或者是去一次兒童遊樂園。他有許多必須完成的任務，他每天都要在一家公司裡幫忙，還要照顧動物，砍伐木頭，或者做些園藝。這些工作使他肌肉強壯，充滿活力。從父母那裡，他繼承了不錯的體格、健康

的大腦組織和肌肉，以及良好的情緒心態。並且在經過這樣的成長之後，他早早地養成了具有活力和自信的習慣。

—— 哈里特·比徹·斯托

我每天一定要放牛嗎？我每天一定要幫忙擠牛奶嗎？我希望能去上學，我不想成為愚蠢的人。

—— 約翰·惠蒂爾

我們時而能看到偉大的奇蹟，這裡長眠著一個律師，一個誠實的人。一個叫理查的人讀到以上內容，說道：「哦，哦，他們幹麼要躺在同一個墳墓裡？」

—— 約翰

一定要保持道德的純潔，一定要儘早這麼做。年輕的優勢永遠不會失去，不要相信有些人和你說，這些成就是不可能實現的。都會實現的，很多人都證明了這一點。相信我，有些人可能會誤導你。沒有什麼可以比與良書為伴、與偉大的思想為伴、與道德高尚的人為伴，更加讓你遠離邪惡。

—— 科爾里奇大法官

當西莫州長，一位典型的美國紳士，在最後一輪競爭州長職位中被擊敗後，我在奧爾巴尼拜訪了他。因為之前有六週的時間，都在用政治演說攻擊他的職位，所以總覺得我們之間會有點距離，同時也會比較冷淡，這情形就像是女孩描述自己和愛人之間的關係一樣。可是他用他一貫的友善方式來迎接我，說道：「你是一個年輕人，我已經老了。你有應付這種公眾生活的天賦，發展會很快，肯定可以創造一番事業。在我三十年的從政生涯中，很多人在通往政治權力核心的路上來來往往，集中了所有人的注意力，似乎榮耀異常。最後卻一個一個地慢慢隕落，從大眾的眼中消失，與他們自己的職業越離越遠，死時默默無聞，窮途潦倒。

　　「在西元 1812 年的戰爭中，有三個人在前線做通訊的工作。他們的工作做得實在是太出色了，最後立法院決定把他們的遺體運到奧爾巴尼。然後，所有的官員都來瞻仰那些遺體。國家領導人、州長、大法官們以及其他政界要員列隊送行，並且把這些遺體埋葬在國會大廈的土地下。不過現在沒有人具體知道他們被埋在國會大廈的哪一塊土地之下，他們的名字是什麼，以及他們的豐功偉業是什麼。」在這位老州長的話語裡有著很深的哲學，這些東西對普通人來說是非常有用的。但是在那樣一個熱情可以喚起努力的年代裡，名聲是居第二位的。

── 昌西・迪普

　　我們生活在合作的時代，蒸汽機和電力的發明加快了發展的速度，個人的時代已經不復存在了。資本合併不僅是急需巨大資本的鐵路和電信所需要的，也是家具業、採礦業和倉儲業所需要的。聯合勞動不僅出現在單一的產業中，也出現在不少聯盟合作中。醫生和科學家發現，要是他們想跟上這個時代的腳步，適應迅速的發展，他們也必須形成聯盟。

── 昌西・迪普

第十一章 「如果法庭滿意」

> 不懂歷史與文學的律師，只是一個機修工，一個泥瓦匠。如果他掌握了某些知識，他可以稱自己為建築師了。
>
> —— 華特・史考特爵士

這些年裡，沒有人能夠給那些研習法律的年輕人一些好的建議，當然也沒有人會比英格蘭的大法官更加有給出建議的權利。他的許多評論，無論是對個人還是對國家都非常有用。他說：「我認為對職業的熱愛是一個先決條件，身體健康與精力充沛是第二個條件。身體虛弱的人是當不了律師的。對於腦力來講，頭腦清楚是相當重要的。還有一件事情需要考慮進去 —— 等待的能力。除非這個人有辦法去維持自己的生活，過上幾年苦日子，或者是有辦法賺足夠的錢來保持一種不錯的生活，否則的話，還是不要踏足這個行業。」

他所說的那些要求，同樣適用於其他職業 —— 對那個職業的熱愛、強健的體魄、頭腦清晰。等待的能力與賺錢的能力，在這個國度並不像在英格蘭那樣重要。而且在這個國度，那些能力在法律行業中的展現，也不像其他行業那麼明顯。法律這個行業也不會比其他行業更容易、或者更快地帶來名聲與生意，但是卻可以讓人在等待中，擁有比從事其他職業的年輕人更多的自立。

年輕的醫生在任何危難的時候都要出現。倘若他在自己的創業期間，卻在忙著其他的事情，前途必受影響。大家會有公斷，如果這個人的專業不足以應付他的工作，他就不適合當醫生。年輕的牧師在等待自己第一次

任務的時候，機會更少了。可是年輕的律師卻不同，他們可以轉向任何一個光鮮的職業，而且不會損害自己的尊嚴和前途。

在那些年輕人奮鬥的歲月裡，文學通常是他們的希望。在這裡更好地證明了，年輕律師比其他職業有更好的機會。除了少數的例外，對於那些剛剛取得學位證書的年輕人而言，文學並不意味著要寫小說或者是寫文章給流行雜誌。

就一個職業而言，必定有其自己的專業性，這個行業中的翹楚，一定是經過了漫長的摸索時期，繼而要付出極大的努力。對於初學者而言，剛開始時乏味異常，可能只是當一名記者。努力的年輕科學家或者是牧師，都不能成為一個好的記者，當然其中原因很多。但是無論是在哪個城市，一家大型的報社裡，總是有那麼兩三個年輕的記者，在努力通過律師考試或者在忙著些法律的案子。記者的經歷對年輕律師而言，是極有價值的。

有兩扇門通往法律職業：法學院和律師事務所。律師們普遍認為兩者的結合是最完美的搭配：先是法學院，學習基本理論；再是事務所進行實踐。

「法學院畢業後，」奧利弗·沃德·霍姆斯大法官說，「花六個月的時間待在一間不錯的事務所裡，看看案子是怎麼處理的，同時也可以消除掉法學系學生慣有的自負，然後重頭開始。」

法學院最大的好處是結交很多夥伴，結交與自己同時追求相同目標的人，這能發揮不少助益。一個人做準備工作是十分疲憊的，他們需要同伴來調劑以便做得更加出色。另一個優勢是，你的工作奠定了你的基礎，你了解自己要去做什麼。但要是你內心只希望能夠從法學院拿到畢業證書，也就是法學士，那麼最好趕快把這個想法拋棄掉。學位無法給一個人完全的保障，甚至也不能使人脫離給其他人的無知印象。在所有的行業中，頂尖人物都不關心所謂的學位。一個人必須要勝過所謂的頭銜，否則的話，

它只能讓你看起來荒謬可笑。

　　如果你準備好去努力工作，法學院將對你有極大幫助。不過你若有任何偷懶的想法，要把工作變得盡量簡單，那就要在行動前三思而後行了。因為法學院即使是比最具有教育性的機構還要權威，也可能讓你的所學變得毫無用處。

　　為了向你說明這一點，我必須要告訴你一些這些學校常用的方法，我們就以紐約州的法學院為例。當你踏進法學院的時候，就不再是一個男孩，而是一個男人了，是一個需要自我管理的男人。比方說，學校裡有四百名學生，兩百名在高年級，兩百名在低年級。他們被細分成上午班和下午班，每個班大約一百人。

　　在教室裡，你是這一百個人中的一個，得到一本筆記本和一枝筆，你的首要任務就是記錄一天所聽到的「講座」內容。這些東西通常是由學校的負責人來準備，由一名教授大聲朗讀，那其中包含大量有用的和有價值的資訊。每天都持續這樣的訓練，貫穿所有的課程，填滿許多筆記本。對於那些聰明的學生，這些訓練很有用處。

　　但是蹺課的人也有機會得到所有筆記。因為這些講義經常被出售，你會在大廳看到小告示貼：「出售已完成的全套初級講義，適用於……」。快要上高年級的同學，十分樂意以 5 ～ 10 美元賣出自己第一年的筆記。高年級的同學在畢業前夕也會賣出自己的講義，尤其是他們急需用錢的時候。剛剛進入學校的、愛蹺課的學生很快就會發現，如果缺課的話，後果並不是那麼嚴重。沒有聽到課是自己的損失，必須由自己彌補。寫講義是個苦差事，他會買一套講義，然後晚上看，不過晚上可能又會有其他事情吸引他的注意力。若你在法學院學習，那麼我希望你的每一頁筆記都是出自自己之手。

　　不久之後，蹺課的人又有了另一個發現，那就是全班的人都讀布萊克

斯通或者帕森斯的書，然後依據名字的字母，大家依序進行背誦。由於不可能在一個小時內聽完 25 個人的背誦，所以在四天裡，每人只會被叫到一次。倘若他週一背過了，週五前是不會被叫到第二次的。因此他這幾天照樣出勤，晚上去體育館運動或者去打棒球，他仍然可以得到出勤成績。

模擬審判或者是案例討論大抵也是如此，通常是一週一次，以動議的形式，以此來避免選擇陪審團的麻煩。法律所涉及的問題，需要在學校圖書館長時間、單調而沉悶的尋找數據。一個蹺課的學生被委派去為被告提供辯護，可是他對這份苦差事沒有興趣。他的同桌，瓊斯，很需要錢，樂意為了一兩美元去為他尋找數據。畢業後，你可以輕易地想像到，這個蹺課的人拿著法學學士學位回到家，但是卻成為了一個無知的人。

眾所周知，你應該事先知道這些事情並避開，這樣你就不會長時間在法學院卻沒學到東西。責任不在於學校，而在於學生。在法學院沒有處罰，沒有極大的鼓勵，這些只存在於你的內心之中。

在律師事務所，你可以學到許多在法學院無法學到的工作細節。你不僅可以見到實際完成的工作，還可以親自動手。你和實際工作中的人保持固定的連繫。儘管你沒有和其他學員有利益上的競爭，但同樣你也缺少在法學院的教育，就是當你要參加律師執業考試的時候，必須充分準備的那些知識。法學院畢業的認可，幾乎就是課程的問題。不同國家的定義略有所不同，不過通常都認為，從法學院畢業，是能夠進入律師職業的一個良好途徑。可是對某些學生來講，並不總是這樣。這些學生完全取決於他自己的價值，而不是好的法學院的威望。

大家都有個共識，就是從事與法律有關職業的人太多了，城市和鄉村的大量律師，無疑為這個看法增添了證據。但是不僅考慮到人口的劇增，還有更多的是法律業務的相應增加，所以不能確定現在是不是比半個世紀前的律師更多些。那時的商業公司規模相對較小，現在它們規模擴大，而

且經營管理更加錯綜複雜。每個大公司都有自己的律師，許多公司僱用足夠的律師來應對官司。鐵路運輸線不光在總部有律師，因為具有指導性的律師建議有助於工作，而且在它所在的每個州，都有自己合法的律師。每家保險公司也有它們自己的律師，每家煤炭公司、石油公司，幾乎任何一間有財產的公司都謹慎地關注著。儘管有許多律師，卻仍有更多的工作在等著他們。

許多成功的律師都從事這項工作，他們被叫做「法律顧問」。對於是否願意成為企業的法律顧問，你可能不用決定很久。對於一些財力雄厚的公司，他們不單能僱用最優秀的人才，也會讓你得到最高的聲譽。

有一些公司在處理事情上相當霸道，以致它們使「法律顧問」成為一個指責用語。幸運的是，並不是所有公司都這樣。為這些貪婪公司效力的人，利益多於榮譽。單打獨鬥人很少有機會去反抗他們，即使法律和公道站在他這邊。公司有能力去應對一個又一個的法庭案件，直到被告或原告破產或是耐心耗盡。這種情況有時就像是單純的搶劫，搶劫犯就是這個律師的委託人。我對你們說的此類案件，正是我想說的關於不誠實的問題。倘若一個人違背良心地使用自己的知識，就算是一百萬也不足以做出補償。

關於你的能力有兩種看法。有些人會說你「很聰明」，然而其他人會指責你。要是你的生命從一開始就是如此的話，你要容忍別人的指責，不過就算是指責你的人，也會不得不加上一句「但他是一個真正誠實的人」。

如果你願意，你可以使每個人都說出這樣的評價。人們在任何與法律相關的職業裡，都可以完全誠實。它是由人們自己決定的，而並非是行業，我甚至覺得去討論一個不忠誠的律師都是一種侮辱。亞伯拉罕‧林肯是一位律師，因為法律是一種高尚的知識，所以法律培養高貴的人。它捍衛弱小；抑制過分強大的力量；它給每個人公道；為無辜的人辯解，懲罰

犯罪的人。這一切在理論上都有所展現，在實踐中它透過管理來發揮作用。可是有時它也會被扭曲，壓迫弱者，宣判無辜的人有罪，並讓罪犯逃脫。

「律師必須謹記，」英國的首席大法官說，「雖然他是為客戶爭取利益，但比這些利益更加重要的，是真相和榮譽！」

「在戰鬥中，」亞歷山大‧科伯恩說道，「他（律師）的武器必須始終是軍人的劍，絕不能是刺客的匕首。」

誠實、正直、誠懇、基礎牢固的名譽，是一名律師擁有的最好的資本。當一個潛在的客戶被你絕對的誠實徹底說服時，他將會在去別處之前再三考慮的。這個律師擁有的不是精明，而是常識。雖然欺騙和狡詐的手段有機會打贏官司，但他們沒有贏得顧客。人們不敢信任招搖撞騙的律師，畢竟他背叛了一個人可能又會背叛另一個。誠信要從頭開始建立，沒有誠實這根支柱就是在空談。在最意想不到的時候，誠實會用一種殘忍的方式扼殺你。從有資格進入律師這個行業，直到被一家高級律師事務所僱傭之前，你要保持這份清潔、未被汙染的紀錄。

不能否認，仍然有許多丟臉的、缺乏職業道德的律師待在這個行業中。各行各業中有許多這樣的人，可是你不能因為某一個牧師不守清規戒律，就斷定所有的牧師都不合格。不合格的律師越多，對良好律師的需求就越多。如果你有「清醒常識」，你就能夠成為自己所希望的一名合格律師。缺乏才智，你可以透過努力工作而得到部分的補償，但你的真誠，是在一開始就擁有的。

卡修斯，在你的恐嚇中沒有恐懼，因為在誠實下我變得如此堅強。我無視恐嚇的存在，它只不過是飄過我世界的三分鐘熱風。

—— 莎士比亞

第十二章　法律研究

　　還是一位法學院學生的時候，我去拜訪朋友和大家所尊敬的詹姆士·斯威尼先生。我的第一次政治演講是在布法羅成功完成的，對於那次演講我記憶猶新，一個不錯的城市，一群不錯的聽眾。現在想來，可能就像那位老律師講的那樣，我的演講並非只是擺擺架子就完事。一個小時的感情與激情的迸發，讓一個滿腔熱忱的青年發表他的宣告和雄辯，這當然比演講中的情理更加絢麗多姿。我記得當時徹夜未眠，想知道美國地區檢察官是否會傳召我，在大陪審團前來證明，我對布沙南總統和其政府提出的指控，指控他們在奴隸權利的利益問題上，要推翻政府的圖謀。這是我生命中唯一的不眠之夜，為了一個小時的政治演說，而躺在床上整夜不能入睡。

—— 昌西·迪普

　　在開始學習法律時我就下定決心，要不惜一切代價令自己變得完美，我要一次就完成法律所有的課程，而不再進行第二次。我的許多競爭對手一天讀書的數量，和我一個星期所讀是一樣的，但是，在十二個月結束之際，我獲得的知識和當天的一樣新鮮，而他們獲得的知識，只能在他們的回憶中翱翔。

—— 愛德華·薩格登爵士

　　有一些人，他們出租自己的語言和憤怒，熱切盼望得到自己的報酬，允許客戶因為付出的費用，而有一定程度的怨言。

—— 愛迪生（Thomas Alva Edison）對律師的評價

　　法律的學習不同於其他學科的學習：其最終不能僅僅只是記憶單字，其目的是獲得完整的系統原則。當這個學生在他的科目中，獲得了一套完整的知識理論時，他已經完全精通這門學科了。倘若他只是背誦文字，最終將會學無所成。那些詞彙遲早會離他遠去，而沒有它們，他將一無是處。他也不應該將一個原理的例證，作為原理本身的定義來理解。

—— 喬治·麥克唐納

　　學生應該牢記，要成為一位優秀的律師，在每個學期的目標之一，應該是成為一個好人。他應該記住，沒有優秀的道德觀所獲得的最高成就，是有缺陷的，就像是一道有傷口的疤痕。堅毅的道德力量會使一個人甘受粉身碎骨之苦，而不是明知道是錯的還要去做。

—— 無名氏

　　不少人說法律的位置是上帝的胸口，她的聲音是世界的和諧；天上和地下的所有事物都要順從她；最弱小的能感受到她的眷顧，最強大的也要服從她的權力；任何條件下，無論她是天使，人類或是其他生物，無論是否有著不同的習俗和生活習慣，所有的生物都讚美她，因為她是和平的創造者。

—— 胡克

　　學習過去崇高人物的睿智決定，即便不能與他們媲美，至少也可以把他們作為榜樣。你認為如果他們不去注意別人的卓越，不去學習別人，他們會達到現在擁有的高度嗎？我們也要這樣做。透過這些例子，若是你要學習法律的話就應該知道，要想學得好，必須要向別人學習，不能對別人視而不見。要想在這個擁擠的行業中贏得一席之地，就一定要學習別人的口才、智慧、公正和美德，一定要學習別人的勤奮，一定要向那些偉大人物學習。

—— 林肯俱樂部會員

最重要的是處理問題的方法。詹姆士・卡特，紐約的一位律師，說：「法律只有在日復一日的審判和判決中才能找到，法務部長和審判長們是用來決定人們所享有的權利的。前面講到的那種掌握法律知識的方法是什麼？直接拿來判決？不，這些調查基礎中的大部分，都是學習課本的知識，這些課本的作者自己肯定是透過案件學到的，倘若他們學過法律的話。因此我們的知識都是間接學到的。

　　我認為，如果要研究任何一門科學，學習這門科學的方法，無一例外是要從實踐中感知，不要道聽塗說。那麼這種方法有沒有可能產生這樣一個問題，也就是對於案例的研究，容易使學生成為一個只會分析案子的律師呢？不會的。這麼做的目的是要研究那些著名的和重要的案子，這些案子是法律的源頭，從中可以總結出通例以適應所有的案件。這種透過原始案件研習法律的方法沒有坦途，也沒有近路，滿是艱辛，需要奮鬥。要是世上有什麼需要人類最大的智慧，那就是去研究不同案件的複雜情況，把有用的東西從沒用的資料中區分出來，把相關的從不相關的資料中找出來。法律問題無窮無盡，我覺得再沒有比找到法律問題的解決之道，更加令人在精神上感到愉悅的了。

　　德懷特方法是以西奧多・德懷特（Theodore William Dwight）教授的名字命名的。他在西元 1858 年來到紐約，與哥倫比亞大學聯合開了一間法學院。這個法學院與不少律師們的敵意鬥爭了好多年，這些律師都是在律師行裡成長的，認為這是唯一可以獲得法律知識的方法，他們覺得法學院十分荒謬。然而最後還是這項新方法取得了勝利。不久之後，律師和法官就將他們的孩子送到法學院去學習。這樣的機構開始在全美流行起來。

　　德懷特教授把這種體系描繪成簡單的教學模式，這種模式自古有之。方法主要是依靠背誦和講解，然後輔以帶有說明的案例。教科書作為教學的基本需求。其理論基礎是由一位有能力的作家寫成的法律專題著作，與從法規跟報告中推斷出來的陳述，是同樣有價值的。同樣的，我們認為帕

克曼的著作也是相當有價值。課本的使用是這樣的：導師每天布置一定頁數的內容給學生認真研習，並且在第二天檢查背誦。當第二天大家開始背誦時，他一個人一個人地提問，速度很快，中間不停，以便於檢查他們對所讀資料是否已經理解，並且加上自己的評論。這個評論主要是簡化與解釋那些主題，盡量清晰地給出法律的規章和原理。學生們頗為適應這種方法，他們學會的知識清楚而又明確。

—— 蔡司主任，哥倫比亞大學法學院

關於法律教學最好的方法有相當多的討論：無論是大家都知道的案例教學，透過這個教學模式，學生在學習的初期，就被要求處理與法律相關的各種事情 —— 也就是研究案例 —— 或者是由偉大的德懷特教授這麼多年來一直使用的體系，這個體系主要包括對於課本中的基本法律條款的研究，由講師以講座的形式進行點評與講解，然後分析課本上的案例。

—— 喬治·麥克唐納

沒有讀過摩西的書，他便不會成為一名好律師。

—— 費雪·埃姆斯

馬克·霍普金斯，坐在木頭上，就是一座大學。

—— 詹姆士·加菲爾德

許多年輕人一離開大學，馬上就去一家法律機構任職，通常只是打打雜，抄抄訴狀、筆錄或者回覆往來信函等等，只是因為那些主管要麼太忙，要麼太懶，不願意自己做。這些工作對學生來說，無法增加一點法律知識。另一些人則在研究法律的路上慢慢摸索，既沒有火把也沒有路標，不得法門。由於只能依靠自己，他們讀大部頭法學著作的時候極其艱難。然後研究這門晦澀難懂科學的困難就消失了，這本發霉笨重的書，成為他們到達勝利的寬廣大道，極富魅力。某些人又繼續利用抄寫案件和宣告，來東拼西湊地學一點其他的知識。而他在辦公室的剩餘時間，基本都奉獻

給了勾心鬥角和日常的零碎。我們要求學生在見習時，把四分之三的時間都用來進行自主學習，直到他真正進入事務所為止。

—— 霍夫曼

精確與勤勉對於律師來說，遠比天資聰穎和好的理解力更為重要。律師的工作要求精益求精、吸取建議、協調、諮商權威、調查和比較卷宗。所以一個人若想成為一名偉大的律師，他就必須先成為一個偉大的苦力。

—— 丹尼爾·韋伯斯特

法律學習裡有很多東西都是枯燥、黑暗、冰冷、令人厭惡的，可是它又像一座保護得很好的古老城堡，這座城堡是由法律的建築師建成，他渴望用自己的專業帶來榮耀，十分高興可以探究學習所有法律的部分。對於現在這門科學的發展，他會理解得更深，也更加喜歡這個巨大的進步。

—— 沃特

基於國家的完美原因而造就的國家的絕對公平 —— 這就是法律。

—— 魯弗斯·喬特

能夠熟識三十年前建造布法羅的人，是我的榮幸，他們當中大部分的人年紀都比我大，個個頭腦清晰。那裡面有米勒德·菲爾莫爾（Millard Fillmore），美國總統，還有霍爾，郵政總長；有亨利·羅傑斯，還有威嚴而謙和的約翰·岡松；有鮑恩、萊琳、把南兄弟和霍普金斯；有我們的朋友，郵政長官比斯爾、舍曼·羅傑斯、斯普雷格、丹尼爾斯法官和格羅弗·克利夫蘭。在哪裡還能有這樣的一個律師團？他們對我們的州和國家，做出了不可磨滅的貢獻。

—— 昌西·迪普

我不是一位政治家 —— 一位卓越的政治家 —— 應該是那個樣子。實際上，一名律師很難既完成自己的工作，又在政治領域遊刃有餘。

—— 埃爾登勳爵

　　有兩種截然不同的途徑，可以幫助你掌握英國的法律知識。其實透過任何一種，人們都會一樣地成功。其中的一種，可以被叫做「老方法」，是對於法律的整個體系、它的基礎與原因，進行系統的學習，開始的知識通常是基本的物業法、繼承關係、旁系親屬的順序等等。

　　另一個方法，是透過一些帶有評注的書，來獲得整個法律體系的要點，然後學生根據自己不同的研究方向和這些要點，去閱讀相關的報告或論文，不需要整個知識輪廓，然後再在案例中進行應用和補充。油嘴滑舌的或者見風使舵的人，可以用第二種方法把很多法律知識糅合在一起，大眾對此接受度極高。不過只有第一種，才是成為一名偉大律師的真正方法，是專業的方法。

── 霍勒斯・賓尼

　　在他這樣的案例裡，仁慈善良的當事人期望可以請到一位專業的律師，這位律師熟知各種法律條款，能打贏接手的任何案子。當這樣的人站到陪審團前面時，陪審團會認真地聽他陳述，會被他的信心與誠懇所感染。他們不會從他的武斷言論中一再地減少信任；也不會因為擔心自己做出錯誤的判斷或陳述，而只是袖手旁觀。我覺得這樣的人有著當律師的基本條件，而這是其他素養不可比擬的。

── 戴蒙德

　　我曾經離開，是為了提醒你們的高等法官 ── 儘管不需要，但是仍然有非常多人需要被提醒 ── 一名律師，他肩負著這個職業所賦予的光榮職責，要知道他身處那個辦公室時肩上的擔子，也要知道在這個世界上，幫助自己的顧客才是最重要的任務。用盡全力來幫助客戶 ── 不顧一切地保護他 ── 是最高的，也是最無可爭議的職責。他一定不可以畏懼危險、折磨、痛苦，以及給別人造成的毀滅。而且，要區分律師的責任和愛國者的責任。他必須要勇往直前，不計後果，即使為了保護客戶而令自己的國家陷入混亂也在所不惜。── 「為卡洛琳皇后辯護」，布魯厄姆

爵士（西元 1820 年）

　　聽說法律系學生覺得閱讀柯克的《論利特爾頓》是一種過時的行為，我覺得很傷心。當我開始自己的法律課程時，曾聽說這樣的趣聞：一名年輕的學生問維卡里・吉布斯先生，如何才能學好這門專業？吉布斯先生：「讀一下柯克的《論利特爾頓》。」學生：「我已經讀了。」吉布斯先生：「再讀一遍柯克的《論利特爾頓》。」學生：「我已經讀了兩遍了。」吉布斯先生：「三遍？」學生：「是的，讀了三遍，而且非常仔細。」吉布斯先生：「好了，你可以坐下，基本已經入門了。」

—— 坎貝爾爵士

　　祈禱律師不再狡辯，詭辯家不再附庸風雅，打破所有對與錯的界限，這些界限是每個人的正確理由和基本常識告訴他的。你所做的事情是與清楚、明瞭、無可置疑的道德和公平準則相符的。堅持下去，無論是受到怎樣的困擾，都要堅信。這可能很難去界定，也可能很不好回答，但是都不要動搖。

—— 切斯特菲爾德爵士

　　要是一個英國人說他的財產非常安全，這絕對是吹牛。全世界都承認一套完整的公平體系，是保護財產的最好方法。為什麼我們有這麼多的律師，卻不能保護我們的財產？為什麼我們有那麼多的手續，卻不能保護我們的財產？透過保護我們的財產，過上富裕、優雅和舒適生活的家庭不足十萬家。

—— 戈德史密斯

　　律師在庭審時情緒激動、講話大聲，只能證明真相並不在他這一方，他完成不了任務，這對他的職業生涯也有著莫大的害處。因為辯護人的謊言只能帶來不公平，這個律師除了改變真相之外，什麼也做不了。

—— 理查・斯蒂爾爵士

　　律師必須要心態平和地對待客戶，並且將案件的真實情況據實以告。

—— 傑里米・泰勒

第十三章　感受脈動

吉利厄德沒有鎮靜劑嗎？沒有大夫嗎？

—— 《耶利米書》

就算在這個國家醫生如此之多，但優秀的醫生還是挺匱乏的。我們一定對於他們所提供的服務有所需求，這是自然的情況。倘若沒有醫生，我們就不得不在生病的時候，去向朋友尋求幫助，這些朋友應該懂一點治療常見疾病的小技巧，也要對人的身體結構有著基本的了解。這樣的朋友就是一名醫生，儘管他沒有受過現代醫生所受的特殊訓練。對於牧師或律師大抵也是如此。遇到困難時尋求幫助，這是人的天性，無論這個麻煩是思想上的，心靈上的，還是身體上的。「心靈上、身體上或者心態上，受到折磨或者苦悶的人」想要尋求一個諮商師，即使這個諮商師只能給他們一些同情。

這是個高貴的職業，減輕人們身體上的苦楚，如果環境還不錯的話，收入還算是挺好的，也應該這樣。幾乎在任何情況下，只要正常管理，醫生都是一個體面的職業。可是什麼才是正常的管理、最好的管理？這個很難界定。假使你對醫藥知識有所偏好，那麼你就應該誠實地審視一下，自己是否適應這個職業，無論是在身體上，還是在心理上。

你夠強壯嗎？你的健康還不錯嗎？這可是個累人的職業。無論是白天還是黑夜，都沒有一個小時是屬於醫生自己的。最嚴重的病人都是出現在晚上。你一定聽說過那些鄉村醫生，黑夜驅車趕長路去替人看病。在城市裡也是如此，我熟知的一位醫生，他是某個大城市的專家，每隔幾個月都

會累壞兩對大馬。其中一對是早上用的，另一對是下午和晚上用的。我常去他的家裡做客，這一輩子我沒見過他能夠舒舒服服地、不受任何打擾地吃上一頓飯。若是他沒有鐵一樣的體魄，根本就做不了這工作。壓力也相當大，有很多的手術要做，這也極其耗費體力。如果沒有一個強壯的身體，那麼在決定投身到醫療事業裡的時候，一定要考慮兩次，甚至於二十次，再做決定。

如果沒有任何常識的話，醫生是不可能總是成功的，教育或者經驗都不能彌補這個缺憾。我不需要問你是否有這樣的感覺，因為所有的年輕人和大多數老人都認為他們有，你的家庭或密友為你做的判斷，比你自己所做的判斷更好。你喜愛這個職業嗎？你是否親自動手去處理包紮你兄弟小腿的擦傷？你治癒過你阿姨的頭痛嗎？你是病房裡處理問題的一把好手嗎？要是沒有這些能力，你就會發現這份工作極為討厭又不愉快。

我所謂的能力不是自然的天資，而是透過自己後天努力而得到的。一個化膿的傷口，外行人會厭惡地拒之門外，看都不願意看一眼，但是熱心的外科醫生會稱它為「一個美麗的病例」。你必須喜歡這份工作，並且對它感興趣，否則你別期望會成功。

如果覺得自己「適合做醫生」，接下來你必須要清楚地知道，要獲得這個職業的立足點是什麼？所擁有的機會是什麼？任何一位年輕的醫生，都可以獨自去一個陌生的城鎮，然後開一家診所，可是成功的機率只有千分之一。另一個年輕人是他的競爭對手，這個人住在當地鎮上，並且有不少有影響力的朋友，開了一家營利的診所。

在你所了解的地方，並且你的家庭和周圍情況都被其他人熟知，你就會比這個初來乍到的陌生人，有更大的成功機會。但是即使你在一個陌生的地方，也不一定會成為一個陌生人。在你選擇的地方，也許你的親戚朋友會寄介紹信給你，介紹一些傑出的著名人士。在這種條件下，倘若你有

在教堂和社會所交的朋友，倘若你的言行舉止是令人喜歡、愉快的，你將很快地擁有一個自己所熟悉的圈子。

一個年輕律師發展的方式有千百種，但一個年輕的醫生除了在社會上建立地位，沒有其他的好方法。社會前進的方式有很多種，在不斷變化的環境下，各種方式也不同。年輕的律師，在政治會議上能讓自己成為重要的名流；能讓人停下來聽其誇誇其談；可以和自己隨便帶回家的人開玩笑；也可以在任何一個地方、任何一個時間，嚴肅地處理事情；他也可能是每一個人的「好同伴」，而不傷害他的名譽、聲望和前途。

大多數年輕的醫生，斷然不會做這些事情。一個不想把自己擺在和他律師朋友完全一樣水準的年輕人，不僅會避免不好的事情，就算是一點點不好的事情都會避免。大家認為醫生比律師會得到更多的責備和批評，而且有很合理的理由。他不僅要有能力，而且要純潔，乾淨。因為他不僅僅是一個需要付錢的諮商師，他還要進入家庭，家庭裡的每個成員不相信任何人，但是在關於自身健康的問題上，他們只對醫生有信心，他們的生命常常由醫生的技術和忠誠所決定。

一個言談下流，性情放縱的醫生，是不可能進入那些有名望的家庭的。一個年輕醫生最悲傷的事情，是別人說：「他是一位好醫生，不過性情有點急躁。」或者說「是的，他很好，但是酗酒！」沒有人願意把他自己的生命，交到一個大腦裡都是酒精和毒品，思維混亂的醫生手裡。

大多數醫生都認為，在醫院實習是最好的醫學訓練。一旦成為了實習生，你就已經替未來的工作打下了基礎，並且你還會知道去到哪裡可以得到幫助和建議。

待在建設得不錯的城市裡的醫生，幾乎每年的收入都要比鄉鎮的醫生多，可是你一定要看看到了年底，在所有的帳單都支付完之後，這個醫生的情況。如果城市的收入和開銷都是鄉鎮的五倍，那麼在城市生活就沒有

什麼優勢。

　　選擇城市還是鄉鎮，應該完全由你所在地的環境來決定。若是你要開一家診所，對你最有利的條件是在城市，那麼常識會指引你到城市，但若是命運指引你到鄉鎮，也沒什麼好畏懼的。

　　如果年輕人覺得他非常有能力，因此不願局限在鄉村或者小城鎮裡的話，大城市是讓他的出色才華得以鍛鍊的最佳之地，讓他去大城市走走，那麼就不會再抱怨了。在大城市，穿過居民的街道，會看到前窗上散布著許多醫生署名的牌子，直到他數到累了，回到家靜靜想一下，就會知道每位醫生都會有一個病人。

　　藥局是不能被遺忘的，它保持著城市與鄉村之間的平衡。在鄉村裡，無論窮富，每一位病人都要去看醫生。但是在城市裡，所有的窮人和許多中產階級家庭的人，都會去小藥房。有不少努力打拚的城市醫生對此頗有微詞，不過抱怨也沒有用。這些藥方是十分必要的，一些人還是會去這些地方，而不是去醫院看醫生，因為這可以節省大筆的費用。

　　成為實習生，他的生活可能會變得輕鬆與容易一些。這會給他一次機會，讓他成為有用的人，或者他會發現入錯了行，然後在找到新的途徑去解決之前，還不至於太晚。假設你就是這名學生，是時候該決定要接受什麼樣的培訓了。教授將會根據特殊的情況，給予適合你的、關於這個學科的建議。

　　關於這個建議，我必須告訴你，我們對所有事情發展的預測，幾乎都比現實的情況要糟糕，這是人類的本性。當老兵在火爐旁講他的故事時，小衝突會變成一場激戰。當我們再回頭看的時候，沒有什麼事情會像以前想的那樣糟糕。不要被故事裡講的困難工作和貧苦生活所嚇倒，畢竟講這些故事的人，一定已經克服這些困難了。

　　無論支持或者反對，我都要告訴你身為一名醫生，接受傳統的訓練是

極為重要的，不過也不是絕對必須的。最近我得到了一條很重要的建議，是由喬治‧施雷迪醫生，一名醫學界的權威給出的。

他說：「對於你未來從事醫藥方面的工作來說，除了在醫學院裡獲得的知識外，傳統與科學的教育是絕對必要的，這些最基本的教育絕對不能被忽視。但一個小男孩若從農民或者木匠轉向從醫這個方面，事情的狀況就永遠改變了。現代的年輕人可以去學校學醫學專業，那麼他可以在 25 歲之前畢業。學業完成之後，他會花兩年的時間在醫院實習，如果可能還會去國外進修兩年，學有所成，回來實踐。倘若年輕人想成功，他就必須把自己的身體與靈魂完美地結合起來，從而獲得足夠且絕對必要的教育。」

成功人士給出了一個明確的建議，這些成功人士不去描述事物本身，而是把它看成他們想要的樣子。在語法預備學校學習六年（至少），在大學學習四年，在醫藥學校學習四年，在醫院實習兩年，出國留學兩年，十八年的準備工作。就算是富可敵國，也只有千分之一的家庭能夠這麼付出。但是不管怎麼樣，有著不錯的學校教育和醫學院訓練培養的年輕人，再加上對這個職業的熱愛和必不可少的常識知識，至少有著同樣的機會。

薩迪醫生的評論中，最有價值、最值得人注意的一條評論是：「選擇了從事醫學專業，那些有志者可能在二十五或者三十年內，在醫學上有重大突破，這會為他們贏得榮譽和讚美。」這的確使人震驚。它之所以使人震驚，是因為在這個專業仍然有極大的發展空間。可能透過你和你的能力以及你的見識（並非是透過你的傳統學習），那些現在被稱作不可治癒的疾病，將會完全在醫生的控制之中。在血液循環方面，種痘是非常驚人的醫學發現，但是將來會有更多、更驚人的發現。發現的領域眾多，而且使用的工具要比以前強得多。而且在發現的領域中，現在的設備比以前要好得多，更有效地方式還有待研究。

　　參議員昌西‧迪普提出了一個建議給年輕的醫生們：「堅持不懈」，字雖不多，卻意義重大。當然身為醫生必須要鑽研，但是並非所有的醫生都能明白他們必須堅持。

　　「在哪個地方扎根，就在哪個地方發芽。」

　　醫生不能像一顆滾動的石頭，他定居在哪，就該在哪裡鑽研，不畏艱險地堅持下去，除非是完全的不可能。即使是在一個小城市，從一棟房子換到另一棟房子都會帶來諸多不便和損失。在城市裡，頻繁變更診所地點簡直無異於自殺。病人不會隨著醫生從一個城市的某個地方到另一個地方。「保持在一個地方不變」一定要當成醫生的座右銘。大多數時候，當然並非所有情況，他仍然要長時間處於一個與他一開始相同的社會等級，所以正確的起點至關重要。

　　猜想一個醫生可以賺多少錢是件無聊的事情，那完全取決於這個人本身的能力和他周圍的環境。他必須工作，因為他的心在這裡，就像一位偉大的藝術家，在繪畫時所持有的興趣一樣，也許還更多。在他有了穩固的生活後，其他的都不用擔心。一些醫生每年能賺 10 萬美元，但還有其他一些醫生，一切剛剛開始，收入微薄。不過對醫生來說，過上令人尊敬的生活，機會是非常大的。

　　在此時，對一個非常富有的家庭，談論專家級醫生或者私人醫生，也同樣是很無聊的。在投身於任何專業之前，你必須先成為一名醫生，問題是你是否想要以此為職業，如果是的話該怎樣做？

　　在一些老字號的醫院，醫生必須有大學身分，至少要受過專業教育；若是你有機會完成大學學業的話，一定要用盡一切方法這樣去做。一定要有正確地讀英語、寫英語和說英語的能力，對於你來說，一定不能出現使用母語出錯的笑話。

　　在多數國家，選擇醫學作為職業是受法律控制的，這主要是為了保

障這個職業本身，也是為了保障一般大眾。例如在紐約州，一個學生註冊入學，必須提供一張從紐約州立大學董事那裡獲得的「醫科學生畢業證書」。這張證書受到法律的保護，以下選一段它最重要的部分：

本證書依據西元 1893 年的法律, 第 661 條, 於西元 1895 年和西元 1896 年修訂。在申請者完成醫學院教育之前，不准頒發醫學學士或者博士學位。這個醫學院可以證明，已修完所有的學位課程。下列情況者除外：該生畢業於正式大學，或者是在專科學院或大專院校以優異成績修完所有課程；或者持有評議會醫科學生證書；或者通過了後面所列考試。醫學院可以有條件地錄取資格不足的學生，這些學生專業學習不足一年，或者所修課程少於 12 門。在錄取開始時的三個月內，將這些學生的姓名及資格情況，提請評議會辦公室。且所缺資格須於學生開始第二年學位課程前補充完整。

所有於西元 1897 年 1 月 1 日之後錄取的學生，在第一年研修學位課程之前，必須修滿 48 門課程，或者是相應知識，除非是有條件地允許例外。

本法案應即刻生效。於西元 1898 年 1 月 1 日之後生效的，要求醫學專業學習三～四年，所增設的課程不在本法案管轄之列。本法案亦不適用西元 1898 年 1 月 1 日之前錄取的學生，以及西元 1902 年 1 月 1 日之前獲得醫學博士學位的學生。

■ 對法規的注釋，紐約醫學院

醫科學生畢業證書必須要在第一年學位課程開課之前取得。除非學生是有條件地錄取，所修課程不多於 12 門，但是在第二年學位課程開始之前，補修所有的課程。如果被授予令人滿意的大學或高中課程或同等的學校證書，提交工作必須要在報考者第二年的學位課程開始之前全部完成。

評議會將以下課程認定為與所需課程完全相等的水準：(a)已取得資

格證書，證明該生已在學院或任何專科院校或大學，學習至少一整年的課程，該大學的教學品質良好。(b)在已通過認證的機構考試獲得的證書，相當於全部的一年級課程或已完成的學術課程。西元 1896 年 8 月 1 日之前，符合要求的三學年制可以替代高中課程；在那之後要求為四學年制。(c)評議會通行證為任意 48 門學術課程，或者評議會學位證書的憑證。(d)從任何在德國、奧地利、俄羅斯已註冊的高等學校得到的畢業證書。(e)成功地完成某一門五年制或三年制課程的證書。(f)在法國、西班牙的任何已註冊的機構獲得藝術、科學或同等領域的學士學位。(g)在任何國家或政府機構的資格證書，代表某一門課程業已完成，等同於從已註冊的紐約大學或學院，或已註冊的普魯士大學畢業。

在紐約州，進入醫學院的規章是非常簡單的，由州立大學的評議會進行檢查所有預備工作。進入哥倫比亞大學醫學院的要求，列舉在機構的目錄冊裡，如下：

在醫學院，有志於去做專門工作的學生，可以在全年的任何時間，作為特別學生獲得錄取。儘管如此，此類申請人，如若沒有完全滿足入學和畢業的條件，不得申請大學畢業。

本學院沒有入學考試，但是所有想獲得醫學博士學位的申請人，必須提交一張紐約評議會頒發的醫科學生證明，該證明具有法律效力。

大學考試部對此項規章的說明：

學習限制 —— 沒有限定要求必須學習的科目。來自其他州的優秀學生，要是因為某些原因沒有學習過基礎課程，如算術、代數、幾何學、英語作文、修辭學等，可以在任何時間補修。

時間限制 —— 沒有時間限制。大學頒布的所有資格證書都是有效的，直到因故取消。學習任何需要獲得證書的學習，都以考試來評定。

所有課程成績都要求達到 75 分以上。

答題紙將會在評議會辦公室評定，所有不合標準的試卷將會退還給申請人，而那些通過的將會頒布資格證書。

　　學生要是沒有上過有設立評議會考試的學校，至少需要提前十天發出宣告，學生若沒有講明他們要在什麼時間參加什麼科目的考試，其所需考試場所會盡量安排在方便的地方。

　　如果有空餘的考試座位，沒有發出宣告的同學才可以參加考試。

　　有證書的不用考試 —— 擁有資格證書的申請者可以不用考試，候選者需要將資格證書送去考試部，考核完成後證書就會返還。如果通過了，確認證書會同時被寄出。

　　樣題 —— 對樣題的需求急遽增長，所以樣題的免費發放已不合實際。所有年度試卷以紙張包裹的郵寄為 25 美分，以紙帶包裹的為 50 美分。超過 10 科的未裝訂樣題大約 10 美分。

　　若有未盡事宜，請洽紐約州奧爾巴尼紐約州立大學考試部。

　　醫科大學的學費猜想如下：

　　一個學生在醫學院參加了正常的全部課程，到畢業所花的費用如下：

　　入學考試 5 美元，全年的練習費用 200 美元，解剖學數據每份 1 美元。

　　所有的練習費用 200 美元。解剖學數據每份 1 美元。

　　所有的練習費用 200 美元。

　　所有的練習費用 200 美元，考試費 25 美元。

　　這包括了所有的大學費用，但是不計包括乙醚、酒精、實驗室的破損費在內的小部分費用。

　　伙食費的相關資訊，可以透過註冊主任博格先生，在他的大學辦公室處獲得。價格是每週 5 ～ 9 美元不等。

　　選擇這家醫學院做例子，只是因為它名聲比較大。它只是可以申請的學校中的一個，任何一家學校都願意發出一張滿載資訊的目錄清單。在許

多國家，錄取的要求不像紐約那麼高。但是無論你在紐約或北達科他州，如果決定要學習醫學知識的話，就一定要記住你正在準備投身進入一個最需要責任感的職業裡，你將被期待良多；還要記住短短幾天內養成的懶散習慣，可能需要一輩子去改變。

世界上最好的醫生是飲食規律、心態平和與精神高興。

—— 喬納森・斯威夫特

第十四章　鑄就醫生

現在的人是怎樣只用腦力，而不用體力與環境鬥爭呢？每個人都試圖用大腦來拯救雙手。

—— 金醫生

沒有人會像醫生一樣鄙視醫術，因為大家都不了解它的作用實在是太小了。在四千年的文明史中，這些醫術對眾多的疾病沒發揮什麼作用，唯一的貢獻就是發現了汞和硫磺。所有的致命疾病，從帕拉塞爾蘇斯（Paracelsus）和伽林時期就一直肆虐著。對每一種疾病都有成千上萬個藥方，卻沒有一個是完全有效的。

—— 科爾頓

一位富有的醫生如果在窮苦的病人沒錢醫治時，就對其棄之不理，那麼他的人性還不如一個為了生計而殺人的暴徒。倘若一個所謂受過良好教育的人，登門為窮人看一次病，需要用人家一個禮拜的生活費作當診費的話，這也太過分了。

—— 阿狄森

要從病人治癒的情況，來判斷一個醫生的好壞。

—— 帕拉賽爾蘇斯

醫生一定要治好他的病人，因為死人是付不了醫藥費的。

—— 鄧曼博士

醫生必須對疾病一般化，對病人特殊化。

—— 胡弗蘭德

　　我提醒你要注意這個職業之外的那些抱負。醫學是所有科學中最困難和最艱苦的學科。你要用盡所有的體力和腦力，心無旁鶩地來研究它。不要涉足政治的泥濘陰溝，不要徘徊在文學作品中迷人的小溪，也不要挖掘外國科學中神祕之水的遙遠田地。偉大的行醫者，通常是那些把他們所有能力，都集中在自身職業上的人。假使某些地方有些例外的人，那是極少數被上天賦予了天賦的人。

　　對貝爾維尤醫學院的畢業生，奧利弗・溫德爾・霍姆斯醫生給出了上述建議。以下的部分內容，也是來自於同一次談話。

　　另外還有一個值得你注意和考慮的問題，就是我怎樣獲得病人的信任並保持他們的信心。你已經選擇了一個艱苦的職業，自己就要做出許多犧牲來追求成功。你希望能受到僱傭，因為你可能會很有幫助，並且可能在這一行裡受到尊敬。我將給你一些提示，它們可以幫助你了解到自己的希望和期望。

　　正如人們認為的那樣，科學是一位偉大的旅行者，穿著她的鞋在外面快速行進。

　　你現在是剛進到教室和實驗室裡的新人，你能通過解剖學、生理學、化學、藥物學的考試。很多人透過這些實踐活動，可能會發現一個比任何藥典更有效的催眠劑。這些治療大師像你現在一樣，在準備他們的答案，但是他們去除了大量的、不能立即應用的部分，你也必須經歷同樣耗費體力的過程。必須經歷艱苦的工作和訓練，就像用劇烈的運動去訓練拳擊手那樣。

　　一些醫生居住在鄉下，他們天生聰明，有遠見卓識，更加重要的是，他們訓練有素，而這正是此行業中的基本條件。他們擁有形形色色的經歷，不得不依靠自己，獨立而自信。他們從一個村子騎車到另一個村子，有時候只能步行，與病人們交談，拿出他們的治療方案，給出解決之道，回答他們的問題，讚揚他們的預見性，聽他們講述自己所犯的錯誤，不時地因為意識到別人的錯誤而感到高興。這名年輕人會發現，比起許多那些長期上課並通過

考試的人，自己更能適應實際的工作。我們國家的許多人，並不像大城市那些出名的醫生優秀，他們得不到公正的待遇，尤其是有機會去大醫院工作。

你並未完全掌握這門學問的真諦，不過你比那些赫赫有名的大人物，更加被人們所需要。當我發燒的時候，我更願意聽你的教誨，而不願去聽從著名的弗尼利厄斯或者偉大的布林哈夫的指導。他們會從那個不需要醫生存在的、更好的世界中回到我們身邊嗎？要是格言能治病，也就不需要這麼多醫生了。

大家對很多知識都知之甚多，尊崇有加，比如說貿易、機械、生產和政治。但是對醫藥卻一無所知，而且永遠搞不清楚狀況。

兩年前，在麻省歷史學會辦講座的時候，我提到了迪格比爵士講到的治療瘧疾的方法：剪掉病人的指甲放進一個小袋子，然後把袋子掛在一條鰻魚脖子上，再把鰻魚放進桶裡。鰻魚死後這個病人的病就好了。我接著說：「當我講到用鰻魚來治療瘧疾的時候，大家都笑了，那為什麼還是有人相信，騎在馬上把口袋掏空，就可以治療風濕病呢？」

你必須要尊重事實，而且要好好利用它。你希望可以掌握其內涵，這裡面有一個簡短但有用的規則 —— 占有它。不過若想完全占有，你必須了解其特點，並且要充分了解。

言歸正傳，你必須要非常迫切地希望成為醫生才行。我知道一些年輕人，他們在醫生宣言中表明，會將自己的一切奉獻給人類的醫療事業，不過這些人卻討厭聽到病人敲門的聲音；當他們坐下來讀醫書或者用顯微鏡做實驗的時候，也是不勝其煩。

大眾對你的技術與知識是沒什麼判斷力的，若你與其他專業人士相處融洽，他們就會相信你，而那些專業人士是當他們自己或者家人生病時所求助的，那些人屬於某個令人肅然起敬的部門，大眾對這些部門所做出的判定深信不疑。

你要記著不能被病人嚇倒，我是說必須要讓他們尊敬你。

　　病人不必完全了解你藥箱裡的藥品，即使藥箱裡放著個墨盒也沒關係。病人只要了解這個對他病情有好處就夠了。

—— 奧利弗·溫德爾·霍莫斯

　　巴斯德參加了巴黎高等師範學院的入學考試，儘管通過了考試，不過是第十四名。巴斯德決定複習一年重新再考一次。為了這個目的，他去巴黎繼續學習。第二年，也就是西元 1843 年十月，他又參加了一次考試，並且取得第四名的好成績。

—— 弗蘭克蘭

　　還是學生的時候，巴斯德就擁有著無窮的精力和熱忱。即使是在週日，他也不停下那些化學研究；即使是休息的時候，也可能會有某種想法。這個想法在困難的工作中，會起產生巨大的作用，比如說如何從買來的骨頭中，提取六十克的磷。他在一個從早上四點到晚上九點的手術中，也不用休息。

—— 弗蘭克蘭

　　要是一個醫生對自己的健康都毫不在意，很難想像他會對其他人的健康負責。

—— 拉伯雷

　　醫生臉上顯出病懨懨的神態，就像牧師臉上顯出淫蕩的表情，戰士臉上滿是倦怠一樣，是很不好的。

—— 克羅克索爾

　　我覺得除非是得了嚴重的疾病，否則請醫生就診是一種冒險，即使是最偉大的醫生，也不是用自己的身體練出來的。

—— 坦普爾爵士

更多情況下，病人沒有醫生也可以痊癒，而醫生離開病人卻不能成為醫生。

—— 齊默曼

一些精明的老醫生總是能找出些詞語，來讓最沒有科學知識的病人了解病情。我就知道其中一個 ——「脊柱刺激」。這個詞語高度概括，但卻沒什麼實在意義，不過大家都很滿意自己能理解這個東西，它的真正含義是「門靜脈阻塞」。

—— 霍姆斯

倘若你不能對病人保持信心，那麼最好讓其他人來接手。若是你聰明又勤奮，那麼就可以與他們保持牢不可破的關係。但若是他們希望僱傭一個在他們看來知識比你豐富的人，那也不要自責。你對於自己能力的猜想根本不算數，只能是以病人的感覺為準。

—— 奧利弗・溫德爾・霍姆斯

「如果，」奧利弗・溫德爾・霍姆斯說，「我的聽眾中有人希望知道，病人是依據什麼來挑選他自己的醫生，我覺得有以下幾點。他們會選擇一個自己喜歡的人，因為與一個聰明、和藹、令人感到愉快以及富有同情心的人交往，要比與一個懶散愚笨的人交往快樂得多。而且這個人的出現，已經勝於某些良藥了。他們會選擇一個有著良好感知力的人，以一個醫生來說，這會讓他更加稱職。他們會選擇一個與其他同事相處融洽的人，他們能夠證明他的誠實、才幹以及謙遜。他們會選擇一個病人寧願死在他的手上，而不願選擇一個只注意自己的名聲，當病人病危時自己先行離開，以換取別人眼中他從來沒有醫死過病人的榮耀。」

有些人對於科學證明嗤之以鼻，無怪乎他們會去相信歐山藥或者白頭翁花的療效，這些東西的藥性並不強。

—— 奧利弗・溫德爾・霍姆斯

　　醫生都是快樂的人，被他們治癒的病人享受著陽光，而未能治癒的病人已長眠地下。

—— 尼古拉斯

　　過去我總是奇怪，為什麼人們總是喜歡和他們的醫生一起待著，後來我才明白，一個人只有對著醫生才敢談論自己，而不用去擔心自己的講話被打斷、被批駁或者被指責。

—— 漢拿·摩爾

　　當醫生很講究技巧：替富人看病，他會開出不同的藥品與製劑，要好多天的治療，花費會達到 50 英鎊；而替窮人醫治同樣的病，卻只開一劑藥水，一晚便好，只需要 4 便士。

—— 瑭利

　　我相信學生所受的、真正的教育，不是源於課堂，而是來自於病床邊。看到的東西都不會錯過；疾病反覆發作；發生的那些意料之外的事情，深深地印入學生腦海；在學生意識到他所學的知識之前，他已經從教授那裡學會了，如何用正確而適當的方法，去處理各種病情。

—— 奧利弗·溫德爾·霍姆斯

　　從經驗觀察，而非科學實驗，其得出的、同樣重要的結論隨處可見，比如說在食品、營養品、藥物以及致病食物研究中都能見到。只有那些看似不入流的經驗，才能告訴我們不要吃馬鈴薯，要吃番茄。還有很多其他的治療方法，也是從經驗中得來的。

—— 奧利弗·溫德爾·霍姆斯

第十五章　神職人員

我每次布道都十分盡力，就像是最後一次布道一樣；就像是一位行至將死的人，對著一群行至將死的人。

—— 理查·巴克斯特

看著眼前的世界和這麼多可供選擇的職業，一位立志把自己的一生都奉獻於神職的年輕人，一定是有著更崇高、更高貴的目標，而不單單是要累積財富，或者只是為了過上一個舒適的生活。能夠想到這一步的年輕人，以及那些有思想的人遲早也會想到，在生活中有比攫取財富和保障舒適生活，更為高貴的目標。

那些膚淺的人通常會認為，餓著肚子的話，就不可能談論宗教或者博愛 —— 我們在擁有其他的願望，或者嚴肅思考將來的生活之前，必須要讓自己的生活不成問題。可是我們只需要兩隻眼睛和一點常識，就可以明白這是個謬論。我們這個世界的歷史可以反駁這個想法，我們自己的觀察也可以反駁這個想法。如果你只有十五歲，認識五十個人，你肯定可以知道某個人很窮，卻樂意把自己的一分錢也與其他人分享；或者某個人不是很有錢，他會在自己不變的信仰，而不是億萬財富中，找到更多的舒適。

在本書中的大部分章節裡，我都是在引導年輕讀者向著名聲與財富邁進。不過這絕對不是因為我相信，名聲和財富是一個人的最終歸屬，我沒有這樣的信念。我們必須正確對待這個世界，一如我們發現它的時候。毋庸置疑的是，一百個年輕人中，至少有九十五個會去做生意或者是其他的職業，以此來謀生。那九十五個人的事業對於世俗的成功更加看重，卻忽

略了另外五個人的、更為高尚的工作，這些人為了其他人的利益寧願節制自己。

　　為了能夠誠實公平地擔任神職工作（你不會希望自己用其他方法的），你一定要被「感召」來做這個工作。一定要在內心和靈魂的最深處，感覺是造物主選定了你（注定是你，就像長老會指派那樣）來做看管祂羊群的牧羊人。你一生的使命是節制自己，把所有的利益思想和私利思想通通拋掉，將你所有的精力都奉獻給其他人的心靈幸福。

　　但是在開始的時候，有一個極為重要的問題：你如何知道自己是被「感召」的？身為一個人，都有感覺和情感。你怎麼知道自己對神職工作的嚮往，不是一時衝動呢？某些時候，突然產生的宗教衝動是挺不錯的事情；不過就你個人而言，卻可能是危險的，它會引領你走上一條重要卻無法迴轉的路，而對宗教的衝動，會阻撓你對這件事情有一個平靜的理解和認知。

　　為了讓自己的意思更加容易明瞭一些，我會使用「堅定的信念」與「轉化的信念」，這兩個大家熟悉的詞語。我想讓你知道的是，如果你在週二堅定要做這個工作，週三時就變換了想法，那麼你就不是被「感召」來做神職工作的。這些看似不那麼重要的問題，都應該花上一些時間來思考。

　　你要做什麼呢？首先要確定，沒有一個年輕人能夠很清楚地區分一時衝動，或者感情用事，與真正的「感召」之間的區別，你必需要得到幫助。除非你經常習慣於去自己屋裡禱告，尋求萬能的神的幫助，否則你是無法區分的。要儘早去，並且經常去，去和父母商量。儘管你可能沒有意識到，但是父母對你的了解要比你自己多得多。去諮詢你的牧師，他會給你不錯的建議，幫助你分析自己的心靈。花點時間，再花點時間。

　　我不會告訴你，在這個國家牧師的平均收入是多少，我告訴你的要比

那個更加重要。幾乎在每一個基督教區，牧師的數量是教堂的兩倍。如果上帝真的選中了你，你仍然有時間進行考慮。不要以為這份工作會相當輕鬆，就像坐著豪華火車的旅途一樣，忘了這種想法吧！我猜想連乘慢車的旅途都趕不上，搞不好只能步行。

你一定要有這樣的信念：倘若吃不上飯的話，你要知道這是神的旨意，是上帝賜予的榮耀，是為了你永久的幸福。如果你想能快些升遷，就是因為你的堂兄在神學院，你的叔叔在浸信會，他們可能可以幫助你進入某個大城市的教堂，這種想法可是非常要不得的。一定要比以往更加認真地去想，要想得更多。你不是來此賺薪資的，而是尋找行善的機會，那些機會是不會直接擺在你面前的。你必須放下所有的東西，以收斂你的野心以及君主式的傲慢。

難道是我為你設定的標準太高了嗎？超出了人類的承受力嗎？不是的。這個世界滿是被卓越的理想所鼓舞的牧師們，而你常常必須在最無名的地方發現他們。不僅在所有新教派中，也在天主教和希伯來教堂中，你都會發現有數以千計這樣的人。他們是，他們肯定是，地球上最快樂的人。他們活著是為了行善，病痛和死亡不會令他們恐懼；死亡僅僅是對他們的獎賞。痛苦，悲傷，飢餓，寒冷，只是做所有事情都完美的祂，暫時施加給你的磨難。

相較於這樣一種情況，派系主義才是你最終需要憂慮的事。你極有可能仍在你祖先的教堂裡，但是並未落入到認為你的教堂包含所有美好事物的錯誤中，而其他人還在黑暗中摸索。每個基督教堂中都充滿了美好的事物，並且每個人都持著一些觀點，認為有著其他宗派思想是不好的。

讓我們假設你是一名浸信會教友。你曾經停止思考過，自己為什麼是一名浸信會教徒嗎？你曾探尋過其他教堂的教義和信仰嗎？然後從容地得出浸信會是最好的這個結論嗎？答案是未必。我們的教義通常在我們出生

就存在於身邊，我們跟隨著祖先的腳步，一個人要放棄自己父輩的信仰，並不是一件容易的事；在做之前，或者深思熟慮這樣一件事之後，你會發現自己獲得了一些明確的益處。除非你是個心胸狹窄的人，否則，當你長大後，你會發現在每個基督教堂中，都有如此多美好的事物。你會學著尊敬它們。

陷入貧窮，辛苦勞作，以及自我否定，假使這一系列事情都沒有讓你沮喪，反而使你富有熱情和動力，讓你全心全意投入到為主服務的行動中，你就強烈地證明了那就是你的使命。

在這種情況下，當你完全下定決心時，還不能開始地太快。你是教堂中的一員，事實上也確實如此。關於這個問題，在你和牧師進行了幾次談話後，牧師認為你是真誠的，知道你是值得尊敬的，你便將得到在教堂裡的一個小的、不同的職位。你的朋友會知道你打算成為一名牧師，你不會感到羞愧的，不是嗎？當你足夠老成後，會在主日學校教一門課。那是你早期培訓的一部分，增長你對聖經的了解，然後你會成為祈禱會議中的一員。

學會「反應迅速」對於你來說，多早都不算早。許多人當他在桌前寫作時，語言會十分靈動，但在觀眾面前卻說不出話來，一位傳教士必須既能寫又能說。而對於早期公共祈禱儀式和演說，你要小心謹慎，除非你有事要說，否則就是毫無用處的。一名祈禱者，記住，是沒有展現雄辯才能的餘地的。

曾經有一位著名的牧師寫道，他為布魯克林地區的信徒，發表了非常具有雄辯力的祈禱文。然而真誠在講臺上，比雄辯更有說服力。最有口才的演講者，也無法讓觀眾相信他說的，除非他說的話是坦白真誠的。千萬不要成為自認為做了大量的演講，自己的話就應該被聽的那種人。

讓你的聽眾總是希望聽你講的更多，而不是盼著你早些結束。最重要

的事情是，不要讓你的舉止暗示著，你這樣是因為你想成為牧師。現在我們來談你教育的問題。我認為學院教育是理想的，但是並非絕對的需要。只不過我不能告訴你那些，如果你渴望成為牧師。一名牧師要是沒有經過傳統的培訓，就如一個執拐杖的人摸索前進。

在你的聽眾中，有人可能是牛津或劍橋的畢業生，或者是臉上布滿了在德國大學奮鬥痕跡的人，或者是與你來自同一所學校致畢業辭的學生代表。倘若你是一個無知的人，卻跑去宣講，那麼他只會聽上幾分鐘，晚上之前，那個人的同伴會知曉一切，這樣，你的影響立即減弱。如果聽你講道的人要尊重你，只能是因為你比他們的知識多，你必須對一切都更加了解，掌握更多。當你在教授他們知識的時候弄虛作假，結果只會讓你失去更多，這是公平的。向你的牧師請教一下，為什麼在你還沒有通過古典考試課程時，不能升到傳道士的職位。

對一個人來說，大學預科是必要的。在任何公立學校，即使是在偏遠地區，指導老師也會教你拉丁文、希臘文和高等數學。只要你認真對待，就一定可以學得好。沒有什麼年輕人能夠不努力就通過學位考試，獲得牧師職位。每一個宗教都與一個或者多個大學有著直接或間接的連繫。在這些學校裡，報考人只要花很少的費用，就能在這裡受到教育，有的幾乎不用什麼花費，因為有獎學金和教育基金，或者是來自教育部的資助。

無論你的宗教信仰是什麼，導師都會根據你的實際情況，告訴你哪個學校更有利，以及什麼資金援助可以幫助你。若是學校和相關部門提供必要的幫助，那麼你可以去哪裡申請得到詳細的資訊。做到這一點，你就和其他青年大學生一樣受到高等教育了，當然，他們的開銷要比你多些。

在這裡，你到達了神的殿堂。在神學院裡，在得到古典神學訓練之後，你就可以得到適合你所信仰宗教的科學訓練。不同的宗教在神學領域課程稍有不同，不過大體上是要求三年的學習時間。在不同的神學院，主

要的教學思路都是對《聖經》的研究，解釋《聖經》，從教派的基本原理出發與神學連繫在一起。然而，在神學院裡，尤其是在第二三年裡，學生們經常能得到去附近教堂布道的機會，這就相當於得到了專業鍛鍊。

某些情況下教學是免費的，某些情況下是屬於名義上收費的，但費用會被降至最低。從入學儀式的那一刻起，學生們就發現他們的同伴們在做著嚴謹的工作，而這些卻不是為了那個令人敬畏的學位。有時候華麗的服飾、高消費的娛樂和奢侈的生活方式，會成為某些大學生的全部，但是儘管神學院的學生也與他們有所接觸，他們的東西卻相當簡單。為了身體健康，不要忽視體育運動，可「肌肉基督徒」也不是我們想要的。

對於那些極具思想的學生，我會勸告他，在任何一個研究班上遇到的一些小事情，可能會傷害到他們的情感。每一個分教會至少會有一個學說流派來指導，因此不可能只給出一個學習大綱和規則。我用普林斯頓神學院研究班的長老教會做例子，沒有兩個研究班用的管理標準是完全一樣的。不過，神學指導課程卻給了我有益的思想。在標題為「神學院計畫」下的普林斯頓目錄，給出了關於這所學校存在原因的完整解釋。我全部複製下來了，不用擔心它看上去會比較枯燥，如果你感興趣就讀上幾行，這將會給你像這個課程一樣有價值的思想。這也適用於其他教派。

在「神學院計畫」中，透過聯合大會制定計畫，如下面所說，聯合大會經過成熟考慮之後做出決定，基於對上帝的信任和上帝的保佑，去建立一個新的、唯一的神聖組織，去教育合格的牧師，成立長老會神學院，並將之命名為「美國長老會神學院」。 大眾都清楚，這個神學院奠基人的真正設計目的。不論現在或是將來，這個設計得到老師和學生的神聖對待，它會得到簡明或詳細的判斷。它是在塑造神職人員，這些人必須真正的相信和喜愛它的真實、樸素與豐富，因此而努力地宣傳和保衛宗教信仰。

從教義問答手冊、政府計畫和長老會教堂紀律中得到實踐，這才能弘

揚福音和新約秩序。它是為教堂提供合適、穩定、有能力且忠誠的新約宣傳人。對上帝抱有虔誠之心，不斷地學習。要堅信沒有學習的宗教，或沒有宗教的學習，展現在新約牧師身上都是對教堂的傷害。

在我們國家還有很多好處，它的預備課程不只是對人們的孝心，而且對我們的文學都有著莫大的影響。對孝心的影響，主要是由於我們會將之融入環境中促其成長；對文學的影響，主要是透過其作品已然變成不可或缺的一部分。

給我們的教眾一些開明、謙遜、熱忱、勤勞的牧師，這些牧師應該是真正為了靈魂而工作，而且覺得將這些教眾引向聖主，是他們最高的榮譽以及幸福。

在我們的牧師中，一定要透過相同的老師以及相同的學習課程，來推行和諧與團結的思想。

在牧師之間，要儘早建立持久的友誼、永恆的信心以及彼此的協助。這些事情不僅有助於提升個人的幸福感，也有助於宗教需求、研究以及宣傳。

透過開明的知識來教育牧師們，不僅是同樣的教義，而且是政府的統一計畫，以此來保持教堂的統一性。

要給教堂的服務帶來一些天資，當心中充滿虔誠，無論一個人多麼貧窮，或是多麼不出名，都會是自己的主人。

要建造一些地方，來為傳教士教化那些未開化的人，來教化那些沒聽過《福音書》（Gospel）的人。在那裡，年輕人會受到不錯的鍛鍊，要是這些年輕人想要成為合格的傳教士，那麼這些鍛鍊可以為他們打下不錯的基礎。

最後，可以培養一個人類的繼承者，他完全有能力並且極度熱忱地從事傳教士的工作；他可以適應教堂裡各個部分的工作。這個人對於《福音

書》的理解很深，掌握其精髓；隨時準備著為信仰做出任何的犧牲，承受任何的痛苦，做出任何的付出。

難道這些有能力的人，不能夠作為我們的楷模嗎？「做出任何的犧牲，承受任何的痛苦」。沒有一個神學院培養學生，是為了讓他們去可以賺到大把金錢的教堂。這個工作需要動腦筋，但是你必須用自身的智慧來為人類的幸福服務，而不是為了自己的利益或好處。入行的條件很高，如下所述：

每一位要到神學院學習的學生，必須要提交令人滿意的書面推薦信，以證明他的本質不錯；考慮事情周到、謹慎；他要參加過正規教堂的交流活動；已經通過正規院校的學習；或者，必須通過在類似學科中，通常會應用到的文學分支的考試。

若是一個學生在長老會的監督下已經被接受，那麼他就相當於通過了大學的相應教育，長老會頒發的證書可以頂替所有的推薦信。

雖然學生們也許無法符合這些入學條件，但是從所在轄區出一個證明，或者是在教會關心下的福音社得到證明說他們同意，那學生便不需要有更多的文學方面的學習準備，就可以進行神學院研究，就可以被神學院接受並且註冊入學，而且還保證能領到畢業證書。不過，從學術角度來講，像這樣的學生不能被視為會員或者完全完成課程，只能被註冊成機構的技術畢業生。

如果一個學生曾經連繫過其他神學院，並要求得到加入許可時，在他入學之前該生必須出示證明，他有良好的信譽和規範。

這些各類鑑定在申請者申請入學許可之前，應該提交到部長和紀錄員沃斯那裡，才能夠被允許入學。

神學院的課程被設計成為歷時三年的培訓，並且提供一個三年的全課程，完成課程後將被授予畢業證書。學生們在準備進入神學院之前，已經被推薦到了像猶太人、基督教、拉丁等地進行最初的工作。學生們在那些

部門的工作經歷，將與在神學院學習課程的經歷等同，他們會被提供更高級的工作。至此，學生們可以提高他們在神學方面的知識。如果需要的話，將會進入到一個有資格獲取神學學士學位的課程學習。

不收取任何學費及房屋租金，只需交十美元的供暖照明還有公共房間費用，外加兩美元的圖書館和閱覽室使用費。如果享受餐廳提供食物的話，每週再加三美元，這與俱樂部的費用是差不多的。若是享用私人家庭提供的食物，每週則需要加三～五美元。燃料費用每年需要八～十五美元，洗滌物每月一點五美元。神學院每年的必要開銷費用在一百五十美元（課本費用除外）。

教科書可以在折扣書店裡買到，而且一部分書在圖書館就可以找到。寢室中可以配置煤氣燈，可由學生自己選擇。

那些需要幫助的同學，還可以享受到由神學院和特別基金會提供的、一定限額的獎學金待遇。學生需要幫助的話，要經過他們的發起人，向學校董事會申請，如果董事會的獎學金，被證明不能達到標準要求的金額，學生們將會從神學院的獎學金基金中，得到額外的一份補助。

這裡還有一個貸款基金，由威廉‧霍利戴和紐約市第五大道長老教堂的普林斯頓聯合會共同創辦。因為對於很多預定膳宿的學生來說，他們更喜歡借自己所需要的東西，並且在一定的限期內還給對方，而不是作為禮物去接受。

學生們被建議在上學期間，不要去教書或者從事一些令人分心的職業，因為這會嚴重影響到學生的注意力。不用打工，他們就可以得到救助金。每個學年是從九月分的第三個週四開始，一直到次年五月分第二個週六之前的週二結束。

新生的入學典禮在會期第一天上午十一點開始，地點在斯圖亞特演講廳。

　　這裡不會有貧窮的牧師，因為一個人如果把他的一生奉獻給了為他的朋友們慷慨地做好事，信奉上帝，那麼他一生都不會貧窮。若是你還對健康、地位、名望仍有隱藏的要求時，講道壇將沒有你的位置。在你走這一步之前，應該十分了解自己，如果不願意為你的主遭受痛苦，為祂死在茅草屋的小路旁，那麼請你離開，把位置讓給願意去做的人。要是你有這個願望，那麼全世界最富有、最有權力的人將會羨慕你。

　　如果我在這裡做得好，我在那裡也會做得好。如果我在這裡布道整年，所有一切就是我想對你說的話。

—— 約翰埃德溫

第十六章 「我在這，派我去」

正如亞倫那樣，只有上帝才有此榮耀。

——《希伯來》第四章

每個內閣部門的一大部分工作，是在講道壇以外的。

—— 凱勒

召喚的樣式很廣且明顯不同。神職的召喚採用世襲制，不過我們在《新約》(New Testament)中並沒有發現，任何基督教堂有如此形式的安排。人們被召喚到《新約》神職的方式，與《新約》分配的方式是對應的。這種召喚存在於內部，而不是存在於外部。它們是內在的資格，而不是外在的象徵。

—— 布萊基

如果他是一個真正的男人，這個學者關於自己未來的夢想，會隨著時間的推移而變化。

—— 菲利普斯·布魯克斯

誰生活的好，誰就是神父。

—— 塞凡提斯

倘若任何作品曾要求用整個人的心靈去感受，那是上帝才能做到的。

—— 斯金納

多閱讀和思考，可能使他成為一名受歡迎的神父，但擁有許多祕密的祈禱者，卻需要一位強而有力的神父才行。

—— 貝里奇

好神父是向人傳授經驗並樂於傳教的人，他說的都是心聲。

—— 赫德

沒有比較單純的說教。

—— 巴克

一位牧師的缺點很快就會被看出。我們應該給牧師授予十個美德和一個缺點，那個缺點會令他所有的美德變得昏暗，所以在這些時間裡，邪惡是存在於這個世界上的。一個好牧師可以樸實地說教，他應該有敏捷的頭腦、良好的語言能力、良好的聲音、好的記憶，應該知道什麼時候該停止，他應該很確定地表明自己的意思，應該努力學習，他要擁有健壯的身體、充實的物資和光輝的榮耀。他應該自我批評。

—— 馬丁·路德·金

牧師已經把杯子放在聽者手中，他甚至沒有事先通知，但他已經開始動員、推動和喚醒。

—— 約克

如果我們擁有從老式語言意義上講的痛苦牧師，那些牧師是自己承受痛苦，那麼我們就會有從現代意義上講的牧師，他們將痛苦傳於聽者。

—— 約克

我愛一個嚴肅的傳教士，他是在為我說話而不是為他自己，是為我尋回我的損失而不是為他自己。他用語言道出自己的想法，用他的思想來促進真理和美德。

—— 馬西隆

傳道和時間應該並行，就像平行線一樣。

—— 薩謝弗雷爾

孩子、男人、僕人和婢女參加我們的教會，對這些問題我們必須宣揚，這些需要我們的說教，而不是教訓，他們是年輕人和窮人，是再簡單不過的了，我們只需要去解決這些問題，我們必須放下身段。

—— 馬丁‧路德‧金

對於時代，詛咒是最好的說教，這種說法是病態的、不正常的。讓好的布道消失，對於人類和上帝都是沒有什麼益處的。

—— 胡德

最好的說教，是讓人們傳達上帝的話，作為協助但不取代最靠近上帝話語的研究，去指點人們如何滾走石頭，奠定開啟天堂真理的真正春天。

—— 無名氏

我很自信透過我的說教，幾乎能改變任何一個靈魂的信仰，而使它跟隨上帝，我在其中能感受到的，比給我所有的榮譽和從辦公室裡得到的快樂與舒適要多得多。

—— 威廉姆斯

正如人們所知，牧師的生活是無汙點的、積極的和艱苦的。他們勇敢而堅定地與誘惑抗爭，並且勇於發現罪惡。最後他們變得對所有事物或人都溫柔、謙恭和富有同情心。

—— 索斯

除了為了拯救靈魂而燃燒崇高的牧師熱情就沒什麼了。他的職業除了閒散且具有世俗精神，就沒什麼可憐的了。

—— 羅

教士應該是非常達觀的人，他會全面地學習生命的偉大神聖，和正確無誤的地傳授下去。

—— 斯蒂爾

最好的教義好像在宣講，這比所有的神職人員在全世界說教更有價值。牧師只要宣講他們自己的例子和影響力，就能使這個充滿悲傷和眼淚的世界，轉變為一個快樂的樂園。

—— 林恩

狹義的講，教義是可以透過報刊廣播等媒介翻譯的，但從廣義上講，它是難以形容的，因為迷人的魔力根本無法翻譯。

—— 胡德

教義像一個工具，一直被打磨直到它沒有稜角。

—— 奧頓

永遠不要忘記，教義的目的就是要拯救人類。

—— 徹恩

他是被迫每週寫兩條教義的奴隸。

—— 阿博特

宣講一條教義的信念，比讀三條教義更有價值。

—— 西奧多‧蒂爾頓

一些太長的布道讓人們厭煩，聽這樣的布道簡直太痛苦了，不久就會使人厭倦。

—— 馬丁‧路德‧金

牧師有一個現實的口號，除了同情基督偉大的愛的事業，還要準備好生活習慣和奉獻的方法，向這個成就不斷靠近。

—— 布萊克

真正爭當牧師的人，一定要冥想什麼才是生活工作的主要部分，而且要去完成它。年輕人在競賽開始的時候，不會知道多少困難和誘惑，在這之間也不會了解，也不能保證他們永遠不會厭倦。只要他們了解自己，了

解自己的工作，了解可為工作而用的承諾與幫助，他們的心專注於工作，知道一切都為上帝所賜，並且知道自己應不斷更新與深入工作，隨著時間的流逝，他們會更喜歡這份工作，這些就足夠了。

—— 布萊克

不應該隱藏那些將要來或是馬上要來的，可以是你能感覺卻無力抗爭的，並具有誘惑力的生活經歷，獨立的年輕人比擁有複雜家庭關係的人，更容易放棄生活的目標與競爭。有時候去羨慕其他人的人，也會輕易放棄自己。爭當牧師的人必須明白，他應該感謝上帝賜給的生活，更不要輕易放棄自己的努力或自我否定。培養自我控制的習慣，可以遠離懶惰的陷阱。

就像摩西一樣，能夠抗拒財富和娛樂的誘惑，並選擇了謙卑的方式去回報，這比那些埃及人高尚多了。他自己有足夠的信念，使他安逸地專心於世俗的東西，上帝將能滿足他的需求。因為基督耶穌贈予他光榮的財富，所以他憎恨罪惡，比如說淫蕩、欺詐和不忠。以上每一條被公開的承認或是揭露都夠恥辱的了。最重要的是牧師要積極，帶著生活的目的，保持這個精神和這些生活習慣，這樣他們才可以在基督前虔誠地祈禱。

—— 布萊克

當你是一名重要的牧師，你要知道如何避免別人身上犯的過失。你永遠不要為宣講一個舊的教義而感到有負罪感，你不要把寶貴的時間浪費在高爾夫球上，應該去講壇準備宣講。不要讓網球比賽和下午茶，耽誤你去履行義務。不斷學習，沒有人能說你忽視了牧師的職責，你也應該找一些時間寫些神學方面的作品，並舉例說明你的箴言：好的說教者，必須總是好的公共人物。

—— 沃森《致神學院學生的信》

　　把「天職」與「使命」應用於對人的普通職業中表明基於某種考慮，某些人生來就注定過一種特別的生活，這些考慮的相同之處，在於它們決定牧師的使命。人們明白對於職業和追求有更清晰的使命感。一個人有能力成為藝術家就要熱愛藝術，有機遇去學習，還能夠繼續從事這個職業。若是這個人的使命，是在能力範圍內遭受錯誤的風險，剛開始可能人們會懷疑，但是在機遇下有困難，也許正是推動向前的力量，並能養成堅定的人格。如果我們對這個做一個完整的聖經中的解釋，那麼我們就要說是意願、能力和機遇，構成了基督牧師的使命。

—— 布萊克

　　我們不能用這種形式處理事情，因為這些說法要用多種方式去理解。例如，牧師的生活可能間接地吸引有特殊氣質的年輕人，他們可能喜歡安定、有效地生活，他們在文學上的愛好，可能被牧師這門學科和關於神學的書所吸引，他們可能對繁忙的事務有私人的留戀，或者他們可能感到想要實現美好生活的理想多於其他人。他們的能力可能在有準備的課堂上，用普通的方法進行測試，通過最後的測試取得巨大的成就，就是圓滿成功的證明，並且他們有得到一個恰當的社會地位和工作的可能性。

　　現在毫無疑問有不少例子，年輕人為了牧師的職業開始準備，他們與某些人一樣有著不確定的見解，那些人是在處理牧師事務的困難中，產生了更深遠的、富有責任心的感覺，證明他們自己有能力成為牧師。普通人坐在神學教堂裡，第一次聽到老師提問的聲音：「我應該派誰呢？」第一次有勇氣回答：「我在這裡，派我。」即使在他正式進入工作之後，人們可以接受對從事牧師的真正理由。

—— 布萊克

　　聆聽許多關於牧師目標的談論，然後努力達到這個目標。

—— 懷特

牧師應該像他想的那樣宣講，雖然會眾擁有教堂且買了座位，但是他們沒有買他。他的經歷可能不會比其他人多，不過這是他所擁有的。他不能得到更多的薪水，因為報酬是平等的。如果教徒不喜歡牧師可以去別的地方，就去找另外的座位，可是牧師卻沒有其他的精力。

—— 察平

基督牧師在信級中是最差的，但在職業界是最好的。手握天堂的劍，他將表現得像上帝一樣嚴格。

—— 莎士比亞

牧師這個稱呼無論怎樣被輕視或熟悉地應用，都是最合法、最有效、最光榮的稱號。居民和教士都能享有。

—— 布萊克·斯通

噢，一個以上帝名義受到基督教義委託，以及有著偉大強烈的愛而存在的不朽生命，沉沒在他狹隘的自尊裡，尤其是只關心個人榮譽的人，有著無法形容的卑鄙。

—— 錢寧

第十七章　記者的書桌

我只需要四十分鐘，就可以為地球帶上一條飄帶。

—— 莎士比亞

　　報紙總是為適合它的年輕人敞開大門。誰適合？留心你自己，這是為保持大門一直敞開而必須做的。成千上萬份報紙需要成千上萬的新聞記者，而機會總是留給優秀的人。

　　毫無疑問，在平等條件下，優秀的得讓路給更優秀的，而更優秀的得讓路給最優秀的，最好的記者總是希望能保住永久不變的地位。沒有什麼方法能讓一個年輕人，這麼迅速地找到自己的位置。通常一個月，有時一週，一個新記者就會被劃分為和做苦工又賺得少的可憐蟲一個級別，或者被劃分為做最輕鬆的工作，賺得比大多數編輯還多的「菁英」。

　　這種即刻成功的可能性，是這份工作極大的吸引力，就像：人生難得的際遇、置身於正在發生的大事件中、結識名人等。記者的工作由此可見，每天被同事和競爭對手評頭論足。不管這工作是好是壞，他都不能逃避，也就是說，他的工作就是向大眾公開，大眾對新聞記者工作的很大一部分都一無所知，然而正是那些不為人知的部分，使他更長久地建立自己的好名聲。

　　很多時候，一個初出茅廬的記者，都想透過寫一篇優秀而辭藻華麗的作品來一步登天，最後他會在幾週之後無人問津，因為他不值得信任，不值得依靠。一個記者沒有才智，沒有速度，沒有實際行動就會缺少誠實和細心。很明顯這無需解釋，我可以透過一家大報社的管理制度，更清楚一

位優秀記者的其他方面。總編輯是編輯部裡的主管，他的話就是法律。報社社長決定的總編權力大小，對記者來說至關重要。他可以指定用誰或解僱誰，但他很少這樣做。這就引出一條報紙行業的政策，總編在助手協助下親自執筆，而把一些常規的事務留給下屬。

其次有決策和執行權的是管理編輯，他履行一切職能，支配編輯與新聞的秩序——國內的、國外的、政治的、社會的、電報的、郵件的城市新聞和鄉鎮新聞。他必須知道正在發生的事和可能發生的事。在全球範圍內，看著新聞到達報社。他也可能成就或毀了一個記者，不過他通常留給城市新聞編輯去做。為了減輕管理編輯繁雜的工作，城市新聞蒐集工作自立一個部門，由城市新聞編輯直接管理。現在我們連繫到了你想成為記者而必須接觸的人——城市新聞編輯，他負責全部的新聞記者。

如果你沒有更好的方式去接近他，那就寄張卡片。爭取到見面的機會後，你可以簡單地介紹自己，告訴他你想要做什麼和你的條件。記住當他與你談話時，他會很快地對你做出判斷，在這方面他非常有經驗，你的舉止比你的言詞更能展現你是個怎樣的人。絕對的誠實，是向他表達自己最好的方式，那是讓城市新聞編輯記住你的一條捷徑。有時甚至一封郵件申請，也可以讓你獲得試用的機會，但它不如當面申請好。

城市新聞編輯和其他人一樣，如果你以某種方式引導他稍微對你感興趣，你就會有更好的機會。要是你有在報社工作的朋友，可以向編輯介紹你，那就更好了。假使你認識他的某些外界朋友，可以幫你寫封推薦信，或者讓一個身分顯赫、說話有分量的人為你寫推薦信，也是不錯的選擇。雖然沒有太大的影響力，但可以為你贏得一個試用的機會。

當你開始工作，你就必須展現自己的價值。我們會設想你與編輯取得連繫，他以一週 15 美元的薪水僱傭你，在大報社裡，新人都有這樣的宿命。以後你可能會成為一個工作輕鬆而高薪的「閒人」。如果是早報報

社，你會被告知在早上 10 點報導新聞，也就是編輯剛上班的時間。很多其他記者也在，但不是全部，有些在編輯部，有些在警局總部，或在更大的郊區城鎮。

對於本地的新聞主編來說，他會擁有一兩個助手，而助手所記錄當天發生的事件，都很可能是要求當地各部門在當日加以關注的。主編會透過助手記錄的事件，並藉助他對於正在發生新聞的過往記錄，立即著手列出當天的日程表，或「委派名單」。每一個被派遣的記者都有被指定的新聞，沒有一個主編會派遣手下去隨意捕捉新聞。

承擔每條新聞的合適人選，由新聞主編單獨選擇決定。他列出的當日委派表（可以在任何需要時變動與新增）通常如下：西元 1900 年 1 月 1 日，週一：鐵路委員會會議 —— 史密斯，艾斯特飯店的國會會議 —— 布朗，採訪市長關於新稅率問題 —— 約翰遜，聖瑪麗大教堂的奠基儀式 —— 戴維斯，第 73 團長官選舉 —— 布萊恩特，道路積雪清除 —— 科維爾，跟蹤報導雪萊街謀殺案 —— 羅傑斯，池克街的新有軌電車建成 —— 科林。

當你坐等自己的任務時，你會注意到主編會分別召喚每一個記者，向那個記者解釋採訪任務和他對這條新聞的期望，卻不會給記者一個他所需要字數的明確指示。但或許他會提出這個專題應該「值」半個專欄，或者一個半專欄這種籠統的概念。

有的時候，新聞量很少，而有的時候，新聞會一下子湧上來。這就可能導致某個在週一時「值」兩個專欄的主題，在週二用三英寸長就打發掉了。當你學會區分一個記者的好壞時，你也會注意到，一個好記者對於任務很少提問題。他們會做好說「是，先生」的準備然後離開，主編也因為已經交代完成，而可以放心的將這些主題從腦海中刪掉。

相反的，一個蹩腳的記者，特別是那些對自己工作不滿意，認為自己本應該接受更好的工作的記者，他們的問題總帶著一大堆的麻煩。「會議

什麼時候舉行？是否需要入場券？是否應該寫一個專欄的報導？是不是乘四路車可以到達？或是火車什麼時候開？」這些不必要的問題，總是令主編不勝其煩，新人記者應該小心避免這些問題。

然而，當你坐在那裡等待第一份任務時，我並沒有忘記你自身的焦慮。看著人來人往，時間由早晨變成下午，你會認為自己被忽略了。可主編還沒有忘了你，他只是在等，他並非為你有過人的才華，而等待某個足夠重要的任務，而是在等待某些能夠使新人完全勝任的瑣事。

對於新人而言，當接到任務前，無所事事地坐等好幾天並不稀奇。當你接到第一個任務時，或許會因為它太無關緊要而受傷。—— 你會去採訪一些政客，問他們對自己的四十九歲生日的感想，或者是就參加的一個日常會議寫幾行報導，亦或是走下碼頭報導渡船是否因為起霧和結冰而推遲航行。這些瑣事是你的考驗期，主編會透過這些瑣事，了解他可否能夠放心的給你更重要的任務，他也會從你上交的稿件，迅速的地了解你是否認真的將所有的姓名拼寫正確。你是否留心了所有的日期和事件事實。他不指望你有好文筆，只要將時間清楚明瞭地敘述就好。

如果你把「鬥」錯寫為「閂」，他或許只覺得好笑，因為校對員會修改這個錯誤。但若是你把「布朗」錯寫為「布朗尼」，他就會做出不滿意的評價，因為你的首要任務，就是要正確拼寫姓名。透過這些微不足道的任務，你會得到機會，或許不只幾個星期，或許不只幾個月，不過這個機會遲早會來。

在某個晚上，你正看著河邊的霧氣時，發現警察在渡岸邊的房子裡，找到了一名走失的男孩，他正是某位傑出大人物的兒子，由於閱讀了太多的關於西部拓荒的故事，他用小刀和手槍武裝自己，進城去殺害印第安人。而此時，他又餓又想家，他的血腥渴望被淚水撲滅。在你看到的這一瞬間，如果你有新聞行業人士所謂的「新聞敏感度」，這件事就將成為一篇男女老少都會感興趣的好報導。在你把認真收集的所有資料寫成報導，

登上報紙後，你會在隔天早晨滿意地聽到主編第一次對你說：「那真是你極好的一篇報導，史密斯先生。」

這個說法並非一定是正確的，但它表明了擁有對新聞的洞察力，是成功作為一個記者的必要條件。這也是所有能力中，最難做到的一個。有這種能力的人，能讓讀者很快理解報導的內容，並鮮明的給出重點。他會把內容表現得相當幽默，並讓讀者喜歡而且不老套。對於某些人來說，這是一種自然的天賦，而其他人也可以透過學習和經驗獲得這種能力。

其實，要想獲得這種能力最好的方法，就是研究最好的新聞，並且描述報紙中的資料，不僅僅是要讀，而且是要認真地研究、分析並摘出文章的重點，看寫作者是怎樣看待他們，並且查明作者與文章中人物，哪個一定見過面或談過話，還要了解文章中其他可能的資訊資源所在，這種研究對於任何想成為記者的年輕人來說，都是有價值的。

沒有對新聞的洞察力，記者只不過是一個做苦工的人，沒有這種能力，就算有其他的必要條件，也不可能成功。你只要稍微表現出適合這個工作的跡象，你很快就會發現，自己了解更多的重要事件。你的工作會做得更好，並會不斷地進步，而你的每一項能力都會在身旁幫助你前進。你為自己創造了許多機會，不出一個月，你就會把一項工作做得極為出色。

不過這一切還只是在嘗試，無論工作能力有多強，無論新聞敏感度有多高，也無論工作有多努力、多勤奮，你都必須使主編相信，你可以在任何狀況下被依靠，必須讓他們知道，你寫的每一項、每一點都是正確的、真實的 —— 名稱、數據、地點、事件，而且無論怎樣，你都不能扭曲事實。這樣一來，他們一定會對你的工作感到放心，覺得你的報導是如實的，憑良心寫的。掌握第一手資料，沒有人能夠賄賂和哄騙你，讓你失職。

工作的第一天或第一週，對一個年輕的記者來說，往往是最艱難的時候，無論是在行業內還是行業外，對於他來說都是陌生的人群。也許他對

城裡城外的事還不是很了解，他會不好意思和人接觸，即使他的工作不太重要，他也會非常緊張。不過當你在業界成功了之後，每件事都會變得容易且富有樂趣。他開始漸漸與同事熟悉，有很多工作要做，在問任何問題時也不會緊張，他知道去哪採集資訊，交很多朋友，工作變成了樂趣，並讓他賺不少錢。

　　薪資的問題往往十分重要。一家報社的經理持有這樣的觀點，到目前為止所涉及到的記者，我把《紐約太陽報》作為行業內的榜樣，在所有知名的早報中，體系都尤為相似，即使細節會有些不同。一個剛開始工作的記者，多數都會有固定的薪資，大概每週 15 美元，因為他們沒有經驗、做不了任何事，也就是稿費很少。當新人學習了一段時間之後，已經提高了自己的能力，成為一個可靠的人，他開始了解城市中的傑出人物，他被同意去做重要的採訪。一個專業的記者通常是最好的記者，並且賺最多的錢。

　　平均來講，大城市的專欄記者每月可拿到 25 ～ 50 美金，他們以某種方式接到任務，然後付給他們專欄的費用，不僅是付費給他們寫報導，還要看他們寫的是什麼，一個專欄 8 美元，若被派遣去調查根本沒有什麼意義的事件時，他們會按小時拿薪資。。

　　下面給你一些有利的意見。不要做井底之蛙，當你被派去完成報導時，其他也會有 20 名記者去完成他們的任務，你會經常因為偶然或其他方式，掌握一些別人沒有的資訊，除非這是你報導中所需要的資料，否則不要拒絕和別人分享。黃金規則要應用於新聞之中和其他事件之中。在你成為記者的第一天起，徹底地去了解一下城市，無論是市區還是郊區、街道、汽車路線、鐵路線、船隻航線，還有各個部門、公共場所和公共人物。某些記者在一些事情上是最好的地址簿，這是一個不可估量的優點。

　　我不需要再受到感謝，我受到的感謝夠多了，我盡了我的職責，我不再做了。

── 亨利

第十八章　新聞記者的訓練

　　查爾斯的三個演講，現代的美國報紙、新聞工作專刊和報社工作者的製作，都包含了一個小界限，幾乎所有年輕的追求者為了新聞事業的榮譽，需要預先知道這些事情。下面給出一些引用這些演講的話，第一句來自「報社工作者的製作」一文：

　　報紙是必要的，你必須吃早餐，但是你也必須有報紙。沒有報紙，我們就不知道世界上發生了什麼事，我們不知道新的想法是什麼，我們不知道震驚的事件是什麼，我們不知道發現了什麼好東西。我們甚至不知道，誰結婚了。

　　在某種意義上，報社的工作無疑是博學的專業。這個專業是最大限度的學習並去利用，不過與此同時，我必須抱歉的說，這些報紙中卻很少提及學習的問題。一份報紙非常像人類的本性，有的時候是正義的，經常是完美的錯誤，但是總體上來說沒有什麼問題。

　　現在製作報紙的商業經歷了一場徹底的變革，它經歷了顯著的本質變化。這些改變源於新列印機的發明，它使出版長篇文章成為可能。好的報刊在我們身邊隨處可見，這在機器沒被發明之前，是不可能完成這些工作的。老式的列印機能每天從手抄者手中，生產六或者七百份手抄稿。而現在最重要的列印機，能夠列印八或十或十二頁的一疊紙，一小時內傳送20,000 份紙。

　　在 30 年前，列印完成後，我們不得不僱人去數份數，這是一項非常重要的任務。如果他們在某一時間出錯了就會有麻煩。可是現在錯誤產生的機率很小，因為這些紙張被緩慢而小心地摺疊，它們被自動數數量，所

以放紙的人只需一堆堆地拾起它們。

　　所有的被用作報紙的列印紙是由木頭做成的，當你在早晨取出報紙去閱讀時，很可能是你正拾起一片來自於挪威的雲杉木，或者你正握住剛挖鑿的一片雲杉木，或者在北美的什麼地方的雲杉木。

　　製作報紙的紙張花費，在 30 年前每磅需要 12 ～ 20 美分，然後穩步下降到現在每磅才 2.25 美分。

　　應該說創辦一個這樣的大機構，只需不到一百萬美金。你應用合理的成本去營運公司，這樣才不會被那些本可以避免的費用吞噬掉。若是你問推出一份新的報紙需要多少錢，雖然需要很多錢，但最低可用 100 萬美金，就可購買到所需的裝置。

　　你要發表哪種報紙？這個問題可以被分成兩部分：第一，你要為明智的人發表一份報刊嗎？或者你要為愚蠢的人發表報紙？我不會為愚蠢的人出報紙的。首先，有證據顯示，愚蠢的人占據每個社群的一大部分。去為愚蠢的人提供特殊的報紙，這些報紙通常是那些具有天賦的人所創辦的。我聽說他們中有些人也因此而發了財，然而就我而言，創辦報紙的更大樂趣，在於它可以使我成為另外一種人。

　　請允許我為年輕的新聞工作者的教育說一句話。首先，他需要知道他需要知道的一切。我從未見到一個新聞工作者知道太多，除非他知道很多事情，那就不是這樣了。我個人是一個嚴格支持傳統教育的人。能掌握希臘語和拉丁語的人，並不是說他為了考試讀了 6 本弗吉爾的書，而是提起弗吉爾和塔西佗不用去查字典的人。那些可以讀希臘語的《伊利亞德》沒有不理解的地方，如果他能讀更多的亞里斯多德和柏拉圖的書就更好了，像這樣的人才能勝任編輯報紙的工作。

　　「但是，還需要了解自己的語言 —— 英語。了解的越多，就能更深入的研究，就越能熟悉根本的問題，和它的發展方向；你將會用更贊同的觀

點去看待它。想用英語發表每天的新聞、事實、主意、真相，甚至是謊言，都需要徹底地了解語言。」

如今，有許多門學科需要這些行為工作者去學習，他需要了解這些實際的學科，尤其是化學和電學。他也需要了解歷史，而關於政治經濟，就不用我再強調它的重要性了。卡萊爾說令人沮喪的是，我注意到那些年輕人他們很努力學習，能夠討論到那些重點問題，可他們似乎總是不了解自己，事到如此，我們必須去處理這些事，不需懷疑。

製造報紙的花費下降，並非由於僱傭人們的薪水下降，作者、新聞記者、報導者，他們的薪水反而比過去 5 年要多很多。

我知道的一份最暢銷的報紙，它的實際發行量是每週 60,000 份，但週日卻有 230,000 或 250,000 份，主要原因是有大量的圖片。現在，我是一個保守的專家，我不相信在下個世紀，圖片仍是被需要的一部分，那只是一時的流行，對於我來說，那已經到了相當大的限度。有一天，我問了瑞德先生的觀點，他說他反對那些報紙上的圖片，那不能替報紙增添任何用於傳送情報和啟發思想的用途。

在報紙的編輯中，除了管理者，有 3 種人有特別的價值，我現在就要談及這 3 種有才智的工作者。他們之中，我要說到的第一種人是報導者，一位好的報導者每週能賺 $100，我猜測在一個比較好的新聞工作室，大概有 30 名有才能的人，他們平均收入為每週 $40～60，他們的工作只是簡單的報導。還有許多其他的報導者，他們今天一篇報導被採用，明天則是另外一篇。他們按發表的資料付給薪水。

身為一位合格的報導者，首先，當他聽說或看到什麼的時候，他必須知道事情的真相，有許多人很不幸的沒有這種能力，但也許很多人能夠不被謊言矇蔽。對於一個報導者來說，那就是珍貴的天賦了，當然對其他人也是如此。擁有這種能力的人能獲得更長久的富足，尤其是如果他可以判

斷自己看到的事實，說明真相或發現一種清晰、生動、有趣的方法。

　　報紙的恆定不變的法則就是有趣。設想一下，用枯燥的方式講述科學的真相，是好的方法嗎？真相沒有被記住，沒有人認為你是對的，因為你用冗長乏味的方式在講述事實，講述的過程一定要生動逼真。

　　接下來的段落，是以達納先生的演講命名的「現代報紙」：像紐約「論壇報」或紐約「先驅報」這樣，每週超過 25,000 ～ 35,000 發行量的報紙，我將不會過分壓制它們的擴張。報紙必須建立在人性的基礎上，必須與人們的需求一致，必須提供人們要求的資訊，否則就絕不會成功。

　　一位編輯首先必須尋找的就是新聞。大多數人認為，接下來的幾年，應提供新聞工作者的教育，一些大學裡已經提供新聞教授之職。另一方面，幾天前我聽一個有才能的、成功的新聞工作者說，無論怎麼在大學中刻苦學習都可能沒用，只有報社才是對他們唯一有用的學校。這是一個值得關注的問題。

　　畢業生必須具備討論牧師所討論問題的能力，內科醫生鑑定醫學上問題的能力，超過那些成為律師的知識分子的能力。新聞工作者必須是全面的優秀之人。他要了解牧師的宗教研究是否合理，生理學的醫生是否有這方面的天賦，律師是否對法律有足夠的了解。他的知識應十分廣泛。如果有進入大學的機會，應盡可能地學習一切；更重要的是，他應注重對實際生活、實際業務方面的學習。

　　大學教育十分重要；無論是對日常生活方面，還是陶冶情操方面，但同時我認為，對業務的實際連繫、對商業原則的理解、商業手段和方法，對新聞工作者同樣重要。所以在他畢業後，在接受前輩和朋友們給他的最好的建議後，怎樣才能有機會把新聞業的特殊指導，增加到大學課程中，與大學課程結合起來？教授會教給學生關於這個科目的一般原則，幫助有雄心並渴望獲得偉大獎項的年輕人。這是怎樣的新聞業的教授？我看不出在新聞業方面，學校的設施有充分實用的運用。

我提出一些自己深有感觸，並有益於年輕人的原則。

1. 盡可能的收集一切新聞。
2. 不抄襲沒有得到認可的出版品。
3. 不出版沒有專業採訪團隊同意的採訪。
4. 不出版有償的廣告作為新聞。
5. 不攻擊、質疑、辱罵、嘲笑弱勢團體，除非完全必須那麼做。
6. 堅持你自己的想法，但不要認為那就是唯一的真理。
7. 支持你的團隊，但不要認為團隊裡的人都是對的，而團隊外的人都是錯的。
8. 總之，了解並相信人類是向前的，是進步的。得以確定的是，人類會比過去和現在更加進步。

「下面這些摘錄自達納的演講。」新聞業的專業人士說。

「有相當一部分想要涉足新聞業的年輕人，都在審視這個新行業，這種情況很好。我每天都在審視自己，處理半打來自那些想尋求工作機會的大學畢業生的信件，當然他們不會問同樣的問題。孩子們從開始就靠他們的天賦和特點，透過了解並遵守報社的原則從最底層做起，逐步地在報社獲得一席之地。

「同時，這些孩子並非都有良好的條件，來完成他們的工作。也就是說，在接受高等教育的同時，我發現了官方質疑高等教育是否對新聞記者有幫助。霍勒斯·格里利（Horace Greeley）告訴過我幾次，真正的新聞人是誰在報紙上喝墨水。儘管我為他服務了多年並且關係融洽，但我認為他有一點嫌棄我，因為我唸過大學。」

由於新聞業當局的這些聲稱，在大學裡，我沒有發現有學生和畢業生，喜歡特別的課程而不是其他課程，他要試著去學習的課程對實際新聞的工作大有幫助。在我看來，大學通常有相當多的分支，他們想把全部宇

宙都裝進課程中去，還教授不完全屬於課程中的東西。

當你努力要成為專業新聞人時，是學習它的最好時間。當你在大學時，要盡可能地利用大學中所有教授的學問，以及所有學習的工具，並追求學習的準確性。

沒有一個問題是精密的，正如我們觀察每一個事物的能力，例如，那是二又四分之一，而不是二又八分之三，也就是說，這是一個最寶貴的、良好的教育目的。接下來我將要把這種能力放在去了解怎麼樣，並且如何迅速及時的尋找你所想知道的，和你不想知道的。「教育的偉大目標」，瓦爾克教授曾說，這是一個能夠告訴你所知道的，並且他十分肯定地說，迄今一些聰明人能把他們不知道的說出來。

第三，我將準確地告訴你，我所知道的關於瓦爾克教授的偉大觀點。並且是準確的、無誇張成分的和沒有一點偏見的。事實正是如此，無論是在一場棒球比賽報導還是一個講道，或者是一個關於電力的演講，無論它可能是什麼，給的東西是完全不一樣的。能夠那樣做的人，就是一個受到良好教育的人。

下一個我將要詳細論述的事情，是關於政治的知識，尤其是美國政治。這是一個非常尖銳的話題，它的歷史是波折的。我經常被朋友問說，難道你不能採用這個年輕人，並且給他一份工作嗎？這時我會留意這個年輕人一個月，並且看看早上他在做什麼，如果他拿起報紙看政治新聞，那就是他智力趨向成熟的好徵兆；如果他取而代之的是，拿起一份雜誌然後坐下來看言情小說，那你就不能僱傭他。

那該看什麼樣的書呢？這裡有一些書是必不可少的 —— 聖經。沒有這本書，就不可能從寶貴的經驗教訓中得到知識。不論是一本教科書，還是一本手製的公共事業的書，供專業準備人士和專業記者使用，其實都沒有一本書像聖經一樣。

然後每個要去實踐新聞專業的人，應該去了解莎士比亞，他被認為是一位作家，一位詩人和一位哲學家。另外一位我們不能忽視的古代作家則是米爾頓。每一個人都有他自己的創作風格，並且應該要去發展它。

第十九章　作家與作品

　　無論是詩人、自然科學家還是歷史學家，他們幾乎應用到了所有的寫作風格，而不經他們的手修飾的事物是不存在的。

　　　　　　　　　── 塞繆爾‧約翰遜博士《歌德史密斯的墓誌銘》

　　在當代，很多作家不應該去勸阻那些，因個人喜好而選擇文學作為終生職業的年輕人，由於越來越多的作家大量湧現，也由於更多的出版社和讀者的出現，好的作家的工作前景，也比以前越來越好了。

　　對於年輕人來說，在青年時期慎重地規劃自己的文學專業，想要最終選擇從事研究文學，或者大量閱讀文學作品，並不像一個世紀或幾個世紀前那麼平常，因為人們所待的環境是不同的。從現代的角度來看，或者說在我們這個時代更正確的觀點是，對於任何文學的培養，所追求的至少一部分是商務寫作訓練。確實，作為一個鐵匠、列車長、漁民或是任何其他行業所擁有的專業知識，對作家都是有很大幫助的。

　　而大眾更加關注的是，一個作家如何在作品中凸顯出顯而易見的主題，而非他寫出好作品的能力。甚至於讀者在讀一首詩或一部小說時，想了解的只是事實和真相。建議任何普通的年輕人去嘗試寫作，是沒有多少危險的，因為他既不需要花費時間，也不用花費金錢來為它準備。

　　對其他職業來說，年輕人在開始時受到許多訓練，所獲得的一點成功，就會使他願意繼續從事這項工作。這種現象在作家這個行業中也常常看到。從出版商那裡收到了自己曾經寄出去的文章，對一位青年作家來說是珍貴的一部分。在他過了總認為將他的作品拒之門外是一個陰謀的那段

時期後，常理開始悄悄提醒他，失敗總是有原因的，他就去著手找出錯誤並改正它。要想成為作家，你必須有東西可寫，然後是有能力去寫。

有能力的意思是，你創作出既好又通俗易懂的英語，還要有講實話的本領。讓所有對遺傳和天賦的困惑以及恐懼，都隨風而去吧！事實才是最重要的。要是莎士比亞沒有真實地刻劃人和事物，並且你知之甚詳，那麼在莎士比亞身上就不會有天才的說法。你不能告訴讀者，你自己不知道的任何事。如果你精雕細琢、深入研究的話，即使是在微不足道的話題中，你也會發現超出自己想像的、更多的有趣素材。

在你家門口的高速公路上，也會充滿了有趣的事情。它是柏油路嗎？劃分柏油路和泰爾福特路面等級的原則是什麼呢？塊石路面有多深呢？第一個層面是由什麼構成？第二層、第三層呢？為什麼破碎的石頭被叫做築路碎石呢？或許這並不是最好的建議，也許如果一開始你便飆升想像力，就會想到那些提供過構思的人在道路上通行過；那些有可能從上面行經過的人們，又或是曾經從上面經過的人們，現在都在哪裡呢？

但不管你寫的是關於高速公路的，還是你門前的柵欄，或是後院的樹，你必須先確定，在寫作開始之前，你了解它的一切。準確性遠比一個作家的才智更寶貴。我聽到你說：「為什麼！我渴望成為的是一名作家，而你建議我做的，不過是一篇學校的作文。」事實就是這樣。

寫作是一門你必須像其他任何方面學習的手藝一樣，不過它有著你不必在一開始就將所有時間傾注在上面的好處。對於其他任何職業，你幾乎都必須不計成敗地冒險。可是寫作你卻可以慢慢地逐漸養成它。法官不會派他最年輕的學生到法庭上辯護一項重大案件；你也不會求醫於一個醫學院的學生。那麼你怎麼能妄想迅速、輕而易舉的成為偉大的作家，比成為偉大的律師或者偉大的內科醫生更迅速、更容易呢？你必須在最開始就著手一切，並且確定你要面臨不少艱難的工作。

大多數作家會告知你，在創作任何作品的時候，你必須一次又一次再一次的重複寫，直到它是你能做到的、最完美的程度。我個人認為，在你開始寫任何作品之前，你的頭腦中要徹底規劃好這件事，你最初的草稿就是你能做到的最完美的作品，當然通常也要認真修改。不久前，一位著名作家坐在我桌子旁邊告訴我，他曾經六次改寫他的一部小說。如果那樣的話，或許他的第一份草稿是最好的，因為他的第六次版本並不受大眾的歡迎。

「我收到了來自巴蘭坦的一封信，」瓦爾特司各特在他的日記裡說，「這封信時時刻刻在折磨著我！」信中充滿了各種批評之詞。「不過這個人講的話還是有道理的，只是他要我將風格變成他所謂的某種好的寫作手法，我是寧願被絞死也不會做的。」

不要再拿「改寫是勤奮的象徵」這種觀點來欺騙自己了，相反，它是一種懶惰。寫作完全出於你的大腦，把作品寫在紙上，只不過是一項體力勞動。在開始寫作之前，作者在安排他的題目、細節上遇到困難時，他不會強迫去改寫。在這個問題上，性情不同反應就不同。然而，你只能根據經驗判斷，採用什麼樣的方法對於你才能產生最好的結果。

無論你寫什麼，開頭要仔細，這對你是至關重要的，不要讓任何理由使你喪失文章的版權，更不要讓出版商有扔掉它的機會，讓你的作品在書桌穩穩地待上一～三個月，然後再拿出來讀。這時，有十分之一的可能性，是你自己就把它扔掉了。這一點幾乎每一個曾經寫過稿子的人，都同樣經歷過。

當一個人寫作的時候，他知道自己要寫什麼，就像他們所寫的正是他們想要的，直到最後文章的主題在他的頭腦中，還有很深的印象，他即使讀上十二遍，也不能說他寫的就是自己想寫的。而一個月後，文章的主題和整個故事，已經從他的頭腦中完全消失的時候，他可以像陌生人一樣，

以冷靜的態度去品評自己的手稿，這樣他就會發現失敗和錯誤的地方。

　　這與我之前說的改寫是沒有矛盾的，這項工作是修訂而不是改寫。修訂對於確定手稿是非常重要的，因為你還不是一個編輯，即使出版商催稿，你也要做這項工作，作者最重要的就是向大眾提供他最好的作品。

　　幾天前，我讀了一本書的序言：「如果我有更多的時間，我將會成為情報官或是比這更好，但是，生命是短暫的。」可是，讀者的生命也是短暫的。就像鞋匠送來一雙新的長筒靴給你，抱歉地說：「要是有更多的時間，我會將這雙鞋做得更好，可是時間太短了。」讓我們假設你已經私下按照我的建議做了，你寫了六篇紀實和敘述類的文章進行寫作練習，經過三個月漫長的學徒期，你可以出師了。

　　你可能最想以一個短篇故事開始，即使真正寫好短篇小說是最難的事，不過它仍然可以給初學者提供許多機會。再占用你一點時間，讓我對寫作工具提點建議，無論你用打字機、鋼筆或是鉛筆，無論是亞麻布還是茶紙都無所謂，最終的作品才是重要的。柯南道爾的小說寫在撕破的信封上，也會廣為流傳；而你的文章小心翼翼地用列印機印在最好的紙上，也無人問津。但我想說，有些工具確實比其他的更方便。

　　經驗會讓你選擇適合的工具，我自己在這方面的經驗有可能適用於你。我喜歡用光滑的紙，因為鋼筆可以在紙面上無阻礙地滑行。小紙張很受我的青睞，由於一些原因，部分已完成的稿子會被扔掉，用小紙可以節省時間。我用的是平滑的而無邊的紙，每頁都裁成同樣大小。我比較喜歡阿諾德牌墨水，因為用它寫字不會穿透紙，還會很快地變黑。再來一支用過的筆，但不能太短。

　　我沒有專門的墨水瓶架，也沒有專門的寫字桌。最重要的，或許就是結實的馬尼拉封皮（在一角註明作者的姓名、地址），在表格的基礎上，每邊留出半英尺，這樣可使作品不用折就可以放進去。編輯們喜歡沒有折

過的紙，對捲過的紙很有偏見，所以應該避免把交給列印人員或編輯的手稿捲起來。對於一個作家來說，平封的封皮是最好的了。

　　倘若你寫的是長篇的章回體小說，你就應該按照章節裝進不同的信封裡作好標記，這樣無論是作者、出版商還是印刷工，就不會把它們混在一起了。這些都是小問題，要不是為了方便的話都不用提。下面我就以短篇小說為例開始吧！

　　寫作之前，在你決定好情節和角色之後，你還要決定好要向什麼刊物投稿。幾乎沒有兩個刊物可以用相同類型的小說，在得出結果之前，你要知道主流雜誌或本地週刊的銷售量，研究他們的文章，透過這個步驟你將會學到很多東西，也可以避免許多失誤。有些刊物通常會付豐厚的報酬給適合他們的短篇小說，再有就是保證你的小說長度少於 2,500 詞，在任何情況下也絕對不能多於 3,000 詞。

　　就長度而論，大多數的出版品長度都適中。編輯經常會說你的故事太長，要是曾經有一位編輯說你的故事太短，你真應該認為自己是個天才。如果你沒有注意到，年輕人的讀物和成年人的讀物有很大的區別，你就會很難下筆。例如，寫給男孩的書就必須是充滿戰鬥性的，英雄必須每時每刻都做一些英雄會做的事。若是作者像小說家那樣研究分析人物形象，研究電影的主題，那麼他們的讀者一定會去睡覺。

　　年輕人的思想不會去接受領悟這些。也許你自己讀莎士比亞的作品是為了學習，而不是為了樂趣。但是在你寫出很多好的作品之前，所塑造的人物形象也許會單調地令人昏昏欲睡，不過你要記住，讀者的興趣是在人物上，而非其他方面。就像華特先生在他的《小說的藝術》中提出的那樣「人類的興趣，必須完全汲取其他的事物」。

　　如果是一個關於鐵路的故事，它的高潮便是一場可怕的車禍，讀者的興趣不是在於這場旅行而是在於是誰引起的事故。一位畫家畫了一幅漂亮

的風景畫，畫著重描寫的是一個人，其他幾乎不變，而這個畫中的人會引起觀眾的興趣而不是樹木，河流，山水，雖然沒有人類的生活特徵也會引起觀眾的興趣。

當我提到華特的《小說的藝術》時，在我的腦海湧現了把從《小說的藝術》中引用的原文、箴言巧妙地運用到自己作品中的情景。一些年輕人希望寫出作品，但是從名家作品中抄一段卻是不可能的。在下一段我將會給你們足夠的摘錄，來證明它是一本你們應該讀的好書。

他列了一張簡明的書單，那些年輕作家不應該只讀書，而是要分析其文章「不要只是讀故事，」他說，「應該慢慢地、仔細地讀書，分析文章的結構，從本源開始。」

他推薦的是那些大家熟悉，並且主題清新自然的書：史考特·里德的《織工馬南》和《紅字》適合作為文章構成的例子；對於南方作品角色的研究，應該讀霍普金森史密斯寫的《上校卡特卡特斯維爾》；羅布特·劉易斯·斯蒂文的大多數作品，都會給你新鮮和強而有力的語言；拉布萊的《阿卜杜拉》將會對你有幫助。

當你回想自己的作品，就像他們中的作品會不可避免的對你有幫助，在《馬克白》(Macbeth)的語言中找到舒服的感覺：「你能得到什麼樣的喝采？長夜漫漫永不會到達天明。當你讀華特的作品《小說的藝術》時，你將會發現情節上鋪設了很大的壓力。」「故事就是全部，」他說，「小說沒有冒險，戲劇沒有情節，小說沒有驚奇 —— 你將會發現他們和人生充滿不確定一樣重要。可是當他說小說就是全部時，你也不要逐字逐句地去思索。其中必定有好的情節，只是它也許會太過錯綜複雜、太過不可思議。」

你可以學習透過閱讀威爾基·柯林斯（William Wilkie Collins）的小說來學會真理，它將會非常吸引你。當你讀完了一本小說之後再去讀另一

本，第二本很不錯但是不如第一本好。接著去讀第三本，第四本，一本接一本一直到把它們都讀完。儘管他筆下的人物形象都十分優秀（他非常擅長刻劃人物的形象），在很大程度上依靠的卻是不真實的情節。兩本書不論是什麼樣的作家，年輕的還是年老的，都應該熟悉《語言研究》和里查得‧格行特‧懷特的《語言及其應用》，書中給了給許多關於詞彙來源的重要資訊，不過它們的重要性不在於能教會你什麼，而在於能讓你思考什麼。

假使你不是認真的，也不仔細和準確地知道詞彙的用法，你將會一點也讀不明白他的書。你不會對英語語言的運用太細心。想讀有說服力、強而有力的語言，去讀查爾斯‧瑞德的作品。而有著同樣的影響力，又具有更優雅、更好的語言，那就去讀羅布特‧劉易斯‧斯蒂文的好作品。

用你自己的語言寫，運用外來詞和無論什麼樣的措辭，貫穿在一部作品中的最壞的習慣，是用英語來向我們呈現法語詞彙，因為這兩個國家鄰近，大多數受過教育的人都會說這兩種語言。可是在這個國家，很少有人說或者是讀法語，所以在作品中用法語是一件糟糕的事情。所有著名的小說，都是透過一些細微卻令人感興趣的「生活瑣碎」結合而成，這些一定是好的作家最偉大的研究。

學習越多的語言越好，旅遊的次數越多越好。絕不要停留在一個你不熟知的故事情節上；你在這方面的無知會立刻變得明顯。你必須對你的處境和人物兩者都了解。我沒有告訴你如何寫短篇小說，那是我們的岔道 —— 民間小道。你必須寫這篇故事，而不是我。並且當你寫完它時，保留一個月，然後再拿出來看看，當它時隔一段時間後，你是如何評價它的。寫作 —— 也許同時不僅僅是故事。倘若你對它不是非常滿意，你會發現比起其他人來宣判它，你自己來宣判是更加令人滿意的。

如果你有耐心，有孜孜不倦工作的本質，可以寫一個故事超過 4、5

個小時，而不會每次都想它的好壞，也許你可以透過重寫來改善它。在這樣的小事件中，我自己的方式是扔掉它然後寫一個新的。

當它寫到令你滿意時，把它以盡可能少的摺疊封住之後寄給出版社，記住貼上回郵信封並附上地址，以確保出版社可以寄回來給你，然後再帶個簡短的訊息給編輯：如果他發現不能用，那麼方便的話，讓他寄回來。那個訊息對於短篇故事並不是真的必要，但即便編輯知道附帶郵票的信封是什麼意思，也絕對不要什麼都不給編輯。你沒必要說關於價錢的事情，如果它不值得一般的價錢，那麼它也就不值得出版。

如果你把小說放到桌子上，直到它徹底地被遺忘，也就是說，直到你忘記了所有的情節和人物，這樣你就能細緻地讀，就好像它是由另外一個人寫的。在此之後，要是你仍然喜歡它，並且希望自己是以它的作者身分受到矚目，那就從廣告中學習什麼樣的出版商出版哪種書。選擇一個，並簡短地寫封信給他，說你有一個原稿，裡面有這樣或那樣的人物，有這麼多詞，並且你很高興把原稿讓他審查。他會邀請你寄送稿件給他，然後讓他的讀者讀，因為對某些新寫手來說，都會有機會出版一部好作品。

倘若小說非常糟糕，第一位讀者就會在讀兩三章後判定它。若是小說寫得不錯、有點機會，就會被幾個讀者認真閱讀。即便是第一部小說，你都應該和出版商有一紙書面合約；如果他同意給你 10% 的版稅，在零售方面你將會非常滿足。如果他賣出了 50,000 本你的第一本書，他會願意給你預付款 1,000 美元，投入你的第二部作品。他是個商人，會根據從你的作品中得到多少成比例支付給你。在這場交易中，你們之間沒有友誼或者偏見可言。即使你自己的兄弟是一個出版商，除非他認為你的小說會賣出去，否則他也不會出版你的小說。

任何人用他的筆可以寫出什麼，完全依靠他自己和他能夠做什麼。為了賺大錢，他必須有出版需要的能力，還必須是勤勞的。最流行的作家，

當他們不寫作的時候也什麼都得不到。通常雜誌社、文學俱樂部和圖片新聞報，支付給你的價格是每個詞 1 分錢或者 2,500 詞的故事 25 美元。一個已確立信譽的作者可以得到更多的稿費。成百的作者每年可以賺一大筆錢，而上千的作者至少能夠很好的維持生活。那些最終成功而轉行出版自己的書，或者和他們的出版商一起合作去賺額外利潤的作者，通常在最後都以失敗告終。斯各特、馬克·吐溫 (Mark Twain) 都是突出的例子。

移動的手指在書寫，不斷地寫，不斷地寫，可能要拋棄其中一半的話語，但剩餘的已是字字珠璣。

—— 奧瑪·海亞姆

第二十章　小說藝術

考慮一下在最大程度上，小說家能被注意多少。他在大眾眼中是一個講故事的人，就像大家過去把演員看成一個在舞臺上為了讓觀眾發笑而翻筋斗的人，就像一個音樂家是為了讓人們跳舞而拉小提琴的人，這是舊的思想方式。現在大多數的人首先是考慮教會的想法，然後再是其他人的想法。所以很容易明白，為什麼寫小說的藝術總是存在，卻被大眾所低估。

—— 沃特·貝贊特爵士

至於小說本身占有的藝術領域，就是如果你願意，沒有什麼少於整個人類。在小說中的第一個規則，便是人類的興趣必須完全地占去其他的一切。一些作家從不允許在他們的文章中，有任何東西會瞬間將我們的思想從主角身上轉移出來。

—— 貝贊特

世界上的日常生活不是戲劇，它是單調的，小說家用他的安靜、冷靜、誇張使其戲劇化。例如，不會有人在小說中用和現實一樣的方式行事，就像在舞臺上，若是演員將開啟並讀一封信這樣簡單的行為，用一種誇張的手法表演出來，那觀眾就會關注他，因此，省去無用的附加細節，而其他一切都要被強調。

這些手法可以在戲劇的關鍵時刻，讓他們的樣子、他們的聲音，都表現出來，因為這些對加深情景的印象有幫助。甚至天氣、房間和一些被作家用來強調一種英雄的情緒和熱情的，都會發揮作用。懂得如何利用這些藝術的幫助，對小說家來說是非常重要的，比如說演員如何正確地呈現一封信，手扶著椅子，甚至是摘下一隻手套都要很準確。

—— 貝贊特

我們接下來說說影響藝術的規則。我指的是那些對每個小說家，在其十分渴望成功之前，一定要熟知的一般規則。規則不能讓人成為小說家，然而這些規則一定要學習，並且不斷使用。

—— 貝贊特

首先，小說裡的一切都是虛構的，不是個人經驗和觀察的結果，是沒有價值的。但人物必須有真實感，就像我們現實生活中也許會遇到的人。

—— 貝贊特

一個在安靜村莊長大的年輕女子，應該避免描寫駐軍生活。作家的朋友和個人經歷屬於所謂的中低等級，便應小心地避免他的社會身分。這是一個非常簡單的規則，任何人都不要去超越自己的經歷。

—— 貝贊特

記住，小說的讀者會感覺出小說的真實度，他們衡量作家的標準，是以自己的經歷為依據的。他們能夠得到最高的讚揚，便是他們將故事和生活連繫起來。

—— 貝贊特

就是這樣，首先要求的是描寫藝術。描寫似乎很容易，任何人都能記錄下他看到的事物。不過想一想，他能看到多少呢？任何地方，甚至是在一個房間裡，也能看到相當數量的事物，遠點，再遠點的田地裡，在山裡，在森林裡，在小溪旁能看到數不盡的事物。我們必須不只是觀察，還要選擇。在這裡，想要成為小說家，必須具備兩個獨特的能力 —— 觀察與選擇。

談到觀察能力，應該用一個法國魔術師所採用的方法，這個方法包括持續記錄，記住在旅行中，行走中，以及一天工作中的各種事。學者在回家的途中，應該將他的筆記本和書放在一起。不過有時記錄也不是那麼容易，比如在晚餐會上的討論內容，或者是一場街戰。然而會觀察的人，能夠迅速記住他看到的一切，直到有時間寫下它們。因此，不會錯過任何東西。

—— 貝贊特

小說家的材料，簡單地說，不在書架上的書裡，而在任何地點遇到的任何人身上。在擁擠的大街上，在電車上，在公車上，在商店裡，在教堂和小教室裡，可寫的素材無處不在。

—— 貝贊特

所以，逼真只有在仔細地觀察下才可以做得到。還要用經驗去充實思想。我很確信，大多數人從來沒有真正觀察過任何事物。有不少人已遍遊世界，卻仍然一無所獲。所有妨礙或者是對寫作無任何幫助的描寫，無論是何種形式，只要不能對整篇故事的發展有益，都要嚴格地加以剔除。

—— 貝贊特

與選擇密切相連的是戲劇性的描寫。作家應盡可能地進行戲劇性的描寫，這也是作家首先需要考慮的事情。圖片的類別與設定，對話的適當運用，行為的描寫，都要求作家在剛開始創作時認真考慮。實際上，小說就和戲劇一樣，可以被分成若干場景與情境。作家是編劇、導演、舞臺美術、演員的集合體。他要對所有的場景負責，做到首尾呼應。

—— 貝贊特

另一個簡單的法則是，刻劃的每個人物都要有清晰的輪廓，即使只是一個大概，也要毫不猶豫地勾勒出來。當然這必須是作者親眼看到那些人才行。但小說中的人物卻不是這樣，它們成長，或者緩慢，或者迅速。從出現的那一刻，也就是說，從他們一出場的時候，他們不斷地成長，並且有著智力的變化。如果他們沒有成長的過程，而直接是個清晰的人物形象，那麼猜想很快就被人們置之腦後了，因為這證明了作者對於自己創造的人物，根本就不了解。要是一個角色只創作了一半，就再也創作不下去了，確實是一件令人恐懼的事。唯一的方法就是：立刻停筆。

—— 貝贊特

我一直在想，例如丹尼爾狄隆達這號人物，他的外表模糊不確定，內心卻是精心設計的，最終一定會成為像喬治·略特那樣有著可怕靈魂的人，一直在大腦裡想去揭露他的真實想法，但是從來做不到，以致到了最後，既沒有清楚地看清他是什麼人，又不了解他的性格。當然作者不能確定的，讀者也無法理解。

—— 貝贊特

另一方面，考慮如何能夠發展，如何真正成為一個真實的人物，這要透過作者的理解和真正的描繪！難道我們在可以想到的條件下，也不能知道他們要說或者要想什麼嗎？

—— 貝贊特

能夠清晰地描繪真實、獨特生活的作家，可以很好地理解人性。然後最重要的部分在於，應該開始寫作，直到人物清晰地出現在大腦裡，這個人物有自己的特性，開始他們的對話，並且進行適合他們的行動，在任何情況下，他們都能與生活相符。

—— 貝贊特

有許多種清楚刻劃人物的方法。第一個，也是最容易的，就是透過分析人物的舉止性格特徵以及言論和行為來使其清晰，這也是通常說的最簡單的方法。另一個簡單的方法，就是詳細描述性格。這也有缺陷，因為它稍顯囉嗦。然而若是你讀某個優秀作者的一兩頁文章，你會發現開始時他用一些詞語來描繪人物的才智，以後都是讓他的才情在行為和對話中顯示出來。

—— 貝贊特

沒有什麼比手勢和表情，比方說哭與笑，在對話中引起注意更缺乏藝術性。這種情況基本不需要說明。在很多著名的場景中，根本不需要使用詞語去解釋說話者的態度、行為和外表，可是他們卻能那麼鮮活，就像被描寫下來的一樣。

—— 貝贊特

最高的藝術境界是引領讀者。即使讀者沒有看到表達，沒有看到說話者的手勢，沒有聽見他們的嗓音變化也可以了解。可以做到這一點的作者，是因為他們從一開始就刻劃了鮮明的人物。

—— 貝贊特

要讓學生永遠記住，除非人物已經存在於大腦裡，而且這些人物會鮮活地出現在故事的各個活動中，否則的話他根本就寫不成小說，還是放棄的好。

—— 貝贊特

一旦故事中的角色在作者頭腦中變得真實，對他來說故事本身就變得真實。

—— 貝贊特

現代的英文小說，不論採用何種形式，幾乎總是帶著一種刻意的道德目的作為開頭。如果不是這樣的話，對於已經如此習慣這種形式的我們來說，總會感到好像有一種對藝術的貶低。

—— 貝贊特

就像畫畫和雕刻一樣，在虛構的過程中，不僅要讓人看起來生動真實，富於和諧，也要有種技巧上的美感，名著小說大抵如此。在這些作品中，你幾乎找不到一頁是粗心大意寫成的，甚至可以說，都是精心完成的。

—— 貝贊特

這不應該出現在小說中，更多的是在一首詩、一個不經意表達的簡單句子、一句沒有經過思慮的成語中。可以的話，考慮一下小說中的任何一個經典場景，有多少影響是因為風格，因為承上啟下的句子，以及作者使用的、恰到好處的詞語。我知道，把太多的注意力放在風格上而犧牲了整體布局，並且把固有形式、時尚元素和獨特風格，都作為犧牲品是非常危

險的。那當然是一種危險，而與此同時，有時似乎當人們讀到粗心馬虎的英語時，卻認為這用來說故事已經足夠好了，那樣的話，就幾乎不可能去評價風格的重要性了。

—— 貝贊特

有一種想法是，如果不專心於風格名譽就無法建立起來，如果沒有風格，不論小說內容有多協調，都無法透過作者的努力讓文章變得漂亮起來。

—— 貝贊特

每一處場景，不管多麼不重要，都應該完全並小心地完成。不應有未完成的地方，在任何一處都不應該有因疲勞或匆忙而留下的記號。事實上，一點都不能草率。作者必須非常愛他的作品，每一頁都要仔細地思考且要逐字逐句斟酌，倘若沒有到結尾就不能向前翻，哪怕只有一頁。

—— 貝贊特

我非常希望新成立的作家協會，能阻止年輕的作者不要過於匆忙地捲入出版的大軍中，能幫助他們正確地理解藝術和藝術的規則，並且能在他們仍然年輕的時候，指導他們真正的練習這種規則。

—— 貝贊特

這些初步的學習之後，是所有環節中最重要的一環

　　—— 故事本身。有人說，所有的故事都已經被講述過了。創作不再有容身之所，因為沒有人再想聽故事了。這種說法就和一個人覺得一件新的怪異時裝，把女人美麗的外形變得奇怪可笑一樣，讓人同樣覺得詫異。

—— 貝贊特。

故事是一切，我想像不出沒有故事的存在，這個世界將會是什麼樣子。小說中沒有冒險場景，戲劇沒有情節，長篇故事沒有驚喜，這和生活中沒有未知一樣不可能。

—— 貝贊特。

那麼就故事而言，理論和教義在這裡將無法發揮更大的作用。每種藝術都有一種與之對應的、能被講授出來的技巧。我們一直在提及這種與之對應的技巧，可是藝術本身既不能被講授也不能傳播。如果這事是在一個人身上，他能以某種好或壞，快或慢的方式表達出來；如果不是，他就永遠都不可能學到這些。

—— 貝贊特

讓我們設想一個我們身邊的人，對他來說創作故事是天性的一部分。我們也同時設想一下，他已經掌握了藝術的原則，現正渴望應用它們。對這樣的一個人，只能建議他應該非常小心和注意，分析一些在公認的小說排名中，名列前茅的特定作品的構造。在這些人中，當然要談到史考特了，他可能特別把注意力放在查爾斯·瑞德的故事構造上，放在喬治·艾略特（George Eliot）的《織工馬南傳》（Silas Marner），這本英文小說中最傑出的作品裡，放在了霍桑（Nathaniel Hawthorne）的《紅字》（The Scarlet Letter）或布萊克的《海斯的女兒》中。

他一定又慢又仔細地閱讀，也許有些落後，這是為了親自去發現作者是怎樣建構文章的，是以何種開頭發展起來的。我可以用另一位作者的小說來闡釋我的意思。那就是詹姆斯·佩恩的《祕密機構》，一部非常偉大的作品。

—— 貝贊特

另外一件事也是學生必須學習的，那就是在作者開始講述之前，不僅要相信自己的故事，也要記住在故事的講述中，對創作熱誠的態度，會使讀者覺得很舒服。

—— 貝贊特

對大眾品味衝擊的失敗，並不總是包含對藝術衝擊的失敗。

—— 貝贊特

　　所有出版社都渴望得到優秀的作品：他們總是這樣用心地審查原稿 —— 大多數出版社是根據作者在文學史上的名望、研究以及品味來付錢的。因此，一條非常顯而易見的建議就是，作者應該把他的作品寄到一些好的出版社；如果作品是好的，它一定會被接受並出版。

—— 貝贊特

　　不要，不要，絕不要為了錢去出版一篇小說。

—— 貝贊特

　　以上所有摘錄，都出自華特・貝贊特先生的《小說的藝術》，一部包含話題如此完全，以致完整地概括了這個主題的書籍。

　　作品是寫作語言的藝術，是思想和內心的表達。

—— 愛得・達比斯

　　學習藝術寫作的學生，必須學會用適合自己的方法，來尋求表達思想的方式。他必須訓練自己去判斷，使用怎樣的表達方式、表達風格和處理方式，能夠使譯者從他的想法轉化成讀者的。

—— 愛得・達比斯

　　若是你已經認定作品的藝術，只是想獲得一個簡單的認同，我懇求你把最初的想法放在一旁。任何一位受過普通學校教育的人，都可以寫出一封拙劣的信件，或者一個非常粗糙的段落，這是事實。一些人甚至想用相當大的技巧或者膚淺的措辭，來表達普通的想法。然而要超越這個，到能夠真的寫、能用筆表達真正的思想和情感的程度，以合理的感情，使讀者不完全曲解作者的想法 —— 這就要求長時間和高強度的工作。

—— 愛得・達比斯

　　西元 1836 年 3 月 29 日備忘錄：《查爾曼和霍爾》與《匹克威克外傳》（*The Pickwick Papers*）的前兩章支付 29 英鎊。查爾斯・狄更斯（Charles Dickens）

—— 節選自查爾斯・狄更斯的文章

第二十一章　公共服務

當一個人承擔公共責任的時候，他應該把自己看作是公共財產。

—— 湯瑪斯·傑佛遜

公共服務是大眾的責任。

—— 查爾斯·薩普納

「每個人都要機會」，簡明地表達了這個國家認定公共服務的準則。這是一個真正民主的準則，也似乎是最初能被接受的公平準則。如果有足夠的選民把選票投給我們，你和我就可能擁有一個人民的禮物 —— 職責。若是我們能讓有任命權力的人任命我們，我們可能擁有任意一個任命的職責，除了幾個要求特殊才能和盛名，類似像大使這樣的職務。我們都信任任命的選擇，透過選票賦予的選擇。

這是我們的制度，我們最珍貴的權利是不可變更的，完全不用討論的事情。但是當我們思考任命體制的時候，我們可能像優秀的美國人一樣，停下來想一下任命是否公平，然而公平是大多數人的。當公平影響你或其他期望加入公共生活的年輕人時，我們會思考這個問題。在我給你解釋之前，你可能不會知道任命職責的最大障礙，是我們對政黨的「忠誠」。

另一方面，其他政黨在這一方面都是一樣的。我最先讓你注意到這個，因此，在你想尋找或接受任何公職之前，你會知道這是什麼樣的前景。在你面前最確定的情形就是，在你的政黨失去權力的時候，你也會走出辦公室。

一個國家的內政，不必透過政府的形式來確認。在英國，君主制幾乎

像我們的國家一樣，是在人們的全部控制之下。有一個加入公共服務事業的年輕人是這樣做的，在一個合理的保證下，如果他履行職責不犯錯的話，他會留在這一輩子。

此項服務之後，當他徹底熟悉了身為州長的職責，幾年後如果他證明了自身的效率，他就被任命為其中一個較小的殖民地州長 —— 百慕達，或者是巴哈馬。

在這裡，他可以更進一步地展示能力，如果在工作上沒有嚴重的失誤，並且持之以恆下去，他就可能統治一個面積更大、地位更重要的殖民地。當他當上牙買加州長這個職位的時候，他一年的薪資是 30,000 美金，並且此時他被封為爵士；相反在過去，若他帶著這樣的頭銜地位去英格蘭，就會賺到更高的薪水。用他足以勝任的能力，來給予政府最優質的服務，對於他來說，是一個一生都期盼的動力。在我們自身的公共服務中，卻沒有如此的一種體制。

在大多數情況下，一個人最希望的，就是當他的同伴都在一個行業中，而他也可以順利的被錄用。他也許是暫時的並且是可被替換的，他很難希望任何事都是永恆的。對於這一點，是有很多充分的理由來支持的，我無奈地告誡年輕人，不要只把公共事業作為自己主要的收入來源。我們真的應該讓有良好品格的人，加入公共機構之中。倘若你是一個思想正直、品格高尚、作風廉潔的人，你就應該在進入政府事業部門之前，把自己用道德的外衣偽裝好。

另一方面，不加區別盲目地告誡年輕人，要避免選擇公共辦事處的做法是不得體的。在公共事業被描述的當下，是有許多情況條件的。因此很難說你是否會在十年後，拒絕成為國會一員的任命機會。但是請記住，如果你是由於商人身分或者是一個有身分的職業者而放棄這個機會，若干年之後，它就有可能成為一個危險的訊號。

當參議員昌西‧迪普還是一位青年的時候，就清楚地看到這種危險了。在他剛開始業生涯的理想時，一家國外的企業向他提供了一個比國內更好的發展機會。在那時他是相當聰明的，完全可以憑藉著自己的判斷。他去了一個能力足以指導他，並且他一直感興趣的一位朋友那裡尋求幫助。

　　在經過一段深思之後，一個令所有人都驚訝的決定是，他拒絕了這次機會。他聽從了這位有經驗的朋友的意見，因為這個人可以比他更好地了解這個世界。他對他說：「你也許可以穩坐這個職位一段時間，但是在這段期間，你就會被遺忘，當你回到朋友圈中，你們的友誼也許會不復存在或是漸行漸遠；這些新的思想總是適用；那時你就因身處在一個奇怪的世界而變得更加孤僻。你的專業能力也將離你而去。除非你願意放棄你的專業，以及你現在所希望的、所有的一切。

　　他待在家中，不停地鑽研學習。他呼籲年輕的醫生也應該如此，幾年後，結果顯示這十分明智。一位年輕的男子期望他可以如此完全、如此徹底地實現他被疏遠的願望。他必須重新開始他的職業，在幾年的沉寂中找回自己。

　　如果道德觀念是如此豐富，智力上是如此超前，你就會以提高政治交往和政治思想，來讓你的能力水準提高，那時你就會在公共事業的生活中被需要。但是他們通常由於自身的高道德標準和高智慧層次，而被人們所駁回。在我的這些要求之中，他正是一個這樣的人。他是國家的參議員，他是如此的正直，以致沒有按照他的政黨 —— 一個擁有執政權的政黨 —— 的要求，去做不光彩的工作，因此在他第一個任期結束後，就被趕下臺來。人們不再尊敬他，在政治舞臺上將不會再有他的位置。

　　為什麼人們會選擇這樣的人？也許你會問原因。問問你的父親，是否在你的國家也有一個「圈套」，由一個有權力的政黨來操控選舉。如果答

案是「不」，你們的國家就是一個例外，這就是原因之一。

　　除了職業的成功，還有更多的方式來發揮你的特點，在勸告你進入政治界的做法上，我是遲疑不決的。它不會為我們的制度帶來好的改變，它是一個令人不愉快的事實。假使你所處的環境是如此的，你可以在沒有破壞自身經濟，或是你應該知道的、其他適當的方面的前提下進入「政治界」。

　　永遠不要丟掉在美國競選中，你最初選舉的目的。沒有一位候選人希望在他政權開始的初期，就得不到他的政黨的支持。一個人開始的目的當然是使一個州或是一個國家名聲顯赫，不過時候為了更快爬到一個更高的職位上，這個人就會忘記他最初選舉的目的；這樣的人表面上看起來，是由於他身邊的人的支持而更加積極進取，比起世人，其實只有他身邊的這些人才知道其真正的原因。

　　選拔會大約選出十二人作為行政委員會的領導者，在多數情況下，真正的選擇是由行政委員會做的。他們選出被提名的候選人，通常，他們的提議是被採用的。假設你居住在一個小地方，想要透過成為一名候選人，而跨出你政治生涯的第一步。

　　那是一個年薪從零到六百或八百美元的政府機關，這取決於環境，而更多的是探索。通常有更多的候選人去應徵有報酬的政府機關而不是無償的。在農村政治領域，甚至連年薪五十美元的職位，也被認為是競爭的目標。

　　你的第一要務是政黨的行政委員會，當然，你知道所有的成員，你開始逐個徵求他們的意見，以對你最有利的方式提出意見給他們。這不是依照職務選人，而是人選職務的原則，但這是最通常的選舉方式，職位選人是個例外。作為習慣，都是人選擇職位。一個人拉緊每一根神經，幕後操縱一切，計劃幾週來穩固他的提名權，然後再冷靜地宣布：「我勉強同意

成為一名候選人。」當然，那是騙人的，但卻不是他完成政治生涯前，所施展的所有詭計。

與委員會成員的個人關係是極為重要的。與其他行業相同，每個人都會偏向自己的朋友，而非圈外人。所以對於你來說，與委員會成員之間的友情是非常重要的。倘若有兩個或三個密友，是委員會裡有影響力的成員，他們還會影響其他的成員。但是委員會必須要超越友情問題，他們的敵意一定會傷害你，可他們的友情卻不一定能把你想要的給你。

對於大多數選舉人來說，他們必須選出最適合這一職位的候選人。要是他們的候選人之一敗壞了自己的名聲，那麼這件丟臉的事就會給整個政黨帶來影響。他們必須確信你有能力，並且能夠令人滿意地履行政治責任。他們會問自己或其他人，你在這個職位上是否受歡迎。你有沒有盡力去打敗你的敵人，你的習慣是否良好，你有沒有機會獲得最多的票數。

若是委員會把提名權給了你，你還必須經過選拔會的嚴峻考驗。同樣，在那裡你也必須有朋友。朋友，朋友，朋友，那是在當地政治領域成功的祕密。但是請記住，表面上想要交朋友的人、對所有人都一樣的人、會與候選人握手，諂媚他們妻子的人、親吻他們孩子的人，通常沒有只因為欣賞你而交朋友的人受歡迎。有經驗的人知道，職場上所交的朋友，看到你是會諂媚的笑。

一開始你應該盡量少說，如果有機會，要簡明切入主題並且謙虛地講話，就像年輕人與這一領域的老職員談話一樣。老手不想你提意見給他們，他們比你更知道這種競選活動。誇張性的演講已經過時了，而且沒有任何作用。事實上，簡單而清新的講述更有效果，別浪費你的嗓子，留著到適當的時候再用。每個場合都要站起來，在每個問題上都說幾句，是十分糟糕的手段。讓別人在沒有你的幫助下，獨立思考一兩件事。當對手有話要說時，是對候選人嚴峻的考驗。那時，你比以前需要更多的朋友。

　　如果你能讓自己在競選中贏得高度的讚揚，就會對你將來的發展更有利。不同領域的人脈，在當地選舉中都是十分有用的。一個可以公正莊嚴地指揮一場會議，而不是假裝莊重，弄出滑稽可笑之事的人是很有用的。同樣，一個可以表演一場有說服力的演講之人，也是很有用的。而一個能寫出好的政治文章，和勸說別人放棄投票權的人，也是相當重要的。在我看來，最重要的是一個清楚地知道投票表的人。

　　在選舉之前，投票表對你最有用的是，上面列出的最後一場選舉人的姓名。沒有一份選舉人名冊對選舉毫無作用。就個人而言，知道選舉人名冊的人，不一定知道每一位選舉人，但是他知道每個人的政治傾向和他們將會選誰。選舉活動結束後，在投票結束前，他會提供兩個或三個可能入選的人給你。你不要對一份選舉人名冊的政治價值猜想過高。盡量知道選舉者的個人資訊，知道名單上的每一個人，在哪裡可以找到他們，即使你從來沒有見過他們。在指導當地選舉活動上，行政委員會在選舉前幾週就開始工作。

　　第一步是在整個委員會面前大聲地宣讀選舉名單，讀到某個人的名字時，委員會說出他對那個人的評價。如果有人不了解他，別人會替他評論。名單上的任何人都是不可忽略的，人們也不會說他：「噢，他小菜一碟。」每個選民的投票都同等重要。不論是共和黨、民主黨還是其他黨派，只要祕書聽到了一個人的名字，那麼他就要在這個人的名字上畫上一個標記。

　　在初選末，比如說，標出了 200 個民主黨人，200 個共和黨人，100 個待定人選，接著每個待定人選都會以很慢的速度被讀出來，了解他的委員可以在讀到他的時候說：「我支持他。」然後把這個他支持的人的名字寫到一張小紙條上。別的委員再選出下一個人，以此類推。最終，每個委員都會有 3、4 個，甚至十幾個待定人選，他會與之進行會談。

　　接下來的每個委員會的會議中，仍要像之前那樣審定名單，待定候選

人數量會減少。之前會見過候選人的委員，會彙報他們將怎樣選舉。選舉前的最後一次會議上，幾乎沒有待定候選人了。不過一些已做出承諾的選舉人不能選舉，這樣就讓一位了解社群的居民，準確地猜想此類人員的數量，競選當天他們是候補人。優秀的競選負責人在最初時努力得到大量選票：在投票箱底有厚厚的一層選票是令人寬慰的，以便最終可以出風頭。在競選中你要不斷這樣做，如果你做得出色的話，你會為自己的黨派做出巨大的貢獻。

你要像了解 26 個字母那樣，了解你的競選名單。還可以透過許多更好的方式來答謝他們的關照。失敗比勝利更有風險。要是你感到懊惱、沮喪，那麼請不要讓你最親近的朋友看到。年輕候選人會由於失敗而厭惡他的政黨，他會抱怨受到了傷害，也會說受到了不公平的待遇。請從哲學角度看待這個問題，去祝賀你那些成功的對手吧！希望下回有好運氣！一位政客必須預見到失敗和失望，因為它們占了人生經驗的很大一部分。他必須在開頭的時候，就下定決心心平氣和地面對失敗與失望。

在大城市，許多年輕人很早就做出計畫今後要從政，一旦計畫成為現實，他們便以高超的能力和嚴肅認真的態度開始工作。尤其在紐約，這些年輕人通常畢業於政法學院。在這些人中，尤屬年輕的希伯來人、愛爾蘭人和愛爾蘭的後裔最為成功。他們是卓越的行政主管和競選組織者。隨著他們不斷經歷法律實踐，他們漸漸地擁有知名度，直到眾人皆知。不論是在城市還是在鄉村，最重要的事是結交朋友，他們深諳此道。城市中匯聚著許多小酒吧和社會組織。他們加入其中的一些組織，善於社交，廣受歡迎，這是競選的必要步驟。

不久，他就贏得了委員會的提名，或者是一些別的職位。在他所在的每個俱樂部，都有人說：「史密斯？他是我們的成員，他可聰明了！我們必須投票給他！」要是想更深層次地去觀察聰明的政治管理，選擇閱讀紐

約坦慕尼出版的《方法描述》會來得更好。據說，羅馬天主教堂是從古至今建造得最完美的建築。毫無疑問，坦慕尼協會位居第二。這座城市被精心劃分成不同的地區，每個地區都有它的「領導者」，「領導者」要認識其管轄的居民，並且照顧他們的福利。他是孤兒的父母，並且還要提供食物和衣服給窮困的人。如果丹尼斯奧布萊恩失業了，他正面臨著無房可住，只能住大街的困境，地區領導人就會及時給他臨時救助。如果酒店老闆違法被捕，地區領導人同樣會在法庭上保釋他。

它是這個地區的主管，任何坦慕尼協會的成員在遇到麻煩時，都會向它尋求幫助。坦慕尼協會對於許多選舉者來說十分重要，其他的黨派沒有如此完善的組織。沒有它，選舉者會感到無依無靠，沒有安全感。我已經向你們說明了如何管理鄉村運動，而在大城市運動管理中，坦慕尼可算無可比擬。每位地區領導者都像小鎮的居民一樣，對選舉投票名單瞭如指掌，而且知曉小鎮負責人獲得的每一份報告。在選舉投票的前夕，理查·克羅克，現在的領導人，可能會告訴你，他將從少數的投票中，了解這個城市投票的執行，當然排除那些通常嫌麻煩而不參與投票的憤慨民眾的大暴動；甚至那在某種程度上也是可預見的。

在坦慕尼的手段和真正治國之才之間，有很長的一段距離 —— 我們可能稱它為可怕的裂痕。但如果你要加入政治領域，就必須運用一切可能獲勝的有效手段。倘若坦慕尼組織與個人進行競爭，這個組織會十有九勝。如果你擁有治國的才能，並且身心純潔，廉潔奉公，競爭中就不會受阻礙。在每個行業中，尤其是政治這個領域，頂層管理都會留有餘地。

他舉例說明自己的觀點，無論誰能把另一種穀物或草，種在一塊以前只種過一種作物的土地上，就應得到人類更大的獎賞，這比所有的政治家為國做更重要的工作。

—— 斯威夫特

政治家，真理之友！你有著真實的本性，忠誠的行為，崇高的名譽，你不會輕易承諾，也不計較個人得失，得不到頭銜，也不會失去朋友。

　　　　　　　　　　　　　　　　　── 泊普對阿迪森先生如是說

第二十二章　人們與辦公室

因為我有罪，我憎恨一切笨拙愚蠢的想法和行為，尤其是政界所做的蠢事，這種蠢事導致了太多的人間悲劇和毀滅。

—— 歌德

把政治當成一種職業是不明智的；商業領域因備貨過多，而雜草叢生；如果你要進入競技場，要隨身帶好鎬和鉤刀。這個骯髒的地方需要清理；如果你是位大力神，就放手一搏吧！

—— 科貝特

在短角赫德電子書工作了幾個月之後，年輕的克利夫蘭得到進入律師事務所工作的機會，他欣然接受了，因為他夢寐以求的，就是這樣一個與法律相關的職務。在新的工作上，他取得了巨大成功，年末的時候他得到布朗羅傑斯公司的一份長期合約。正是在他們律師事務所的工作中，這個年輕人學到許多法律知識，並為日後在政府就職高位奠定了基礎。

西元 1857 年，他取得律師資格，並且依照美國的法規與其他幾位律師結成夥伴關係。這名年輕人在法庭所取得的成功，取決於他掌握的可靠事實和條理清晰的表達，而非華麗辭藻的堆砌。從一開始他就享有精力充沛、勤學好問的名聲。他淵博的知識和正直的品格，贏得了法官和同行人士的尊重。讓他從事政界之事並發揮重要作用再合適不過了。然而事實上，在美國讓工作勤勞、品行良好的人參與混亂的公共會議，並不是傳統的做法。這些公共會議是留給專業政治家和他們的追隨者處理的。

在培養最高地位的政治家方面，要證明華盛頓有最好的訓練再容易不過。美國人是富於行動和命令的民族。很久以前，他不得不依靠自己，並

因此使自己獲得自律，而這對於一位政治家來說是必不可少的。環境決定他應從人而不是從書本上總結生活的教訓；因此他不會成為脫離實際的人。他早期當過檢查員，林區之人和士兵，這些經歷使他十分贊同民主，因此他能夠理解這種唯一的理智原則，在這個原則之上，一個穩定的政府才能在美國建立起來，而他身為種植園主和貴族的高貴出身，良好的訓練和顯赫的地位，讓他能夠接觸英國的過去。從中可以看出，這個新型的國家是不可能完全分裂的。

　　　　　　　　　　　　　　　　　　　　　　　　　—— 特倫特

　　美國的信念就是自由的宗教，自由的國家，自由而不分宗派的學校，這些學校分布於每個行政區和村莊，向不同種族、不同信仰的孩子敞開大門。更近一步來說，美國的信念反對將人民根據出身和血統劃分開來。美國讓每個人以生他養他的土地為榮，以自己的種族為榮，並熱愛它們，讓每個人都保有栩栩如生的回憶。

　　第一個和最重要的人文教育方式，是讓一個人去適應他當下的生活。在這個給予他生命的國家，無論他的職業和追求是什麼，他都要成為一個好公民。這在任何國家都是極為重要的，而在美國，這裡的每個人都被授予獨立自主的職責，並且他的能力與機會都要符合這一職責。

　　　　　　　　　　　　　　　　　　　　—— 亨利·卡波特·洛奇

　　倘若一個人不是一位好公民，無論他是一位有學問的希臘人，還是探究拉丁文的人，他都無法流芳百世。要是他不同情自己的國家、自己的人民和珍惜自己的時間，即便他的成就再高也是短暫的。對每個人特別是每個受教育的人來說，這是十分重要的。在美國，無論他的職業或職務是什麼，都應該同情他的國家以及國家過去的歷史，現在需要這樣，將來更加需要。

　　　　　　　　　　　　　　　　　　　　—— 亨利·卡波特·洛奇

真正的美國主義，實際上只是另一種愛國主義的名詞，招搖的自我主張僅僅是批評與挑剔，與愛國主義根本沒有關係。美國主義的本質是鼓勵，而不是壓制，以及那些對於錯誤的事情有益的批評。

—— 亨利·卡波特·洛奇

目前為止，就我們國家而言，偉大的大學高等教育的危險，是在擴大視野的同時，有可能失去自我。大學的教育使我們了解文學、美術、科學，以及其他所有國家的歷史。如果不那樣做，它們對我們就毫無價值。這些教導必然構成我們在這裡所學的所有內容。與整體相比，它涉及到我們自己國家的內容必然只是小部分。我們自己的民族比較新，因而有一種失去自我，過低評價自我的歷史地位和所生活的世界之傾向，同時忘記我們自己國家的知識。不過我們若是生活中的一部分，那些東西對我們來講至關重要。

—— 亨利·卡波特·洛奇

革命成功的主要原因，是華盛頓知道怎樣去處理代表大會和立法，州政府和下屬的將軍。

—— 特倫特

要從我們的生活中，拿走閱讀所帶來的興趣，很少人願意這麼做。莎士比亞、米爾頓、喬叟（Geoffrey Chaucer）、史賓賽、普魯塔克，《一千零一夜》（*One Thousand and One Nights*）、《唐吉訶德》（*Don Quixote*）、《吉爾·布拉斯》（*Gil Blas*）、《湯姆·瓊斯》（*The History of Tom Jones, a Found-ling*）、《格列佛遊記》（*Gulliver's Travels*）、《魯賓遜漂流記》（*Robinson Crusoe*）和《特洛伊》的故事，已經組成了我們世界一半以上的娛樂。

—— 約翰·倫道夫

除了積極瀏覽舊書，和從摯愛的早逝母親那裡獲得宗教和社會思想之外，約翰·倫道夫沒受過什麼正統教育。他對他的姪子承認，自己是個無

知的人，雖然為他寫傳記的那個荒謬作者，勸阻讀者不要相信這些話。很明顯，倫道夫就是這麼個沒受過什麼正統教育的人。

—— 特倫特

玩弄權術的政客，考慮的是下屆選舉和下一任執政人的事情，他們只是尋求黨派的成功。而政治家是為了國家尋求成功的途徑，他們希望能夠掌握一切，不出偏差；而政客們卻只想搭順風車。

—— 克拉克

我的哥哥，威廉·庫特姆賽，年長我三歲，他和他那些同齡的助手們看不起後輩。儘管如此，我有一個和他們交往的好辦法，就是和他的同伴打成一片。在那時，他是一位穩重的學生，他舉止文雅且容易被外界影響。我被看成是外向的、粗心大意的年輕人，渴望爭議，準備鬥爭。然而沒有人預料到他會成為一名戰士，我卻成為一個沉穩的律師和政客。

—— 約翰·申楠

這次俄亥俄州已經決定改善馬斯京根河，從曾斯維爾到瑪麗埃塔，公共工程委員會已選定畢業於西點軍校的上校塞繆爾柯蒂斯作為首席工程師。查爾斯安排一個標尺手的工作給我，但是柯蒂斯上校懷疑我能否在還不到十四歲的年齡，履行好那份職責。直到春天來了，我的工作才開始。那時候，他們給了我一個測試。那個冬天我工作得相當辛苦，我認為只有努力工作才是通往財富的通道。我學習了水平測量的操作方法。我看到一個人在霍金運河旁準備好儀器，在河道與水面平行的方向進行測量，然後又搬著他的測量儀，在他的前方和後方進行測量。接著他友善地教我一些簡單的加減法運算，用來得出想要的答案。我懂一些普通力學方面的算術，所以儘管我只有十四歲，卻能做好一個標尺手的工作。

—— 約翰·謝爾曼

在研究馬斯金更（Muskingum method）這門學問的期間，我有很好的機會去學習知識，但是我並沒有好好利用。在空閒的時候，我仍忙於讀小說、歷史等一些可以讀懂的書籍。許多書都是從蘭卡斯特那裡得來的。我買了一部分，剩下的是從貝弗利書店借來的。我讀了大部分的英國經典著作，它們包括《旁觀者》、《莎士比亞》、《拜倫》和《蘇格蘭》。我讀了所有能找到的有關美國歷史的書籍，我也很想溫習我的拉丁文，不過沒有太大的進步。

—— 約翰・謝爾曼

政客們發現先是恭維他人，進而去領導這些人是個不錯的選擇。然而，那些因為受到恭維而洋洋得意的人，總是展示出對大眾意見大感敬畏，或是成為政治派奴隸。

—— 保德

最低賤的政客是那種蠱惑民心的人 —— 那種假裝是為了大眾利益結果卻是滿足一己私慾的人。為了一個對他有益的聲望，他會迎合所有的觀點，他甚至迎合所有的偏見，可謂是無孔不入。

—— 亨利・沃德・畢徹

一個令人悲傷的事實是，在我們國家的所有地方，我們許多的良好公民都不顧及他們的政治責任，他們說應把責任歸咎在這個腐敗的政府身上。然而他們忘了，他們要與整個國家一起品嘗這些因怠忽職守而釀成的苦果。

—— 克里弗蘭德

為大眾服務的人是可憐的動物。他們一直擔心自己的生存問題，卻沒有人因此感激他們。

—— 歌德

公職應去尋找人，而不應該是人去謀求公職。

—— 西拉斯萊特

聰明的人謀求高的職位，最終卻被傻瓜得到。

—— 達姆霍得

在人緊握住高官位置和高官位置緊握住人之間，有很大的不同。

—— 肖

我不渴望成為高官，即使是最高職位。雖然那個位置令人無比得意，可是卻如同監獄一般。在那像是被監禁的日常生活中，他要接待那些冰冷的、殘忍的貴賓們，數著令他們厭惡的時間，斷絕了真正的自由生活中的那份歡愉。

—— 亨利・克萊

最高位置就像是座金字塔：只有兩種動物能到達頂端，牠們是爬行動物和鷹。

—— 倫貝特

在一個國家裡，政府的建立僅僅是為了讓人民受益，沒有一個人有區別於其他人的政治權利；政府的建立不是為了用公款來供給某些特別的人。沒有一個人的錯誤能夠轉嫁到別處，同時沒有一個任職或是連任是權利的問題。

—— 安德魯・傑克森

在一個國家中，人只是遵照法律來辦事，在平日裡政府的身分就是一名政治家；而那些透過所有事情深刻理解、認知、討論原則的人，以及期待著對未來有明確看法的人，是政客。

—— 亨利・沃德・比徹

一些人信誓旦旦自己會為民著想,當他們升為高官後,卻在一些方面讓人失望;其他一些未升官的人,還是繼續展示他們的智慧和勇氣,還有一些其他的品格。當他們升官時,這些品格會超越任何人給他們的賞識,超越他們對自己的猜測。很不愉快的說,要判斷一個人晉升高職後會變得怎麼樣是很難的,除非真的讓他身在那個職位。

—— 惠特利

一名好的政治官員,有五樣東西是必須有的 —— 好的品格,不貪汙,甘願被派遣,忍耐力和對事件的公平。

—— 溫·馮

如果政府的預定人選是權利的事情,那還會有空缺的位置嗎?那些人死去的不多,辭職的則是根本沒有。

—— 無名氏

這樣的人應稱之為政治家。他們的原則是加大人民的力量,增長他們的知識,給予他們獲得知識的能力,從而使他們相信自己擁有絕對的力量。

—— 麥考利

紐約一家海關僱用員工的問卷,其6個問題如下:(1)「一段絲綢寬超過一碼,換算成英寸,它的實際寬度是多少?」(2)「一個商販出口了3,743,190蒲式耳的玉米,作為交易,他以一頓煤換取151,24蒲式耳的玉米,他交易了多少頓煤?」(3)「伍倫彩旗的稅是每平方碼20分,按價格有45份,每份長38碼,寬42英寸,長度每碼是55分,總稅務的35%要繳納多少?」(4)「就美國國內外貿易方面,寫封信給財政部的祕書,詳細說明一下國內外的貿易,說出兩者與我們國家興旺的連繫。」(5)「描述一下路易斯安娜購地所擴展的中國領土。」(6)「各級政府的主要收入來源是什麼?」

在政府業務中，像銀行和財務需要強大的能力以及多樣的能力，而其中的利益，卻遠遠超過對比和估算之前

—— 麥考利

國王設定一個公職，上天立即創造個傻子去買它

—— 科爾貝爾

我把不從事商業的政客，看成一條在體力用光前，都在努力弄翻船隻的巨鯨。

—— 斯蒂爾

我們為了政治家們所說去付稅而不是他們所做的，但是我們根據他們所做的去評價而不是他們所說的，這很奇怪。因此，他們都有一個關於準則的座右銘，一些是為了說，另外一些是為了做，然後建起他們的良知，就像那不勒斯人鋪床一樣，家具的一邊用來展示，另一邊用來使用。

—— 科爾頓

我們的本質不展現在我們所居住的地方，而是我們用高雅和尊嚴填充的。

—— 無名氏

第二十三章　公開演講

他慣於坦白、直入主題地演說。

—— 莎士比亞

　　每個美國的年輕人，無論他的地位和前途怎樣，都應該能夠輕而易舉地在公開場合表達自己。在他們成為年輕人時，他應該有足夠的經歷來保證自己在公共會議上起立演說，他的舌頭不會黏著嘴巴，他也不會站不起來。在公共演講中的固定部分，就像是在游泳：一旦努力學會了，身體就會浮起來，其餘的就簡單了。

　　不要將純粹的機械動作與演講的實質相混淆。我並非自誇每個美國孩子都會成為偉大的演講者，畢竟要從人腦中提取本身就不存在的東西是不可能的。不過每個年輕的美國人都可以，也都應該透過經驗來學習，在公開場合輕而易舉地站起來，而且沒有害怕和猶豫地說出想要說的話。

　　在世間的任何地方，這都是一個重要的環節，而在這個國家，要比在其他任何地方都更重要。在這，每個尖銳的問題都可以自由地、徹底地討論；而那些想要鍛鍊著表達自己，卻又因為害怕而不敢發言的人，處於劣勢。你將要發生的命運，有可能是在遠方的伐木場託運木材、挖煤礦；或者是成為溫德爾·菲利普斯（Wendell Phillips）。用無與倫比的雄辯才能，溫德爾·菲利普斯可能比跟他同一時期的人，在他的國家為廢除奴隸制度做的更多。

　　無論怎樣，你應該學會在公開場合演講。在任何情形下，當你想向你的聽眾清楚表達的時候，時機總是會來到的。一個小村莊裡的鞋匠，已經

把自己訓練得在公開場合演講得很順利，經常使他在自己的團體中，比在街坊鄰居中發揮更大的影響。

孩子們應該在學校進行他們的第一次公開演講，幾乎任何年齡都可以開始著手這項訓練。

八歲時，孩子就在學校的講臺上朗誦「站在甲板上的男孩」；十四歲時，他就無數次的說，無論何時，只要有機會，他都不會害怕站在大眾面前吟誦詩歌；十八歲時，在某種程度上，他就能獨立思考了，也就是說，他能夠簡單地表達自己的觀點，而不是單純朗誦別人的詩。經常在學校演講，能讓青年演講者對自己和演講的聲音充滿信心，學校的訓練對國家任何一個階層人民的口才，都有極大的影響。我不知道在哪裡還能找到比在華盛頓眾議院更好的地方了，因為各個地方的人都在這裡聚集。

一般來說，南方的成員比北方成員演講得更輕鬆、更流暢，那是因為在一代人以前，南方學校就比北方學校更關注學生們的口才。在舊時代，南方的孩子們就有小學以上的文憑，他們的父母能夠支付得起他們的學費，通常他們已經注定要步入法律、其他行業或政壇。在公開場合，演講得好是有必要的，所以，他們在學校裡更注重自己的口才。南方人的演講詞比北方人的更「華而不實」，演講的姿勢更具有戲劇性，因為那是南方學校比較時尚的風格。早期的訓練帶來了很大的優勢給南方人，演講時，問題不會出現得那麼突然，而使他們不能夠自由清楚地表達自己的見解。現在北方的學校比以前更關注公開的演講能力，但是還有待提高。

孩子和年輕人要練習他們的演講能力，不只在學校，幾乎每個社群都有活動，在那裡練習也是可以的。許多人已經在共濟會集會處做過首次的公開演講，並從中吸取一些教訓。只憑每夜在集會前的禮儀上誦讀，就能替自己增加信心，而且自己對演講的聲音也有會自信。

到處都有的政治性會議，這對年輕人來說都是機會，可是他們需注意

不能經常演講，演講的時間也不能太長。演講時，特別是在剛開始的時候，不要想你會在一時衝動之下會做出什麼事來，事先仔細考慮，清楚地表達出你想說的，演講開頭用幾個簡單句你就會滿意。隨著信心的逐漸增長，你可以把演講詞變得長一點，每一次演講，你會發現一次比一次簡單。

演講有許多獎項，都值得你去爭取。雖然只有不到千分之一的人，能成為偉大的演講者，不過每一個普通的年輕人只要有些訓練，就能擁有流利演講的能力，這正是一般場合所必須擁有的。能夠流利的演講，對年輕人有相當大的益處。起初，不要害怕站在臺上的那種恐懼，要試著去消除它。有時，你讀到有關老演員剛開始也會在觀眾面前有舞臺恐懼感的故事時，你可能會對此有所懷疑。一個總是做同一件事的人，不久就會感到輕鬆自在了。你從沒聽說過一位聖職人員會膝蓋顫抖地走上教堂裡的小講壇吧！

一些在大眾面前有非凡力量的人，相對來說，在使用筆寫作時是沒有靈感的。這可能說明了你的情況，也可能恰恰相反。比徹是美國最偉大的演說家之一，可是當你查閱他的作品時，你會發現這些作品與他出版的演講詞和布道詞相比差得遠。在面前大眾的激發下，他的思維會變得活躍，腦子裡也會充滿創新的觀點，但是這些觀點在他拿起筆時卻想不起來。

比徹先生曾經講過一個激動人心的故事給我聽，這個故事是有關他在錫格內特戲院進行的一次歷史性的演講。當時內戰後，由於紛爭國家仍然處於分裂狀態，比徹先生熱情地支持北方事業，這當然就導致他在南方是不受歡迎的，戰後他在南方各州的公開場合上，再也沒出現過。一定程度上作為嘗試，他的助理安排了在錫格內特戲院的一次長時間演講，這在先前南方聯盟國中立即引起了憤怒的風暴，報社狂怒，著名人士也發表了指責性的信函。他們說，當然不會有哪個女士會去聽這種人的演講，受尊敬

的男士更不會去聽。比徹先生應該被圍攻，被趕出這座城市。

　　當演講那天到來時，戲院的老闆請求比徹的助理取消與他的約定，他說不允許比徹先生在這裡演講。

　　劇院裡滿是年輕的暴民，他們要圍攻他。這裡無疑將會有一場暴亂，這幢建築也有可能被毀。當時，比徹先生正在從紐約趕來的路上，當火車到達華盛頓時，他接到了代理人發來的電報，向他說明此時的情況，並建議他中止演講。而他只回應說：「我今晚將在里奇蒙舉行演講。」誰又知道他不僅只是一名偉大的演說家，他所擁有的能量更強勁？

　　他說：「當我登上舞臺時，我面對的是下面爆出的噓聲，不滿的叫喊聲和喝倒彩的聲音。從戲院樓下正廳到頂部，到處擠滿了各種階級的年輕男士，他們每五分鐘就會噓我並趕我下臺，我堅忍地等待著他們鬧到筋疲力盡。然後在一個比較安靜的時刻，我開始演講，當然，在我說出第一個字的時候，又爆發了新一輪巨大的噓聲。

　　「我預料到並也知道，這次演講是演講者和聽眾之間持久力較量的問題，只要他們能繼續我就能忍受。每當我開口說話的時候，這種情形就會重複三四次。不一會，他們厭煩了這種戲謔，除此之外，我想他們會有點好奇，想看看我將怎樣容忍這種對待。對此，我所採取的方式並沒有在他們的準備之中。當他們一聽我說話，我就開始講一個有趣的故事。兩分鐘後，一陣大笑充滿了整個戲院，那就足夠了。如果我能使令他們笑，那便取得了勝利。我知道從那刻起，那些年輕人將會笑或哭，就像我命令他們一樣。」

　　此時唯一的混亂，就是雷鳴般的喝采和掌聲。那些年輕人從未聽過這樣一位演講者演講，他的口才完全使他們狂熱。十分鐘後，他自己一個人把五千名敵人轉換成五千名朋友。在演講結束時，他們不想讓他停下來，這迫使他又繼續講了半個小時之久。數以百計的成功演講，他已經有這樣

的成績了。

　　如此徹底的掌控住聽眾是天賦嗎？「天賦是天才努力工作的結果。」一位有基本天賦的演說者必須從經歷中學習，如何出色地運用其口才。要用一則乏味的趣聞使聽眾發笑，它不是依靠直覺，而是依靠演講者長久的觀察力和經驗，這個經驗讓演講者知道，一則笑話在演講過程中什麼時候講效果更好。光令聽眾笑或哭是不夠的，演講者必須在正確的時間產生眼淚或笑聲，否則就失去了效果。有時，最有說服力的段落，是由有經驗的演講者不由自主說出來的。但更多的時候，是演講者們提前認真準備好的。

　　你應該料想得到，要成為一名偉大的演說家，你還有很長的路要走。如果你堅持不懈，那麼你早晚會成為一名偉大的演說家。對你來說，你要知道的是，要想取得公共演講的技巧，你可能要讓自己不受到其他干擾，並且你也許要養成這樣一個習慣：讓這一目標成為你所有計畫中最重要的一點。無論如何，這個目標都會對你有幫助和益處。接著，你會問，你將怎麼取得這個技巧呢？

　　首先，在公開場合，沒東西說就不要開口，內容總比方式更重要，和傳遞一樣重要。在政治會議上，你至少能說一些關於你知道的候選人的事。可是，除非在極其特別的情況下，你所說的話一般應該是能被贊同的話題，否則你就選擇保留不說。甚至可以說在政治上，你必須記住今天的敵人有可能成為明天的朋友。用傷人感情的言詞使論點更鮮明，是一種危險的行為。

　　無論在政治上或在其他集會上，你時常有機會說一些話。開始的時候，在你說話之前，你至少會有些和要說的內容有關的完善知識。精確的言語不需要依靠記憶，但是思想一定被你的大腦牢記。當你透過練習有進步時，要提前花點時間想出全部的演講，並且將它寫出來。最偉大的演說

家最大的成就，就是至少在提綱上幾乎總是盡最大的努力準備。「沒有善於即席演講的演講家這回事。」丹尼爾・韋伯斯特說，「重大場合不能賦予人靈感，我從來就沒有過這種情況。」慢慢地，你講話的時候，就會不斷地產生新的思想，你將會發現保留舊的思想很難。

關於公共演講，現代的觀念是它應該盡可能自然 —— 爭論激烈，辭藻卻不華麗。清楚的論據和簡潔明瞭的陳述，往往更有力。站在演講臺上，若總是把雙手放在前面、後面或者兩側，這樣會顯得太笨拙。手和手臂一定要用來強調你所說的詞語，不過要用得柔和。如果可以的話，一定要徹底地忘記你有手和腳，讓它們自然的受支配。要是動作幅度過於激烈，就要馬上停止。當你說到星星的時候，沒必要朝天看或者指著天，因為你的聽眾們都知道星星在哪裡；當你說到東邊或西邊的時候，不要把你的手臂想像成羅盤的指針；當你想要揮動手臂的時候，不要屈服於它。別做作地指向某個方向，那樣沒有意義。

我最反對的，就是從職業教師那裡學習演講方法，大多數情況下，這些教師都是退休的演員或者是曾經與舞臺有關的人。舞臺上的表演習慣，在他們身上已經根深蒂固了，儘管他們自己不願意這樣。把用在表演中會十分合適的表演風格，去用在公共演講者的身上，通常會變得十分可笑。不要從劇院那裡構思公共演講的方式，應該從那些你能接觸到的、最好的公共演講者的身上尋找方法。假使你有去劇院的習慣（我指的是最好的劇院），你會學到很多不確定的詞的發音。高級的劇院對發音這方面非常講究，最好的演員的發音幾乎總是可信的，因為為了避免懷疑，他們經常非常努力地研究發音。

發音對於一位公共演講者來說至關重要，因為發錯音會使他們難堪可笑，最好的演講者們都深知這一點。他們是如此的謹慎，以致他們所說出的詞的發音，總是被認為是準確無誤的。若遠離了大城市，人們就會很難

聽到準確的發音。如果你依靠那些你信賴的學者，一定要記住，那些學者們通常都有各自的獨特性。最好的詞典是不容易出錯的。在受過教育的人中使用的普遍發音標準，是唯一可信的嚮導。

同等重要的還有演講的清晰度。只有慢慢地講，你才會講得清晰。倘若沒有經過努力，那差不多就可以確定在演講的開始你不會慢慢講。一般的趨勢都是講得太快，你要盡量清晰地說出每個詞，使每個詞都被聽到。但要是講得過於緩慢，那麼對於聽眾來說也是很痛苦的，所以這個也要避免。在演講開始的時候，一定要努力地調整音量，去配合你所講的內容結構的大小。也就是說，不論是在大廳裡還是小房間裡，都不要低聲講話。有了經驗，你的音量就會自然而然地適應了。

你會發現這是個很好的方法，即假想大廳的後排座位上坐著一個外國人，他對語言這方面的知識不是很懂，除非你對他講的每個詞都講得很慢並且清晰，他才能聽得懂。然後就對他說，並且要讓他聽明白。倘若你對法語有一般的了解並且去巴黎走走，你會意識到日常的對話與準確清晰的公共演講中的不同之處。你會發現很難聽懂那些在大街上、商店裡和賓館裡遇到的那些人說的話，不過你要是去家好的劇院，演員們謹慎清晰的表述，會讓你很容易就聽懂每個詞。

大聲叫喊的演講者是被他們的膽怯所驅使，這正如讓瘸子去牽馬一樣。

—— 西塞羅

第二十四章　演說者的訓練

在講演方面，最大的藝術就是去隱藏藝術。

—— 斯威福特

斯邁爾說：「演講者經過了耐心的重複和多次的失望，已經知道了他們的祕密。這樣的演講者，眼睛裡閃爍著瞬時的光芒，嘴裡傾吐出如潮水般高貴的思想，因他們的靈感而驚訝不已，因他們的智慧和發現的真相而容光煥發。」查特費爾德說：「講演術是一種力量，它使人們說出冷靜而明智的觀點。講演術是一種危險的才能，不要相信任何人，因為沒有人能抵抗得住，要讓它為他們想得到的結果而服務的誘惑。真正的演講者比想像中的要少得多。」

布魯厄姆說：「講演術藝術的開始，是養成簡單講演的習慣。下一步就是漂亮的一步，即把這種簡單演講的風格，轉換成樸實的演講。儘管演講之前沒有寫出來，在簡單的演講習慣被接受之前，手是用得到的。然而在那之後，就不能寫得太多。與不假思索的演講對比，無疑那是耗時費力的。但是使講演術變得完美是有必要的，在任何程度上，養成良好的措辭習慣也是必要的。更進一步說，即使一個人到了生命的盡頭，他也必須一字一字地為自己的作品做好準備。」

對於演講者來說，即興演講是一項頂尖的工作。準備工作要到最後才能完成，也是他需要做的所有事情中最困難的。他要像學生那樣用心地學習，並要像演講者那樣準備，這兩件事不僅不同，而且是相互對立的。

—— 布林沃

演講中的第一條規則，是演講者必須以說服別人的身分出現，而且要單憑他個人的力量。

—— 斯威夫特

在演講中一定要避免矯揉造作；演講者最好用本土的口音、清晰的口才去表達自己，那樣要比使用聽起來懶散或學究氣的語言好得多。

—— 赫伯特勳爵

這樣的演講是沒有力量的：凱撒大帝依靠激起人們對他的敬畏來統治人民；西塞羅依靠引起人們的好感，並動搖人們的激情來統治人民。被演講者毀掉的演講，繼續影響著今天的人們。

—— 亨利‧克萊

演講的工作就是說服他人；你會深刻地感受到，取悅他人是說服的重要一步。所以，你一定會敏銳地察覺到它的益處：對於一個在公開場合講話的人來說，取悅他的聽眾和吸引他們的注意同樣重要。沒有這種能力，他的演講不會成功。他用純正的語音和正確的語法是不夠的，他還必須語言優美 —— 也就是說，他必須選擇最好、最具表現力的語言，還有最合適的語序；他也同樣可以使用適當的暗喻、明喻或其他修辭方法，來為他的演講增添光彩。如果可以的話，輕快詼諧的語氣也可以使他的演講生動有趣。

—— 切斯特菲爾德勳爵

年輕時的派翠克‧亨利（Patrick Henry），並沒有預示未來的他會有多麼的偉大。他很懶惰，並把大量的時間花費在垂釣、狩獵、拉小提琴上。十六歲時，他透過父親涉足貿易，但是因為懶惰、對音樂的狂熱，還有對狩獵的迷戀，很快就破產了。即便是一個商人，他還是繼續研究人類自然，但這不會影響到他對顧客的誠信和資力問題，反而會顧及他們的想法和觀點。

他透過不懈的努力，讓政治和其他主題被沒有受過教育的聽眾所理解。他成為了一名風格清晰明瞭的大師，用受歡迎的方式形成了一種思想上最好的傳播媒介。他也透過那些以說服為主題的演講受益匪淺，大多數的人都會被他所感染，他的那種構想和語言的結構，最適合去震撼鼓動他們的心靈。

—— 亨利·哈德威克

在第一次考驗派翠克·亨利能力的時候，一開始他十分尷尬，說話也支支吾吾的。人們對這種沒有希望的開端非常失望，並互相交換詭異的表情觀察著他，但這種種的感覺只持續了很短的時間。很快，他就給其他人一種完全不同的感覺。隨著思想的起伏，他容光煥發，整個人自然地表現自我。

從某種程度上來講，他的形象變得正直崇高。他的天賦喚醒了自身全部的能量。他的表情散發著一種從未有過的高貴與威嚴，每一位觀眾都感受到他眼神中的光芒。他的表現變得大膽、優美、威風凜凜；他的語調，更重要的是加強語氣，每一個聽過他演講的人都會說，那有一種特殊的吸引力和魔力，但又沒有人可以做出恰當的描述。在這種場合下，他可以使觀眾的血液快速流淌，最後連頭髮都豎起來。

—— 沃特

亨利先生年輕的時候不修邊幅，但在有閱歷、有影響力之後，他變得高貴優雅。他的外表總是可以給人極好的印象。他將近六尺高，身形偏瘦，雙肩有些彎曲，膚色晦暗蒼白。他自然的外表給人一種有思想、有穿透力的感覺。他的嗓音天生有力並富有磁性，再加上散發溫和光輝的藍眼睛，讓他的表達顯得更加迷人。他用極其豐富的肢體動作和語音語調，使他的演講賦予生氣。

—— 亨利·哈德威克

身為一名農夫，丹尼爾‧韋伯斯特在年少時並不是十分出色，特別是辦事沒有效率，他說父親曾為了讓他和別的孩子一樣，就把他送進一所大學。有一段時間丹尼爾被派去割草，可是他做的非常糟糕。他的鐮刀不是切入地面就是刮過草頂。他向父親抱怨鐮刀不好固定，雖然嘗試了各式各樣的方法，卻均以失敗告終。最終父親告訴他，他可以用一個適合自己的方法去掛鐮刀，因此他把鐮刀掛在了一棵樹上，然後說：「在這裡，它就掛直啦！」他父親笑了笑，告訴他：「就讓它掛在那裡吧！」

—— 亨利‧哈德威克

不同的演講者應當在年少時就注意這個事實，韋伯斯特對大眾演講強烈的反感，當他第一次在學校演講時，他感到十分的尷尬，甚至都要哭出來了。

—— 亨利‧哈德威克

狄摩西尼提出什麼是一名演講者的主要藝術。他的回答是：「情節。」「下一步是什麼？」「情節。」「再下一步是什麼呢？」「情節。」他說自己很清楚的知道，他天生就在得到認可這方面沒有優勢。一件奇怪的事情是，一部分表面膚淺沒有優點的演講者，竟然被放到了那些創業和口才無可挑剔的人之上。原因其實相當簡單，那就是人的本性大體上都是愚蠢多於明智，因此那些人類思想中愚蠢的部分更受人喜愛、更有說服力。

—— 培根

天才就是當他的雄辯能超越整個民族，而用作於一個人手中時，或許那些最醒目的證詞，就是這個人在其他人之上的優越感。

—— 阿姆懷特

口才就是人類最高能量的最主要起源。

—— 埃莫森

人們的意志在飛躍的進步中，需要一種把演說變成才能的本領，而人們的進步則展現在更迅速而且更絢麗的勝利中。演講者不必像詩人一樣，花大量令人厭煩的年月去等待收穫他們勞動的報酬。他的成功是瞬間發生的，人們認為他的成就如同閃電後的雷鳴。然而他的行動就只是組織句子。他的成功是從那些聽眾嘴唇中發出的贊同聲表現出來的。

站在一大群人前面，那些人有著形形色色的職業、角度、愛好和偏見，隨意的塑造了他們；在他們心間蕩漾，他們的思想就像一位鋼琴師敲動著琴鍵；透過合理的邏輯使他們信服；透過藝術的演講去控制他們的情緒；去看每一雙注視他面部的眼睛，還有每個聆聽從他嘴裡說出單字的耳朵；去聆聽每個階段結束後，如雷鳴般的掌聲；去認為所有這些是這一刻創造的，是瞬間從他那熊熊燃燒的大腦中踴躍出來的，和透過某個時刻的環境透露給他的；這或許是人類思想最最成功的一次。

—— 馬修斯

在我們國家，口才的成功比先前的那些時代要明顯得多。西元 1761 年的時候，詹姆斯‧奧蒂斯在波士頓的有名議會中，公開指責英國援助的書面命令，他的聽眾在他猛烈的演講狂潮中，無法抑制自己的憤怒。當演說結束後，我們聽說每一個聽他演講的人，都決定拿起武器去反對英國。

—— 馬修斯

我們擔心美國不只有一個諾維厄斯，他在國家立法機關、國會，甚至在議員席都有一席之地，施加壓力給國王；但是我們能因此得出結論，演講的研究作為一種藝術，應該被鼓勵嗎？恰恰相反。我們認為，這就是結論。

—— 馬修斯

我們希望不把事實強加於自身，演講者喋喋不休地講，如果有一個人願意 —— 在這個國家中，那就沒有多少演講者和雄辯了。這就是美國人被大眾演說者的言語淹沒的真正原因。—— 因為他們中的許多人，假定

他們從民眾論壇中脫離，這個演講提醒我們一件不愉快的事，那便是鸚鵡族的舌頭比整個身體都長。—— 我們應該注意並珍視演講學習的重要性。

—— 馬修斯

這是因為我們的年輕朋友沒有意識到，演講術是運動家的武器，那些智力發達、有道德的軟弱之人，從來沒有有效地操控使用過 —— 因為我們的大學有意讓這種觀點在我們中間流通，把一部分有效的時間投入於演說 —— 不少人都準備好要用很長的演說詞去折磨大眾。」

—— 馬修斯

讓他們意識並深刻感受到，天才最準確的特徵，是奇蹟般超負荷的勞動能力及以此作為必要性的強烈信仰；不經過對這門藝術的長期學習，就不會有人成為或能做到一個真正的演說家，它不僅要求堅持不懈的演講閱讀訓練，還有堅持不懈地培養記憶力、判斷力和幻想力；同時還要不停地集中腦力，運用文化、歷史和科學這些知識。沒有哲學，人類能夠控制風雨雷電，就像沒有哲學也可以運用口才的天賦。他們認真地訓練和準備，也就不會害怕在同伴面前高談闊論了。到目前為止，演說藝術和風格更像一種修養，空空如也的宣言會放任世界，反之則控制世界。透過提高品味和挑剔，去研究這種更高鑑賞水準的藝術，所以他們要求不斷地練習，而不是一味多說。

—— 馬修斯

很難評估演講家已對世界歷史影響到什麼程度，自從文明開始，拋開武力的勝利不算，至少舌頭也找到了自己的對手。不管文盲還是受教育者，沒有人會失去理智到被演講者的口才所迷倒，儘管演講影響了他們意識，卻不是影響意念和心智，就像是軍樂隊的鼓和喇叭，只能使人熱血沸騰而沒有其他功效一樣。

—— 馬修斯

走進英國國會和美國議會，去看看他們爭論的主題是什麼？很可能是關於路和橋的議案，一個關於不再用或者還是用銀來製作貨幣的議案，一個資助汽船或鐵路協會或者重建一條郵政路線的議案。把這些問題視如生死大事來討論的人，只能讓自己成為笑柄。

—— 馬修斯

現在，寫稿紙來演講導致了照讀的習慣。這是對演講者最為致命的傷害，極大限制了口才的提高。

—— 馬修斯

我們應該記住，政治舞臺提供了演講機會，在歷史過程中，這比其他形式更受大眾喜愛。在國會中受到束縛或者言論不自由，抑或被立法機關所蔑視，都是極大的挑戰。

—— 馬修斯

顯然演講需要推陳出新，它不同於舊的風格。因為想像力和熱情在現代的演講中，只占據從屬地位，而非主要地位。演講者不僅要對聽眾們的大腦，還要對他們的心靈演講。他們對於事實和邏輯運用得更多。他們強烈的感染力由根由、論證及熱情所組成，這個力量絕不會被削弱。

—— 馬修斯

在與文學相關的事情中，沒有比正確引用古典文學更高的成就了，在高等法院這樣的地方，這樣的引用不止合適，更是對辯論強而有力的支持，他們會指明語出自哪位學者，以增加自己的論據。

—— 維爾特

在很多情況下，我們會發現如詩人般的靈感或者畫家般的幻想，演說則是源於人類視野所不及的資源，其精髓是上帝賦予的，要是我們試圖抓住或者只透過形式來形容它，那都是徒勞的。

—— 馬修斯

　　西奧多帕克在回覆一位紳士，關於如何令人留下深刻印象中說到：「內心品格比外表更重要。對我來講，首先要有活躍的思維；其次，要有絕佳的狀態；最後，要善用具有號召力的模式。活躍的思維與一個人與生俱來的天賦、他所受的教育以及日常生活習慣有關。所有能令人留下深刻印象的演講者，都要有不錯的觀點。儘管有時光依靠感情也可以給人深刻的印象，不過這很快就會使人厭煩。只有出眾的思想才能被人敬佩。

第二十五章　有限的表達

　　揮舞你那有力的臂膀，迸發出無法征服的力量，拖動緩慢而遠行的駁
船，或推動快速行駛的汽車，或如大鵬展翅，帶著飛行的戰車掠過浮雲
山崗。

—— 伊拉斯莫·達爾文

　　許多年前，鐵路大亨凡德比爾特（Cornelius Vanderbilt）審時度勢，推
斷出即將到來的最偉大的商業是運輸業時，他以一個資本家敏銳的眼光去
尋求有利可圖的投資。當他作為鐵路公司的合夥人和總經理，開始這項偉
大事業的時候，他已經累積了足夠的資本使自己列為大公司之首。但是現
在，半個世紀後，交通運輸問題成為了每一位美國青年，都需要從不同的
立場看待的問題。

　　據西元 1987 年最新、最完整的鐵路數據顯示，當年在美國，各個階
層的鐵路雇員達到 823,476 人。這些人幾乎全都是男性，他們通常是家裡
的支柱，根據當時的慣例，一個家庭按五口人猜想，那麼，在那一年就有
超過 4 百萬的美國人，直接從鐵路薪資中得到供養。那意味著在整個國家
中，每 20 人至少有一個人在領鐵路薪資。當然，數目巨大的全部或者部
分依靠鐵路所得而生活的大大小小資本家，還沒有被考慮在內。

　　在全國，對於合適的年輕男性鐵路工作者的需求，用「持續」來形
容，那已經遠遠不夠了。目前的需求量從未到過頂峰，並且每天都在上
升。記住需要的是合適的年輕男性工作者。幾乎沒有其他職業像鐵路工作
這樣，對雇員的挑選如此嚴格謹慎。在任何行業中，被委以重任的，都是
那些被試用並且被證明有價值的人。不過，在鐵路行業中，每一個職位都

責任重大，沒有一項工作會讓一個不忠於職守的人去做，卻不會造成人員財產的巨大損失。

你可能注意到了，你很少會看到一個鐵路員工過量飲酒。實際上，你看到他們當中有人喝酒就是破例了，照規矩來講，這件事情斷然不被允許。你知道為什麼會出現這樣的情況嗎？因為他們也是普通人。在這麼多人當中，當然有一些能喝酒的人就會喝上兩口，這樣的人是不會在鐵路工作中待長久的。

喝酒的人會被開除，由不喝酒的人來頂替。沒有人敢把幾百條人命交到一個喝得醉醺醺、頭腦糊塗的人手裡。同樣，不忠於職守的人會被炒魷魚；總是不正常值勤，怠忽職守的不會留下來；不誠實的管理人員一經發現也會被辭退；存在僥倖心理，鋌而走險的工程師們也不會做得長久；對群眾缺少熱情的火車站站長也會迅速離開。正是這種對不合格雇員的不斷開除，才維持了對合適的年輕男性工作者的穩定需求。

若是你打算成為一名鐵路員工，那麼你在一開始最好就下定決心，成為一位合格的年輕人。在你毫不覺察的時候，實際上有人一直在監督你。以快遞員為例，他不得不像美國總統一樣一言一行都要小心謹慎。一旦他去了酒吧、賭場，進行股票投機，和一些聲名狼藉的人廝混，他所在部門的監管人差不多就會立刻知道。在這樣的職位上，一個喝酒、賭博，做投機買賣，與壞人交往的人是不能被信任的。每一個人，不論職位高低都會受到監督。如果你有所選擇的話，你可以把它稱之為諜報制度，在任何情況下，它都是一個非常必要的制度。在相當程度上，正是由於這種制度的實行，美國鐵路才得以順利營運。

在任何一家體制比較健全的鐵路公司裡，無時無刻都有眼睛監督發生的一切。在一些鐵路公司裡，監督的人是公司總裁，但不全是這樣。我有必要向你解釋一下，有一些鐵路公司，總裁完全地主宰一切，可是也有一

些人僅僅是掛名而已。在幾年之內，國內迅速出現了被稱之為「財團」的強大金融機構。財團中至少有一個金融機構，擁有幾家鐵路公司，幾家大型報業和許多其他商業公司。當一家鐵路公司為一個財團所有時，它的總裁就只是一個有名無實的領導者了。財團會指派它自己的負責人，這位負責人會嚴格按照指示行動。

　　有很多鐵路公司的下設機構，是大多數年輕人所不知道的，但是對於精明能幹的人來說，那裡是生財之地，賣票給旅客就是其中之一。讓一家大型鐵路公司派代理去向想買票的人兜售車票，你無疑會嘲笑這種想法，不過這種事每天都要發生一千次。如果你入住一家紐約的旅館，並無意中向服務生提及你要去加利福尼亞，那麼在這一天內將會有五六個代理人來拜訪你，勸說你選擇他們的路線，並提供一切可能吸引你的條件。你是說一個人應該知道他要走哪條路線？不，他十有八九不知道。通常，他只知道自己出發時要走哪條線。

　　讓我簡單地解釋一下。假設從紐約到芝加哥有四條線路，那麼旅行的第一站是哪個呢？這個時候鐵路公司不會派代理人，因為這時旅客肯定清楚他要從哪條線路出發。可是到了芝加哥，旅客還要繼續往西走的話，他就要在去奧馬哈市和去堪薩斯的兩條線路中選一條。從芝加哥到奧馬哈市和到堪薩斯各有四條直達線，在西部的終點站，每條鐵路都會和通往下一站的多條鐵路相連。紐約到舊金山的車票上，也許會顯示芝加哥西部二十多條不同線路中的任一條。會派遣代理的，就是這些西部鐵路公司，因為旅客們通常對這些不同的路線一無所知也無從選擇。而對於往東去的列車，情況則相反。每一家東部大型鐵路公司在西部城市都設有代理，這些代理做著同樣的事。

　　這裡面存在著巨大的貨運商機。一般的貨運行在各地都有分行，你是否覺得大型的鐵路公司，不會派專人去看守半噸重的貨物或一個大箱子

呢？它不僅會這麼做，而且在大多數情況下，當貨物都快要運走時，公司還會派一個人來守著。每件貨物都很大，值得去偷。每件貨物都被小心翼翼地運送著，就好像鐵路公司一年賺的不是 1,000 萬美元，而只有 10 美元似的。

任何一家劇團或娛樂公司，無論大小都會受到密切關注。例如，閃星聯合公司將要進行長途的巡演，第一站設在布法羅。「閃星聯合公司將於 12 月 12 日抵達布法羅，請務必留心守候。」這消息很快就傳到了布法羅總部，接下來看守這些貨物並遵照合約把它們運到下一站，就是布法羅的人的責任了。就這樣，要到各地巡演的公司，走遍全國各地都會受到看護，而所有的貨物也一樣會受到看護。我還曾見過鐵路公司的主管親自出馬招攬生意。

在西班牙戰爭時期，有時一次就會有五六輛鐵路總裁的私人汽車，停在華盛頓火車站，每一個總裁都希望用他們自己的鐵路線運輸部隊。

我所提到的這些行業中諸多不為人知的事情，旨在幫你認清一個事實，那就是鐵路運輸不是只需配備工人的火車和車站就夠了。鐵路工作種類繁多，無論你最適合哪個部門，無論你申請哪個部門的職位，記住，做好準備去任何地方，做任何工作。最優秀的人占據著最好的職位。開始時，不要期望過高，你的第一份在鐵路的工作，不會是特快鐵路公司的工程師。

「在沒有嘗試之前，沒有人知道自己能做什麼。」敘利亞作家西拉丁如是說。

第二十六章　鐵路工人

　　典型的鐵路工人一直在鐵路上工作；他不會彬彬有禮地出現在百老匯
大街上最顯眼的鐵路公司辦公室中，在那裡前窗玻璃上的每一個鎦金大
字，都比職員的休息室還要大。一般來說，他也不會是貨主或其馬車伕到
大車站接發貨物時所要交涉的人。事實上，這些人和其他在這個複雜的運
輸機器上工作的人，發揮的是助動的作用，他們滿懷著發端於工人主體的
集體主義感，但職責所在，他們感興趣與否已不再重要。甚至那些受僱
於車站卻在農村和大鄉鎮工作的雇員，也需要間接地分享他們的鐵路精
神，因為列車上的生活需要這種經驗，它展現了令年輕美國人著迷的真正
魅力。

—— 亞當斯

　　隨著貨運列車的數量逐漸增多，在多數鐵路線上，工程師、車掌、司
閘員和司爐工等貨運列車職員，是為數最多且最具代表性的階層；在這些
人當中，以司閘員居多，因為每輛火車上有兩名或多名司閘員，而其他車
務人員則是一車一人。但是，客運列車的車務人員通常招自於貨運列車，
故而，貨運列車的司閘員不僅在自己的社交圈中表現出強烈的個性，在整
個列車服務中也不例外。客運車掌會被提拔為司閘員，大多數（儘管不是
全部）被提拔為貨運車掌；故而，司閘員突出的性格特徵，透過幾個服務
等級得以繼續表現。

——《美國鐵路》

　　在過去的二十年裡，貨運列車車務人員的服務品質發生了巨大的轉
變。酒鬼連同小偷一起被清除了。改善後的紀律作風帶來了效益，也顯然

提升了車務人員的道德水準。幾年前，一位改革督導在進行大刀闊斧的改革時，發現他不得不解僱近3/5的司閘員，這樣鐵路運輸才會少些吵鬧聲。

—— 亞當斯

司閘員混跡於排程室和其他休息之所，這表明了他們這類人的態度。如果他邪惡、愛挑剔、尖酸，那麼他很容易傳播這些不良影響。一個懶惰的司閘員只會更懶，因為他的工作在很多方面都相當簡單。本來沒有多少事可做，他對自己的要求也不高。因為無人約束，那些滿嘴髒話的人得以放任自己。除了原罪這一問題，言行失敬這一弊病在這一團體中的泛濫，同樣阻礙著有志於升入上層社會的個人實現其抱負，可能這一弊病的泛濫，是對司閘員這一階層名譽最大的傷害。

然而，他們中有許多值得注意的人，尤其是乘務員和司機員，他們在自己常去的地方做許多事情來調節說話氣氛。在秩序較好的路段上，說話正派得體是規則制度，吵鬧無秩序則被摒除在外。

—— 《美國鐵路》

司閘員發明了行話，這些行話或許對調劑守車、車庫中的談話極為必要。他們稱碩石列車為「灰塵快車」，用「風的擠壓」指代壓縮空氣獲取能量的泵，鍋爐工的平凡工作因被詩意地說成是「處理黑色鑽石」而富有光彩，職員因失職被叫到主管辦公室的難堪，被描述成 「在地毯上跳舞」。

—— 《美國鐵路》

另一件辛苦勞累，偶爾又會遇到危險的特色工作是「返回去替別的火車打旗號」。當火車在路上突然停車時，火車尾部的司閘員必須馬上拿著紅色的旗子或提燈，向回走半英里或更遠的距離，給可能跟隨上來的司機員一個停車的標誌。甚至在西北有暴風雪的區域 —— 暴露在戶外半小時，都會是致命傷害的地方，鐵路執行系統也仍然如此，即火車在一個意想不到的地方停車，要是司閘員無法立即返回並待在那個地方，就會有火車相撞的危險。

—— 《美國鐵路》

任何司閘員因車廂翻倒或是與別的列車相撞，以及其他百餘種情況致人死亡的責任是十分巨大的。但是，若把這些危險和不幸分到眾多管區及個人身上，一個司閘員的平凡生活就不會因這些事情被擾亂，這能讓他們喜歡自己的工作，或者是適應了自己的工作想要繼續做下去。

—— 《美國鐵路》

客車上的司閘員和火車上的車掌是不同的，其不同之處在於司閘員必須處理好和大眾的關係，因此他必須注重自己的個人儀表和行為。兩者的不同之處還在於，他不再是做一個司閘員的工作，全能的空氣制動會減輕他在鐵路路上的工作負擔。即使這些精明的美國司閘員注意到，需要增進與車掌之間的感情，可是為了維護自尊，無論如何他們也不會如同英國鐵路上的車掌那樣，表現得像是恭順的男服務員。

—— 《美國鐵路》

火車車掌僅僅是等級高一點的司閘員，他的工作幾乎完全是監督或辦公室裡的工作，在工作多年之後，他在行為舉止上變得更加嚴肅認真、精通業務，他的職責足以影響這種改變。不過，他通常會對成為其屬下的舊同事保持親和力。車掌的工作是做好火車、時間及車次的紀錄，以確保在需要時調整火車執行速度並且做好值班工作。

—— 亞當斯

不規則的時間對健康不利。工作人員駕駛火車時，如果每天有四十名工作人員和四十輛火車，那麼每名工作人員幾乎在每天的同一時間發車。但若是星期一有四十輛火車，星期二有三十輛，星期三有五十輛，那麼出發時間就會變得不規則。十名工作人員在星期一無事可做，然而在星期二、星期三、星期四就得做雙倍的工作。第一趟車在白天行駛，可能其餘的車全部是在夜間行駛，這種不規則是常態的。你在星期一早晨無法確定星期三的一趟車會在哪裡。車掌不得不登上龐大的晚餐盒 —— 火車，他

的妻子或情婦對他的行蹤所知甚少，甚至如果他在鯨魚船裡，她們對其行蹤還知道得多一些。

——《美國鐵路》

鐵路就如同人類，有暫時停靠的地方和終點站，但是火車可以返程，這一點不像人生。

——恩德

鐵路需要清除路障，這樣列車才能安全通行，這就像在人生旅途中，若是我們想要快樂、平靜地長久生活，就要無愧於自己的良心。

——詹姆士‧埃里斯

一名火車司機員必須是一個技術還算不錯的機械師

　　——當然，技術更好也不為過。他要擁有在緊急情況下依然保持冷靜的膽量，當前方有危險時，通常司機員只有一件事情可做，那就是盡可能快地停車：立即關閉發動機並煞車。

很多火車都必須調轉車頭，但在這種情況下，所有火車都得緊急煞車。實際上，在任何情況下，熟練的司機員都會這麼做，並且只要一秒鐘就足夠了。操作完這些步驟，司機員除了注意自己的安全就沒有事情能做了。

——《美國鐵路》

超過 1/40 的人都投入到了鐵路工作中。被稱作是「鐵路大王」的這些人生不逢時，不是幸運兒；命運把他們創造出來，以解開使人困惑的小結，卑鄙的小人自私地繫起這些小結，希望能夠阻止移民和交通的浪潮。

——賈斯汀‧富爾頓

山姆‧霍巴特掌握力量並相信力量。就像亞伯拉罕‧林肯一樣，他十分崇敬螺旋鑽，不管是能鑽孔的，不能鑽孔的，還是自己用不著的。在他的心裡、家裡和火車頭中，絲毫沒有裝飾品的容身之地。他體格健壯，身

形高大，胸膛寬闊，四肢發達，脖頸粗壯，頭部大小適中，而他的聲音時而洪如雷鳴，時而又像小孩子一樣輕柔、悅耳；他有藍色的大眼睛，赤褐色的頭髮，他上唇的鬍子剃掉了，又長又飄逸的紅色鬍鬚則在上唇之下。他的腳步如巨人一樣強悍，意志如暴君一樣堅強，然而，對於他所愛的人或事，內心卻會像女人一般柔軟。

—— 賈斯汀・富爾頓

若是沒有消除一直籠罩著火車司機員和鍋爐工的陰雲，很可能使他們遭遇不可避免的障礙，這一障礙會令他們別無選擇只有跳車逃命。在這個司機員本應該挺身而出的關鍵時刻，他們沒有機會選擇是去當英雄還是懦夫。他們的英雄主義必定會表現在冷靜的忠誠上，就是帶著這種忠誠，他們才得以日復一日、年復一年地，履行費力又單調的職責，這時，他們總能知道及將要發生的事。

—— 《美國鐵路》

在所有發生在鐵路員工身上的事故中，數量最多的是由幫車廂掛掛鉤和解掛鉤引起的。西元 1888 年，在麻薩諸塞州，死於鐵路事故的鐵路員工達到了 391 人。在這些喪生者中，有 154 人是死於替車廂掛掛鉤的。慶幸的是，這個階層的事故雖然多，但是按比例來說，還不是致命的。到目前為止，大多數受害者都是手有殘疾。不過這些事故發生得太頻繁，以致引發了不少討論、立法和發明。

—— 普羅特

與鐵路經營的主要責任，可以分成如下幾條：(1)對財產的保護(2)對貨車的操作(3)生產成本和招攬生意(4)徵集收入和記錄統計數字(5)對收入的看管與支出。在以上提到的五部分責任裡，前四項通常是委託給總經理或是副董事長承擔。第五項責任由財務主管負責，他直接向董事長報告情況。

　　董事長管理下的一些特殊部門，都是由訓練有素的專家來領導的。鐵路負責人或總技師負責維修鐵軌、橋梁和房屋；機械主管負責製造、維修鐵路上的各種車輛；運輸負責人制定所有的時間表，並負責火車執行的所有情況；火車車廂的會計師記錄所有火車車廂的位置、行蹤和執行情況；交通經理負責調整乘客與貨物間的比例和招攬生意；審計員負責所有的簿記工作，公司的收入都是由簿記來解釋的；所有的統計數字，都在審計員的辦公室裡準備就緒。出納員從財務主管那裡拿到錢，在審計員的指導下，將錢支出，用於支付鐵路執行的所有費用。在總裁和董事長的指導下，所有的紅利和利息支付款項，都是由財務主管計算的。

—— 亞歷山大

　　鐵路營運所使用、消耗的東西數量巨大，種類繁多，以致將所有要買的貨物都集中到一個採購代理商那裡，是衡量節儉的一個標準，而不是允許各個部門自行採購。這個代理商只是研究商品價格和市場情況，而不用做其他工作。當為鐵路爭取到最低的商品價格時，他也為自己贏得了榮譽。同時，大量的貨物又能使他得到價格與商品間的黃金比例。最後，但並非最不重要的是，如果有些漏洞讓代理商的不忠有可乘之機，更有把握的做法是集中責任而不是分散它。

—— 亞歷山大

　　公司為窮人提供了機會，要是沒有公司，他不可能分得只向大規模資本開放的收益。有了這個機會，在 4 個人中每人貢獻 4 美金，那麼完全可以敵得過一位百萬富翁了。它的大門永遠向希望能分享其優厚待遇和鉅額財富的有志之士敞開，而且根據公司組織管理方式和意圖，每個人都有機會平等地參與公司事務的討論決策。這是有史以來最大的、亦是最民主的反貧困組織。

—— 亞歷山大

以前每條鐵路線都各自用自己的車，他們運輸的貨物會在鐵路結合處轉運。這一過程會延誤貨物運輸，還會導致支出增加，所以一般情況下，現在鐵路部門會允許載物汽車直達目的地，而無需再進行轉運，並相互繳納一定的費用，一般是每英里 0.75 鎊。通常這指的是汽車在本地以外地區的公路上，行駛一英里所需要繳納的費用。這涉及到大量車輛的集散，還需要一個大規模組織，以時刻記錄車輛位置和公司之間收益的帳目。

——《美國鐵路》

客車上的乘務員這一職位，在很多方面可以說是鐵路部門中最難應付的職務。身為乘務員，應該是一個一流的貨物梳理員，此外還應該是一位舉止文雅的紳士。當在貨車上做了長時間的學徒後，他極有可能沒學會作為客車上的乘務員時，該怎樣滿足乘客的額外需要。當貨車上的乘務員時，他可能會動作笨拙、舉止粗魯，但他仍能較好的做好自己的本職工作；現在他發現有必要長期學習，怎樣應對在客車上遇到的、不同年齡層乘客的需求。現在必須以一種自覺、自動、無意識的方式去管理火車，因為他的腦子裡只想著去照顧乘客和收集車票。他還必須精通算數、記帳和理財。

——《美國鐵路》

「車站經紀人」這個術語，實際的意思是一個負責中小型車站的人。當其中一人被提升去負責管理大型的城市車站時，不管是運貨車站還是載人車站，實際上他已經成為了一名地方主管，這時他的職責大致包括員工管理，他們都應該各盡其職、各司其能，就像經紀人自己一樣。小型車站的經紀人職責廣泛，包括賣票、記帳和收錢。通常來說，他還得是個電報操作員，而且必須身強體壯。

——《美國鐵路》

對於所有國家來說，他們建立的帝國都是令人稱奇的，因為無論是巨浪席捲還是狂風怒吼，他們的船隻還是會出航。

——《美國鐵路》

第二十七章　排水孔

　　由於美國有很長的海岸線，不僅是大西洋和太平洋之間，還有墨西哥灣和五大湖之間的海岸線，所以美國不會缺乏為商務海軍提供貨輪所需要的原材料。海岸線養育了海員們。對於內陸地區的年輕人來說，懷有出海的願望相對來說是比較不尋常的。有時候，讀關於海洋的書籍讓他們有了這種願望；但是當這種願望實現，他們到達沿海地區時，卻處在一種劣勢之中，因為對於海洋和航行他們一無所知。

　　而當港口城鎮的孩子第一次上船時，他幾乎就已經是個海員了。從他在和緩的河流裡駕駛獨木舟開始，就一躍而起用了單桅縱帆船。他所聽到的談話基本上都是關於船舶、海洋和天氣的。他的父親或是好朋友的父親，總是要出海巡遊或是才剛按預計的日期回家。鯖魚的尾鰭和鮭魚的尾巴，這些他通通都知道，他還能預測天氣。在家裡他想當海員的願望是不會受到反對的，因為在港口城鎮，甲板的某些地方生來就是年輕男孩的地盤。

　　所有了解和熱愛海鹽氣息的美國年輕人，都有理由記住西元 1898 年。緬因號戰艦被毀，對於各個公海上飄揚的星條旗來說，無疑是個悲傷的訊號。我們的商務海軍陸戰隊已經安穩舒適地睡了五十年，在哈瓦那港口傳來的這一噩耗驚醒了他們。自從內戰以來，美國海軍就已經引起了全國的注意。沒有哪個美國小學生不會畫一幅清晰明瞭的奧勒岡號戰艦的圖；一提到馬里拉戰役中的杜威准將、聖地牙哥戰役中的桑普森少將和施萊准將、霍布森或者是溫萊特中將，相信從班戈到洛杉磯，沒有哪個觀眾不會高聲尖叫，美國海軍瞬間成為美國人心目中最可愛的人。

隨著美國占領菲律賓群島、威奇群島和波多黎各，並將古巴置於美國保護之下，這個國家的對外貿易一定是飛速發展，美國商船數量也急遽增加。馬尼拉距離中國只有六百英里，在那裡有著沒有邊際的貿易機會。

西元 1896 年 7 月 1 號，財政年剛開始的時候，在這相應的九個月裡，他們造了 460 艘巨輪，有 125,035 的噸位。西元 1899 年造的新船中，很多是用於航行貿易，但是也有相當數量的鋼製蒸汽船，用於與西印度和夏威夷貿易。這些巨輪中的 12 艘，是以海軍上尉杜威命名，6 艘以海軍少將桑普森命名，2 艘以海軍少將施萊命名，1 艘以少尉華斯巴格利命名，1 艘以船長鮑比埃文斯命名，2 艘以將軍惠樂命名，還有一艘是以李菲茨休命名。有三艘是奧勒岡州的，一艘是瓦洛的，兩艘是奧林匹亞的，一艘是李夫瑞德的，還有兩艘是馬尼拉的。

這些都顯示了美國造船的直線上升，這甚至超過了新殖民國家開拓新貿易的狀態；相應的，美國年輕船員的需求也急遽增加。在西元 1898 年，有 21,174 艘美國巨輪加入對外貿易和殖民貿易。而現在，每年都會增加 1,000 多艘的數量。可問題不是有沒有這方面的需求，而是這些孩子和年輕船員，能不能在他們的工作和價值取向上正確取捨。

這些年輕的海港居民，不太需要準備在海邊生活的指令。他知道剛開始時，每一位船長的熟人都會抱怨生活困苦和薪水太少，分離時間長了，家人和朋友都更希望他們至少去從事一些其他的商業。但是這並不能阻止他們，因為他們對船和海水都已經熟悉了。不論是作為一位船員還是船長，也不論他是否到了合適的年齡，他都會找到自己的路，他用痛苦尋找導航的科學之法，最後，變成自己的隊友或者是船長。

帶著童年對航海的有關知識，不久後發現，他還有很多要學的，這些都是關於航海的。和他的先人們一樣，這些年輕的美國人通常不喜歡終生

航海。他有更高的理想，按照以前的經驗，他簡單的把船長的證書看成是作為船長的敲門磚。保持開闊的眼界，慢慢的他會懂的，想要指導好他的船，他還有很多事情需要學習。

讓我們想像一下，他的船是一艘通往西印度的遠洋蒸汽船，然而些微錯誤的估算就會與礁石相撞，但是用小錨就可以脫離觸礁的危險。外國的航員多次看到這種做法時，他們甚至都不會對船長必須這麼做有任何想法。他們知道船長如何判斷船是不是漏水，為什麼他在船頭、船中央和船尾聽聲音，為什麼他放低一隻小船來收起小錨，還有為什麼把錨的纜繩放到蒸汽絞車裡。

聰明的美國船員，他們具有學習商業和提高條件的慧眼，他們看到了 —— 船雖然不漏水也沒有明顯的損壞，他們會立即向最近的港口停靠，那個港口會有他們的國旗和領事。為什麼是這樣？他向一位官員詢問，然後得到了這樣的回答：當一艘船停靠時，不管是多麼輕微的損壞，如果不讓董事會調查就認定適航的話是不合法的。這激發了他的興趣，當船靠港的時候，他保持高度清醒。他發現船長的第一步是向船主發電報說明情況，然後向官員詢問。一些輕微的事故，都可能會改變整個航行的時程。

接下來，船長會向領事拿一張表格填寫，說明一下船在此停靠過，然後請求航行。難道船長不知道船是否適航嗎？他當然知道，只是船停靠後，直到經過檢查和宣告安全以前，所有船的合約都無效。除非船長遵守法律條文，否則船和貨物都不再有任何保險。他看到領事允許船長和其他三名船員留在海港調查，他看到他們上船調查船的裡裡外外，然後發動發動機，如果必要的話，他們會讓人調查船底。

他的同伴告訴他，船已適合出海，可以隨時返回航線上。透過細心觀察和詢問一些問題，他掌握了幾乎所有的航海知識。除了千分之一的事件之外，每件事都需要船長知道該怎麼做！

　　一些遠離沿海生活的年輕人，可能對大海有一種渴望，他們可能想知道，在沒有沿海男孩優勢的條件下，怎樣才能實現他們的目標以及開始航海生活。如果他下定決心要做的話，他總是能夠成功。但是做這件事的方法有正誤之分，不單單是小男孩，就算是一個年輕人，他同樣也應該在這件事上給予父母足夠的信心，而且向他們尋求建議。從內陸到沿海生活的轉變，幾乎等同於進入另外一個世界。倘若你對此有所渴望，那麼請先坐下來，閱讀達納的《航海兩年》這本書。在你沒有閱讀過這本書之前，不要採取任何行動。這是一個受過訓練的年輕人對其經歷的描述，他曾在帆船上當了兩年的普通海員。

　　當你閱讀這本書的時候，就如同你所看到的一樣，達納的家庭在波士頓有足夠的影響力，直接影響到一條大型帆船航線的所有者，而且還讓他擁有了一份水手的職業。有足夠的影響力當然是最好的辦法，若你的父母不認識這樣的人，仍然有方法達到目標。他們認識一些批發商，經常從他們那裡購物，在爸媽的請求下，其中的一個名商人，可能會介紹一個與之有貿易往來的批發商給你。反過來，這個批發商會給你介紹一些航運公司。

　　可是你沒有必要像達納一樣做出英勇的一步，即：從和恩角出發到加州，然後又返回，進行一次長途航行。他選擇的是帆船航行，你也應該這樣，因為透過汽船，水手很難學到航海技術。你嘗試航行應該選擇海岸航行，這樣你就不需要長期在一份你可能不喜歡的事業上當學徒。海岸航行並不缺乏，船上總會有舖位。有一些支持遠程航行的觀點，可能會很快被提出，其中一個就是一旦開始便不要撒手。要是你沒有下定決心應對一切的困難，就不要進行航海事業。

　　然而你怎樣在思想上做好準備呢？你最起碼應該擁有良好的學校教育。沒有良好的學校教育是絕對不行的；擁有除了良好教育之外的條件當

然更好。沒有良好的教育不要去航海。當你想做一名水手時，你的學校生活就已經結束。而且你不會甘心一輩子都做一個二等水兵，你的雄心應該是成為一名船長，而且你必須知道，當你達到這個職位時，你不能由於無知而使自己丟臉。

　　生活中，有一些特殊的訓練會慢慢出現。學習航海技術的最佳地點是在船上，即透過實踐。在一些學校裡，你會學習理論性的知識，但是沒有任何一所學校趕得上船上實踐。在船上你能每天練習，在第一次短途航行之中，你大部分的時間都用於掌握適應海上生活的本領。如果你留心的話，你每天甚至每一分鐘都會有所得。任何你在海岸上學到的理論知識，一開始都無法讓你勝任船上更高的職位。一旦你知道一個水手的職責，你就會了解關於海和船的知識，大量的航海知識對你來說是重要的。當你掌握了實踐環節，你的未來大部分已掌握在自己的手中。你可以一輩子當一名水手，也可以透過學習和觀察來讓自己勝任船長的職責。

　　你知道海軍的晉升制度嗎？根據法律規定，每艘船上至少要有兩名航海軍官，也就是能夠透過儀器觀察日月星辰，來替船定位的人。而我們要如何提升到船長、大副與二副這樣的職位呢？任何有能力的、擁有大量航海知識的人，會先去政府部門申請二副資格。倘若他順利通過考試，他就能得到證件。在做一段時間的二副後，他會申請大副資格。這種考試難一些。然後，一段時間後，他可能會申請船長資格。當然，這等考試是最難的。然而，不要以為擁有船長資格就可以當船長了。許多有商船船長資格證書的人，在成為一位技術高超的能手之前，都要先當二副航行數十年。

　　在第一次短期航海之後，我們有足夠的時間去學習航海技術，那時候你將會有一些更好的想法。從一個基本的工作開始做起，你能學會用羅盤使帆船順風轉向，這是航海家的入門課。當你的師傅和你的同伴，看見你在試著練習的時候，他們都會很想讓你展示一下的。在短期的時間裡你就

會發現，那只是航海的一小部分，但那卻是一個重要的開始。何況它也是一門很相當有趣的學科。

如果想徹底地精通它，你必須親自學習如何駕駛船和汽船。目前，在我們美船上的海員有一部分是外國人，因為外國人對他們為數不多的薪資還算滿意，可是美國人卻不願意接受。那些外國海員通常教育程度不高，幾乎沒有改善生活條件的志向，只有一小部分人會努力前進。

不管從事什麼職業，存錢對年輕人來說至關重要。對於這份職業，要是有人想爬到高職，這就成了很重要的事情。船長的報酬不高，大西洋彼岸班機船長的報酬更是低得可笑，因為他們的報酬根本不成比例。船長最好的機會在於成為船隻的部分所有者，部分所有權使他更小心其生意是否能成功。就像普通的海員和大部分人一樣，船長也必須學會邊工作邊節省。

橡木的中心是我們的船隻，船隻的中心是我們的人。

—— 大衛‧蓋立科

第二十八章　船桅的前後

　　流浪者和岸上環保的支持者，將告訴你這一切所蘊含的詩意，隨著這些轉變，那些塗柏油褲子的人，將會告訴你在故事和歌曲中的輪船，已摧毀了真正的海員。但是這僅僅是劇裡胡說的，現代海底生活的要求，已經加重了水手的責任，同時，在某種措施上，專業上的成就要求，要比以前的更深、更寬、更高。

—— 凱利

　　一等船的每一隊管理人員，都要由 12 ～ 15 人組成，而且這些人都要當過水手。當然，大部分也只是掛個虛名。全體船員，包括船長，在每次航行前都要在船上工作，包括在英國貿易部的航務監督官面前簽署協定。

—— 凱利

　　要成為二副必須能夠閱讀，能夠透過簡單的算術規則進行粗略地運算，這對順利完成一天的工作是十分必要的。

—— 珍妮・泰勒

　　因為現在有航海保險法律的存在，這就給那些粗心大意的人和騙子很好的保障。船主不僅可以為毀壞的船隻得到賠償，還可以從中得到利潤。如果船主要運一批貨物，他會為貨物投保，也會為貨物利潤的 10% 投保。所以要是有什麼損失，他會得到全部的賠償。若是他的船隻沒了，船員拿不到薪資，他也可以逃避所有的稅費。所以法律應該改變一下，要讓那些船長為他們的船員和船員的家人做更多的善後工作，因為是船長讓那些人上了一條不適宜航行的船。

—— 理查・鮑

船員需要通過航行測試，才能得到 A、B 等級。根據他所得的「優」、「良」和「及格」的數量，獲得一級或二級資格。測試包括下面的內容：疊帆、收帆、操控船舵、壓鉛絲、打結和解結、上下移動桅帆、纏繞繩索、在強風下向前和向後航行、拋錨及纜繩、錶盤和指標、牽引硬槳。

——理查·鮑

當二副已經一年的理查·鮑再一次步入學校，參加大副資格考試，死記硬背對他來說是完全必要的，因為他沒有接受過智力的訓練，除了記憶可以信賴外，他無一技之長。當他被選做船長時，也是用的同樣的方法。

——理查·鮑

如果美國船主能對他們的船員多一些寬容少一些苛刻，如果他們對船上的人的生命，及他們送到海上的那些漂流的棺材少一些貪婪多一些關心，那麼那些船長和夥計對航行的制約法律就會更加熟悉，對那些不幸的海員就會少一些殘忍，這樣我的目標就達到了。

——格雷·朱瑞

許多人在小時候就夢想自己長大後要成為水手。一般的文學小說都是由這樣的人寫成，他們從來沒有去過大海，也不了解海員，他們被水手那理想化的、具有傳奇色彩的生活所吸引，卻不清楚其中的痛苦。倘若這種作品的作者碰巧是一位做過水手的人，比如說馬瑞特船長，他展示了船上生活的可笑部分，避開了那些令人擔心的部分，困難都被順利化解，這樣會讓他的男性青年讀者，以為水手的生活是有趣的、嬉戲的、歡樂的，並且可以了解許多遠方地域的知識。

——格雷·朱瑞

從以航海為業的人的經歷，以及我的個人知識來說，我可以勸誡年輕讀者，並且讓他們相信，水手的生活並不是他們所想像的樣子，讓他們相信一個成為水手的孩子，其處境是特別不幸的。不管孩子的出身如何，或

者他以前受的教育及生活行為是什麼樣的，當他同意在桅桿前工作，選定水手當成職業時，他必須與所有安逸的家庭生活告別 —— 包括他的父親、母親、親戚和朋友；包括教育、禮儀和講究；以及宗教和良好社會的約束，兄弟般的愛和姊妹間的影響 —— 而變得真正獨立。

—— 格雷・朱瑞

在他的同船船員之中，他體會不到這些東西，即使能體會得到，一般說來，對船上的高級船員來說也是極少的。他很快就會發現，自己必須要侍奉至少兩名船長 —— 船長和船長的助手，這兩個人冷酷無情地榨取他們的錢財。他被命令做最乏味的雜務，比如用黑鞋油和油脂將船員們的靴子擦亮，洗船員們的衣服，替桅桿加潤滑脂，打掃擦洗船員們的房間，拖洗甲板，以及其他更討厭的事情。我不把這些工作列入那些低劣之事的清單中，而是把它們與那些浪漫的、讓人充滿期望的、能讓許多孩子選擇水手生活的事物進行對比。然而在完成這些討厭的工作之後，他所得到的不是感謝和仁慈的對待，而是咒罵、打擊和帶有侮辱性和詆毀性的話語。

—— 格雷・朱瑞

許多勇敢的水手環遊過世界，卻從來沒有真正享受過這個過程。

—— 羅賓斯

你可以和喝了雪利酒的補鞋匠一樣，把他塑造成一名製鞋工人，而不再是一個穿了防水衣服的蹩腳水手，或者其他有水手資格的人。

—— 安國特

一名水手有許多優良品格，這種品格讓我們允許他們偶爾做出出格的行為 —— 他的率直、良好的本性、驚人的勇氣及對自己國家的依依不捨，都是我們所倚重的。

—— 莫睿智

一個窮人出海的原因，是因為他需要機會讓家庭能夠富裕，但若是一個手頭富裕的，或者對航海抱有浪漫幻想的人出海，那麼他就是一個傻子。如果某個船員被送到船上，並且成為船長，那麼他就成了真正被選派為享受孤獨監禁的人了。

—— 馬瑞特船長

在海上面對著無數的誘惑，會讓你做出更深層次的思考及觀察，這些誘惑是人們平時最為敬畏的東西 —— 浩瀚的宇宙和無垠的海洋，頻繁地出現在能看見的範圍內，每天都在做祈禱，每天都可以感受到上帝的氣息，這些是對生活信念的堅定。這在相當程度上為那些虔誠的水手提供了一些優勢，使他們可以比在岸上擁有更多的思考。

—— 牛頓

一個人想完全被束縛，就應該設法獲得一個女人和一艘船。只有這兩樣東西會產生更多的麻煩 —— 如果你無意中開始欺騙她們，她們絕對會給你顏色看的。

—— 普勞圖斯

讚美海洋，但是卻留在了陸地上。

—— 喬治・赫伯特

他會學習祈禱，然後讓上帝保佑他出海。

—— 喬治・赫伯特

根據古老的法則，倖存的海員要檢查死難者的箱子，保證剩餘的東西可以歸還給死難者的家屬，也要確保他們的情書不要落入船長手中，以免引起家裡妻子的麻煩。每一樣東西都要收好，有時也會根據不同的情況，將之留在船上使用。為了撫平後繼者的情緒，通常會在船艙的門上刻著「太晚了」這樣的字眼，然後一起唱：「我們四人共享一片牛肉，其實還不夠兩個人吃；感謝主，我們的人數並不多；天佑吾主。」

—— 戴維斯

那些運動用品商提供給船員們的東西還是很有意思的：吊床、床鋪、枕墊，這些枕墊品質相當不錯，就算是品味高的桑博人，也願意在上面靠一靠；還有羊毛襪子、靴子，有黑的和黃的，好像永遠都無法穿壞；布料的褲子、帆布的褲子和油布的褲子；格子花布的襯衫，藍色的或灰色的、帶斑馬條紋的運動衫；各式各樣的羊毛圍巾；黑色的領帶；看起來像紅色的和黃色花朵的一大堆手帕，帶許多口袋的黑緞子馬甲；帶骨頭或金屬鈕的上衣，像馬伕的袖子，厚毛呢外套和粗棉布工作服，油布和防水衣；草帽，毛皮帽子，蘇格蘭的無邊女帽，鍋子和金屬小杯，閃閃發光就像拋光的銀一般。

—— 理查·羅

在這個社會裡，船員的妻子和孩子屬於一個不幸的階級。一般人每週都會得到一些薪資，他們的妻子可以從中拿一些家用，但是這些錢是遠遠不夠的。這些入不敷出的女人只能眼巴巴地看著自己的老公，在酒館裡像海綿吸水那樣豪飲，這個景象異常淒涼。而那些船員的妻子，是連這麼一點點家用都拿不到的，只能依靠自己辛苦的工作來賺取。她們老公效力的船主，通常連她們老公一半的薪資都不願意給；或者只是找一些簡單的藉口拒絕；或者是這些船員出海剛剛歸來，卻又有一項任務在等著他們，讓他們不得不再次啟航。他們沒什麼機會為家裡盡一點義務，也沒機會給家裡一點家用。

—— 理查·羅

船員的居住條件和吃的東西一樣，有著很大的不同。通常來說，感覺到差就已經是最好的了，儘管船艙看起來似乎非常舒適，如果要求不高的話，也馬馬虎虎過得去。

—— 理查·羅

無論是誰，只要他控制了大海，就控制了貿易；只要控制了全世界的貿易，就控制了全世界的財富，也就是控制了世界本身。

—— 華特·羅利爵士

　　翻滾咆哮，你這深藍的大海，翻滾咆哮！就算是有千萬艦隊，也必然葬身於你的腹中！人類總是用毀滅在地球上烙下印記，不過這些毀滅止於海岸！在這茫茫的海上，所有的沉船都是你的豐功偉業，人類的破壞消失殆盡！就像一滴雨的飛逝！人類沒入了你的深處，只剩氣泡，沒有墳墓，蹤跡皆無！

—— 拜倫

　　我永遠不會待在無聊寂靜、波瀾不驚的海岸邊，我對於這偉大的深海是越來越愛了。

—— 布萊恩·普羅克特

　　還有一件事情要提一下，在船上有時候會失掉人類的體面。傑克對於這些事情不太注意 —— 他已經習慣於此，還是用幾百年前的那種粗魯的行為行事，可是這實在讓人不舒服。要是一名海員不希望自己像個猴子一樣地行事，他必須時刻以一位優秀海員的標準來要求自己，注重自尊就一定會進步。

—— 理查·羅

　　當氣壓計降低的時候，準備好鼓風；當氣壓計上升的時候，準備好所有的風箏。

—— 古老船員諺語

　　船長必須要熟知一切與他位置相關的責任。他必須是所有手下的楷模，不能說褻瀆神靈的話語，或者其他一切不好的言語。他必須要保持自己高貴的態度，不能亂發脾氣。他必須紀律嚴明，執行來自於上級的命令時不打折扣。輪船的安全以及所有船員的安全，均是來自於對於命令的即刻執行。

—— 格雷·朱厄爾

應該改進法律，若是陪審團確認船員被粗暴地對待，就應該立刻判被告有罪。如果此類事情進展緩慢的話，那麼用不了太長時間，美國的船員就會全都變成外國人了。那麼也用不了太長時間，美國的貿易就會全部落入外國人的手裡 —— 實際上，這種情況已經出現，有不少美國的生意已經被外國資本染指了。

想必是地位與幾倍的利益包圍著他的心靈，是他把一艘脆弱的小船推進了無情的大洋。

—— 賀拉斯

當船長提出的命令是對航行有益，或是對於船隻和貨物的安全有必要的時候，就可以理解船長使用自己的權利，去處罰那些輕視或是不服從命令的人。對於犯錯的人予以適當的處罰，比如說關進鐵籠，單獨監禁在甲板中間，或是在用餐時間只給麵包和水。只要這種強制處罰情有可原，那麼這樣做就會把大部分的反對者，變成恭恭敬敬的隊伍，而且他們也不會說這種做法殘忍或者偏心，更不會表現出惡意、憎恨或是報復了。

—— 格雷‧朱厄爾

第二十九章　電工

如果你是一個天才，勤奮將發揮你的才智；如果你能力有限，勤奮將彌補你的不足。

——　喬舒亞·雷諾茲爵士

儘管人們都認為，在電學領域裡發展是年輕人的一個好機會，但現實是它仍然和其他職業並無兩樣。榮譽當然是靠人們的智慧和勤奮換來的。半途而廢的工作者、寄生蟲、懶惰鬼是不能在那好吃的電學布丁上，挑選出美味的葡萄乾的。把人們自己變得偉大是一項異常龐大的工程，而對於渺小的人類來說，自己的努力遠比別人有用。

在這巨大的領域裡，新的且有價值的發明，總是出現在那些很好的、顯而易見的機會中，儘管它們給那些聰明的人提供了許多東西，卻絕對不會使一個懶惰的人變成百萬富翁。要是你打算在這電學的戰場上成為平庸的人，你可以每週賺 10 或 20 美元，就像在鐵匠鋪裡一樣。但請不要幻想這種生活，因為這是一項龐大的工程，你必須要自己動手，它將令你變成偉大的人。

在這種情況下，相對於其他工作，更加有必要的就是不停地閱讀、不停地學習。在你「所有都學習完了」之後，如果你想給自己放一年的假期，你會發現自己已經遠不及學習時候的你了。幾乎每一天都有新的發明產生，新的電力的實用價值被發現。無窮無盡的學習、觀察和實驗，都是成功所要付出的代價。若是你想成為一名電學家，並且希望成為一名偉大的電學家，那麼請不要奢望你的學習會有盡頭。

　　湯瑪斯‧愛迪生是完全區別於其他科學家的電學家，他是當時最偉大的發明家之一。大量電學設計的製造，滿足了新機器的發明，而所有的這些，都是他聰明智慧的結晶。他對電燈、電話的發展有著巨大的貢獻。他的四倍和六倍發射機，增強了電報機電纜工作時的輸出能力。愛迪生的第一份工作是在火車上賣報紙，後來他獲得了極大的財富，並入住奧蘭治世家。

　　在四分之一個世紀前，電學在實際中的運用就是電報機。大量的資金被投入到電報機電纜中，如果有數十億的電力裝置，那麼我們想到更多的是電報機電纜。儘管電報機的發展還在初期階段，不過湯瑪斯‧愛迪生已經發明了四倍電報的系統，它可以同時透過一條電纜發送四條訊息，其中兩條發向同一方向，其他兩條發向相反方向，那是迅速傳遞訊息的步驟之一。

　　西元 1875 年，我花費了一天的時間和愛迪生在一起，另外的一天我花費在現在的「西方聯合電報公司」的總裁 —— 金‧湯瑪斯‧艾格得的身上。我試圖找到對於那個系統發報的一種清楚闡述。在他們的國家，他們是當時，也許現在依然是，最偉大的電報學的專家，不過就連他們也無法說出很多與四倍系統有關的解釋。他們知道「它可以工作」，卻不能進一步地了解他們。

　　「我們都在黑暗中探索」，愛迪生說：「在電學方面我僅僅是個小孩。我知道固定的組合會產生固定的結果，但是我卻不能告訴你，怎樣或是為什麼它們會產生那樣的結果。我還有不少東西需要去學習。」從那時起，愛迪生花了 24 年的時間做實驗。不僅是實驗，還有發明、製作實驗中用到的器械；他依然像其他電學家的觀點一樣，他說：「我們仍然有很多東西要去學習。」

　　我們沒有像年輕人一樣的活力和大腦，要不是在理論上對電學沒有完

全理解，那麼電能的應用，早已被濃縮成一門精準的科學。電力和電能是我們放到實踐中使用的能量。最新研究成果表明，可以將橡樹震成碎片的閃電，僅僅只有 3 馬力的能量，這個觀點與種植植物無關，只不過可以用來操作電力鐵路，那是實際又可以利用的事實。發電機的功率已經達到98%，猜想這已經達到極限了。倘若你發明了一臺能把其餘 2% 的能量儲存的發電機，這裡面便有運氣的成分。

或許你應該把注意力放在煤炭上，因為煤業可以製造電能。目前，煤必須先轉化成熱能，熱能把水變成蒸汽，用蒸汽來驅動發動機，然後讓發動機帶動發電機，最後讓發電機生產電能。如果你能夠設計出讓煤直接轉變成電能的過程，那麼在電力問題上，你將不再需要從我這裡獲取一些建議。若是你對這個學科有一點興趣，你有進行偉大電力研究的想法，那麼除了參觀一些大型的電力試驗室之外，沒有什麼事能如此激發你的興趣，或者讓你更透澈地理解關於電能的實際應用問題。如此，一天之內你將會學到比書本上教的更多的知識。

但是，對那些住在遠離市中心的年輕人來說，這好像是個過時的問題，那我將告訴你一些關於愛迪生實驗室的事情，這裡有 3 個明確的目的：首先，將會向你展示即將成為偉人的人是如何工作的；第二，向你展示在這樣的實驗室中都做些什麼；第三，我將把你們介紹給像你們一樣的年輕人，這些人雖然窮，不過由於他們不斷地在實驗室裡累積經驗，他們已經在電力學問題上成為專家。這些人頭腦敏捷、聰慧而且知識儲備量大，足以讓那些在這方面具有天賦的人為之敬佩。

愛迪生建立的實驗室，儘管被叫做實驗室，卻有著巨大工廠的外觀，是由幾個巨大的建築物組成，坐落在用高高的柵欄圍成的大院子裡，門經常是鎖著的。會這樣隱密是有必要的，並不是因為實驗室中大部分的祕密會洩露出去，而是若允許大量的遊客自由出入，將會妨礙到工作人員。

　　當愛迪生發明一些新的電力機器時，他不得不為了這些機器再發明製造機器零件的機器，因為像這樣的機器無論哪裡都無法買到。這間實驗室不僅向我們展示了成功，同時也展示了失敗——在後院將近半英畝的地方，都是一些被拋棄的機器。這整塊地方都堆滿了生鏽的機器，那些機器原計劃是用來完成一些偉大的事，但事實證那是沒有用的：「發明新的機器，比修補舊的機器來得更快、更廉價。」這是愛迪生的一種言論，失敗被無情地拋棄了。

　　這整個地方不僅有著工廠擁有的特徵，而且還有它特有的風格。這裡有長長的一排排精密機器，它們中的大部分都是用像手指大小的夾鉗，來控制被用在留聲機裡的珍珠，依靠旋轉的鋼砂輪子壓平它們，不僅可以磨成你想要的形狀，還可以確保將它們磨成粉末。這些東西都是愛迪生發明的。

　　在另外一間屋子中，有些從熱帶地區帶來的長竹竿——一些來自印度，一些來自錫蘭，其他的來自西印度群島、南美洲，還有愛迪生很少去的南佛羅里達地區。他不遺餘力地從世界各地收集這些東西，為的是能夠找到用做白熾燈的最後的材料。

　　從一開始關於白熾燈的最大問題，是使用何種材料才能讓電流順利通過燈泡內部那小小的彎曲。在試驗當中，燒黑的竹竿比其他那些已經試過的材料有著更好的作用；可是它易碎，很難被操作，電工們仍然堅持不懈地尋找一種又新又好看的材料。但是不管怎麼樣，在這方面，許多竹竿都比其他的材料要好用。愛迪生是如何找到最合適的竹竿呢？在通過一條又長又寬的門廳，來到建築物的中央後，你可以看到有 15 個電燈懸掛在天花板的另一邊。

　　這些燈，一些正燒得明亮，一些好像快要熄滅了，還有的已經熄滅了。它們被叫做「最珍貴的儲存」。每一盞燈都有一個由不同種類竹子製

成的電弧，在連線電流時它們都能同時亮起來，而且能日夜不停地亮著，直到電流耗光。那些由最好的材料製成的燈泡，能夠亮得時間最長，而且亮度最大。

在實驗實裡有一個很大的房間叫做「貯藏室」，這裡給了愛迪生許多的奇思妙想。這裡面都是架子、抽屜和箱子，這裡的每一件東西都被保留下來。還有個電工，因為有時做實驗可能還需要他，不過現在已經沒有多少事情了。那裡不僅有電線、工具、材料來更換電池，還有一些像肥皂、蠟燭、電器、髮飾、釦環、粗線、小刀，幾乎每一件你可以想像得到的小東西。愛迪生會提供 5 美元，給那些能夠為缺乏稱呼的東西提供名稱的雇員。有一名員工因為建議某個機器叫晒衣機，就得到了這筆錢。

這個房間是愛迪生專門使用的，儘管他是一位百萬富翁，而且在附近有一個很好的家，但在思考問題時，他還是會忘了其他所有的事，而且經常很多天不回家，就睡在辦公室隔壁一個小房間的幼兒床上，吃著當他的祕書認為到了吃飯時間時送的飯。在某些情況下，看一個人的工作情況，就是注意他的帽子和大衣，是否掛在它們適當的位置。愛迪生總把它們亂放，而且有時不穿它們就直接回家。

當他躺在幼兒床上時，大腦是處於不思考的悠閒狀態。當天黑商店也關門時，他經常點燈，啟動機器，開始投入到工作裡。「貯藏室」為他提供了這樣的方便：當他有新點子時，是不會被那些不重要的瑣碎事情影響的。人們早上到的時候，發現他還在工作，沒有穿外套，燈開著機器也運作著。一天晚上，人們發現他坐在一個大大的房間裡，在那裡有一張實驗用的語音圖，所有的機器像鸚鵡一樣和他說著什麼。他能把自己逗笑了嗎？噢，不！它們的聲音傳遞著一條並不能滿足他的訊息，他正在考慮如何才能改進它。

你能預先想到，這對於創造新的家用電器意味著什麼嗎？首先去構思

發明它們，然後去畫圖紙，再去監督它們的建造，愛迪生已經完成了不少工作，還僱傭了一打人努力工作。他們和他一起工作的任務只有一個，就是為了讓他的發明切實可行。

白熾燈就是一個例子。當然你知道氣流會從這個玻璃球裡耗盡，那必須有一個恰到好處的空間，否則燈就不會亮。他可以使用普通的氣泵，但是靠人工一點一點輸送，將會令家庭用電昂貴。愛迪生起勁地開始工作，設計了一臺一次能夠消耗 50 或 100 人工的氣流的機器；假如你在工作中觀察機器，我相信你會認為它比白熾燈本身更絕妙。這是一臺非常大的機器，幾乎和城市裡的一間小臥室一樣大。

它處於運動中，泵內的氣流開始在球體和大玻璃筒之間流動，它看起來像一顆小水銀泡。起初這是純水銀，幾分鐘之後就瞬間變成了氣泡，漸漸地氣泡就消失了。當空氣在球體裡耗盡的時候 —— 當然有人專門負責觀測這個過程的完成 —— 這個缺口將會自動密封。

在這間實驗室裡工作的年輕人，大都是二三十歲的，處處都在表明他們已經徹底愛上了這個行業。就算在牛津、劍橋、哈佛、海德堡這些學府，你都無法發現這麼多偉大的、極具成功可能性的年輕人。他們大都臉頰緋紅，身體健康，精力充沛，而且還能夠解釋關於實驗室裡的每一樣東西。

在我上次參觀愛迪生的實驗室時，其中一位年輕人向我展示了一塊很棒的磁鐵，那個東西已經確定為實驗目標，這名年輕人讓我相信，在短時間內，他就能透過電能來產生磁力。它是馬蹄形的磁鐵，近 30 英尺高。在它前面是一個躺在地上的巨大鐵塊，大約 2 ～ 3 英尺，一英尺半厚，在這個金屬塊上立著一個約五十英鎊的大鐵塊，頂部還帶著一個環。

年輕的解說員讓我搬起來，我輕鬆地完成了。他也舉了一次，以表明它能從那塊更大的鐵塊上脫離開來。然後，他按下一個按鈕，讓磁鐵與電線相連線，並讓我再次搬動它。可能是我累了，很難舉起這塊像教堂塔尖

一樣的東西。這兩者被一股磁力緊緊地縛住，幾乎就像銲接上一樣牢固。可是當他按下另一個切斷電流的按鈕後，那股力量再度消失。

「財富就在這裡，」他解釋說，「如同許多其他電力工程師，我們盡量地嘗試了電磁的效應。當強大的磁力作用在緩衝區的時候，他們兩者就像被鎖在一起一樣地堅固，它們還可以在瞬間脫鉤。這是一個不錯的理論，至今還沒有人能將這種能量運用到實際應用中。不過它的前景是一片光明的。」

他帶我去看一個六英尺長，四、五英尺高的天平，刻度非常精確，當一根頭髮放在其中一邊閃閃發亮的托盤上時，馬上就會下墜。接著他又向我展示了一排裝在漂亮的玻璃盒中，同樣精緻的儀器，並補充說，這些儀器被砌在十四英尺深的磚基內，以免被火車的呼嘯聲擾亂精確度。他還研究出一套複雜的數學運算，來解釋地球在給定的速率下，以給定的重量去執行的半徑。

「你似乎對這一整套的運作過程瞭如指掌。」我對他說，驚訝於這麼年輕的一個年輕人，竟然累積了這麼多專業領域的技術知識。「啊哈，我倒是希望如此，先生！」他回答，「我只是電力領域裡的一名初級學生。您應該看到這裡究竟有多少頂尖的高階人才！」

在剛開始的時候，我還認為這名年輕人僅僅是紙上談兵，並不會比別人做得更好，也不會更快，更沒有機會取得成功。但是他在技能上成為他們這個行業極好的榜樣，為後來的人立下了一個優秀的標竿。所以，若你確立了正確的模式，並將全部的精力投入進去，你便可以在電氣世界樹立自己的招牌。缺乏熱情，沒有哪項工作可以成功。

倘若您想在電力學方面有所作為，在紐約，就寫信給美國電氣工程師協會，祕書會為您提供有關他們的訊息。可是，不要期待有任何的經濟回報，因為電力是一個偉大的領域，這個偉大的領域會塑造一個偉大的人。

不要怨天尤人，他做他的，你做你的。

——　米爾頓

第三十章　鑰匙、電池和發電機

　　沒有人知道電究竟是什麼，但是這麼多年過去了，對此的理解已不再一知半解。電學法則被清楚徹底地理解為熱學、光學和重力學；並在各式各樣的實際應用中，最大限度地發揮這些演算法則的準確性。許多年以前，當這個規律在一開始被發現時，我們稱之為一般性質。它就像黑暗世界裡的明燈，啟迪了我們，簡化了原本神祕看似不可能的祕密，電力向我們展示了照明的益處。這個原則，從前被認為只有在活生生的動物、成長中的植物、運轉中的機器、蔓延的火焰、閃耀的燈光當中，才能最大程度上地發揮它巨大而積極的作用。可現在，發現在人體內同樣存在著。同樣地，也存在於石頭、磚塊、圓木以及冰塊等其他一切物質當中。實際上，能量是物質和物質間不可分割的紐帶。

── 阿特金森

　　另一個同樣重要的問題就是，能量和物質一樣，不會憑空地產生或消失。就像我們無法做到憑空生出一粒沙子或者讓它消失。而能量也和物質一樣，可以從一種形式轉化為另一種形式，或者從一個地方轉移到另一個地方。

── 阿特金森

　　把手放在身體上所產生的特殊感覺叫做熱，根據這一理論，把手放在身上不動所產生的不同於熱的電流流動方式，稱為分子運動。但是，無論用什麼方式把電流接觸到熾熱的鐵表面，所產生的也只是一點點熱度。電流不是任何一種能量或物質，也不像熱能、光能和聲波，可以藉由物體產生的能量轉化而成。由於電流的這種特殊性質，我們將它稱作電能，歸類

於機械能的一種。至今沒有確切結論說明，為什麼電流只能在某些物質裡傳播，不過可以肯定的是，電流的特殊性取決於分子排列順序。

西元 1750 年，德國的科學家格瑞克推測出電流的產生，可能是由於手的摩擦和地球自轉，這促成了世界上第一臺電子裝置的產生。愛迪生很快就開始致力於電流的研究。那時候，他住在哈里森的家裡，卻要去離此一英里的艾弗爾吃飯。每天在法拉第工作了一整天後，再把所有電流材料帶回家。這種情況一直持續到，我在漢諾威街找了個提供食宿的地方給他才結束。

愛迪生的記憶力非常好，幾乎過目不忘。有次突然跟我說：「亞當，我覺得人生太短，而我有太多的事情要做，我以後就不吃早餐了，太浪費時間。」

我從一篇科學報紙上，讀過有關製作硝化甘油的方法，這麼驚人的性質，我一定得化合出一些這類化合物。我和查爾斯、小威廉姆三個人著手進行試驗，取得了我們未曾預期過的效果，如此驚人的程度是無法比擬的。上午 6 點，我把剩餘的硝化甘油放在經過處理的容器裡，小心地用紙包好，扔進了下水道。

——愛迪生

如此強大的能量，只需要一條小小的電線就可以傳輸，一條小小的電線能傳輸 2 倍甚至 4 倍的能量，卻比其他運輸方法節省一千五百萬美元的開支。

——迪克森《愛迪生的一生》

愛迪生沒有就此滿足，仍然繼續他的研究，並且最終改善了電線的品質，能傳輸 6 倍甚至 8 倍的電能。另外，他的這項技術已經被聯合電力公司投入運用。我已經決定了，大約 5,000 美元會用於我的私人助理和平時的實驗基本花費，我也需要更多的錢以進行更深入的研究。鑒於我得到許

多委員會頒發的輝煌成就，聯合電力公司問我需要多少錢，「這得看它究竟會花費多少，我無法給出確切報價。」「那麼，4,000 美元能讓您滿意嗎？」他們繼續追問。我敢肯定，這遠遠超出我的預算。

我在紐約的第一個實驗室裡用到這筆錢，並且完全由我自己報帳。有次他們暗示我可以做假帳，但是我沒有那麼做，因為這是我很難籌到的、用於研究的資金，我不能中飽私囊，即使我每天只能獲得 1.5 美元的薪資。日子雖然艱苦，不過我有了足夠的可支配時間用來研究。我的工作時間總是很難迎合其他人的正常工作時間。

策劃者是一批才華卓越的各類專家，他們要考慮到最精密的裝置儀器，對微不足道的細節問題，進行系統的、複雜的、多樣的科學研發工作；操作者是做那些一般性的機械處理的機械工人。例如，愛迪生採取了明智的鼓勵員工措施，並保障大家的利益，得到了員工的支持，因此員工們都願意與他合作。我們沒有固定的時間，但現在有些人反對這種沒有規律的上班時間。很多時候在完成了我需要他們完成的若干實驗後，他們會懇求允許能夠下班回家。

我腦中醞釀了許多的發明計畫，最重要的一項就是發明四倍的電報機。這是最困難和最複雜的一個問題。我投入了所有的精力來解決這個問題，研究這項發明需要大腦進行獨特的思考。例如在腦海中想像有一架飛機，裡面有八種不同的東西在同時運動。沒有實際的裝置可以用來演示它的效用，只能靠大腦進行想像。

—— 迪克森《愛迪生的生活》

在愛迪生鑽研電報技術這些複雜的工作時，竟忘了繳稅，有一天突然收到一份法律文書，向他發出最後通牒，要求他第二天去繳稅。說如果再不來繳交，就要多繳 12.5%。於是，愛迪生匆匆地跑去市政廳。那裡隊伍排得很長，前面有一百多人，他只好等著。在枯燥的排隊等待中，愛迪生又陷入了沉思中，思考解決四倍電報機的問題。

　　等到他擠到繳稅窗口的時候，自己渾然不覺，而且把自己的名字也忘記了。他發現自己站在滿臉氣憤的稅務局工作人員面前時，那個人粗魯地說：「年輕人，現在看著我，你叫什麼名字？我已經沒耐性了！」愛迪生滿臉迷惑地看著他，匆匆地回答：「我不知道我的名字。」愛迪生說：「我想稅務員一定認為他遇到了一個傻瓜。他揮手讓我離開，其他人立刻擠到我的位置上。決定命運的時刻到了，天啊，我竟然沒有繳稅，那意味著要多收我 12.5% 的稅錢！」

—— 迪克森《愛迪生的生活》

　　愛迪生的公司面臨了一些問題，他們必須鞏固他的公司業績。公司透過電報發出訊息，他們要採取一些措施，只付給發明者三分之一的薪資，但愛迪生沒有同意這件事。「我回覆電報說，」 愛迪生表示，「收回電報的內容，給我三個星期的時間，我們將研究發明一種沒有鈴聲的收報機。」在這之後，愛迪生把發明電燈泡使用的所有精力，都投入到研究電報機上。集中精力經過一個星期的努力後，愛迪生終於完成實驗，發明了令人滿意的電報機。這項發明為公司帶來巨大的收入，經過十六天的時間，在兩名專家的指導下，二十件裝置運送到了英國。新的方案在公司執行，也提高了公司的收入，鞏固了公司地位。愛迪生激勵員工的政策也得到了實施。

　　有一次，某公司要花 3 萬美元購買普用印刷機的專利權，但由於某種原因，新的裝置突然不運轉了。愛迪生把這臺機器和一群研究者關在公司的樓上，告訴員工們這個「好消息」。他們必須在那裡工作到把印刷機修好為止。他說：「朋友們，我必須把門鎖上，直到我們把工作完成後才可以下班。」他們的確是這樣做的。經過六十個小時的艱苦奮鬥，吃不好睡不好，最後他們終於克服種種困難取得了成功。

—— 迪克森《愛迪生的生活》

　　「多樣性」是聰明飲食的一個祕密，有許多種食品的國家一定是大國。有不同的食物，是人類高度文明的結果而不是原因。我認為這個觀點

是正確的，畢竟從政治和道德觀點來看，當烹飪變得單調，就像藝術變成一種職業時，這個國家就已經開始衰敗了。

—— 迪克森《愛迪生的生活》

在一次巧合下，我發現了留聲機的原理。當我正對著傳聲筒唱歌時，發現傳聲筒裡的膜板能夠隨著說話聲音引起相應震動，就仔細觀察。這激起了我的好奇心，如果我能記錄下這震動，並把這震動放在同一個平面上，就可以把相應的震動翻譯成某種特定的話語。可是不知道為什麼，它卻不出聲。我開始嘗試在電報紙條上做實驗，發現這些震動可以記錄下來一套字母。我對著傳聲筒喊「你好，你好」，同時，把紙條放回膜板裡並壓緊，隨後，就聽見了一個虛弱的「你好，你好」傳回來。我想做一臺可以應用此原理來工作的機器，便叫來助手，告訴他們這個發現，而他們卻嘲笑我。這就是整個故事。

—— 愛迪生

從快樂的宮殿到工作室，但這工作室卻有世界上唯一且全面的裝備，這裡有愛迪生可能用在實驗中的各種原料的樣本。發明家的想法經常能發出可以把大腦的鐵砧照得發紅、發亮的火花。小小的挫折是不會產生任何影響的，再說了，對於異常的天才，是無法給他們劃定範圍或限制方向。在對實驗原料的收集中，已經應用了很多的技術和研究。愛迪生挑戰了收集來的這些物質的特性，包括無機物和有機物，這些東西都是用無神論來命名的。

每一門自然科學都能產生與奇才相應的產物，不單是我們每天所用的日常的東西，而且還有那些蘊藏在海洋或陸地最深處的神祕物質。發光的金屬、透明的水晶、各式各樣的礦物質都大量地分散在世界各地。小巧的貝殼和珊瑚在水草中休息；帶香味的口香糖和香料裡滿是神的記憶；粉筆、樹脂、鹽和化學品成堆地放在那裡，儘管這些東西價格昂貴。

—— 狄克森《愛迪生式生活》

　　有一個證明電學發展緩慢的著名例子，在以前，雷和閃電都不被認為是電的現象，直到富蘭克林提出電的特性和證明的方法，並且隨後被他自己和其他人證明。第一次透過電臺播送音訊內容，是由菲力浦・瑞絲於西元 1861 年完成的，他是一名自然科學的教授。瑞斯的工具十分粗糙，但是工作原理是對的，他不怎麼有錢，相當謙虛，沒有什麼有影響力的朋友，身體也不好。因此，他的發明經常實現不了。

　　瑞絲的第一個接收器，是由一個螺旋狀物圍著一根鐵桿和一個中空的發音盒子構成。當鐵桿經過通電而被磁化，長度會有些許的增加，當電流被切斷，磁性消退，長度又恢復到原有長度。鐵桿長度不同的實驗成功了。另一個是精確地按照由發射站發出的聲音震動，引起電流連線斷開的實驗，由鐵桿傳到發音盒，繼而接收站可以接收的得到。電磁鐵是瑞絲用編織針做的，纏繞上絲綢，再覆蓋上銅線，用雪茄盒做發音盒。

—— 布倫南

第三十一章　零售業

每一個人做的事情他都要去做，而且他會讓自己適應這些事情。

—— 馬爾庫斯‧奧里利厄斯

零售生意要成功，依賴周圍環境不如依賴自己更可靠。十個人開不好一家商店，第十一個人卻能賺錢。現在在西印度群島西部的一個小島上，最富有的人是一名葡萄牙人，他很多年前就來到這個貧窮的地方，身無分文。所以，那時候沒有人願意借錢給他。他原來是個勞工，在離市中心四五公里的林場找了份工作。

每天有無數的人，各種膚色、各個國家的勞工，步行穿過林場去城裡買糧食。因為貧窮，他們生活中的大部分花費都在食物上。然而現在，這個人富有了，他擁有這座城鎮的一大部分，擁有他一開始工作的林場，和幾處升值空間很大的私有土地。有一天，他開啟保險櫃拿出價值 200 萬美元的金幣，去拯救曾經僱傭過他的老闆，這個老闆已經破產了。

他是怎麼成功的？首先，他要存錢。當同伴們去城裡揮霍所賺的那一丁點錢時，他沒有和他們同行。在這個行業中不斷地摸爬滾打，開闊自己的眼界。到了年底的時候，他存的錢足夠買一桶麵粉和一些木板了。他抓住機會，並將之充分利用。老闆允許他在靠近路邊的地上建一個小棚子，在這個小棚子裡，他開始了自己的麵粉生意。

他知道，既然可以在這裡買到麵粉，那些人就不需要再走五公里的路，去城裡買糧食了。透過零售的方式，他用一桶的糧食賺到足夠的錢，然後買了兩桶的糧食。慢慢地，他又增加其他貨物，比方說鹹豬肉、鹹

魚、煤油等等。小棚子很快就變成了商店，又從商店變成百貨商場。儘管每個顧客可能只有幾便士的開銷，但是他都存了下來。幾年後，在這個城鎮裡，他不光擁有一個百貨商場，接著又擁有一個大倉庫。即使他現在富裕了，中午也仍然只是坐在一個箱子上，吃上一片麵包和一顆生洋蔥。他不會買任何自己付不起錢的東西。

這不是像過路人踢到金子發財一樣那麼偶然。這是預見機會的能力，預見可以賺錢的能力，只有節儉才能維持。只有這種投資技巧，才能取得最大的利潤。現在看來，他從身無分文到賺得自己的大筆資金，和等到他借足錢才開始經營的區別，是多麼鮮明啊！他累積自己從工作中賺的每一分錢，他知道每一個便士都代表至少要工作一小時，在那個島上勞動力是很廉價的，一整天也無法賺到一先令。每一便士都要被用來謹慎投資。曾經那麼辛苦地賺錢，他知道這些錢的意義。借來的錢永遠都不如賺來的一半那麼重要。

若要開始一些小的零售業，最好的資金就是用那些在這個行業中投資賺來的錢。當然，這種規律也有例外，不過這也是百分之九十九安全的方法。你想用 305 美元開個雜貨店嗎？或者有 500 美元也足夠讓你開始了吧？然後在雜貨店裡上班，再把賺來的錢存起來，那會比你借到幾千美元更有價值的。你的商業頭腦要比你的金錢資本有價值得多，你的存錢習慣也會比金錢本身更有價值，因為你知道所賺取的東西的價值。若是從每月的薪水中節省出 10 美元，你絕不會把它投資到毫無用處的店鋪裝修上，畢竟其他的雜貨店都有。你要知道如何利用每一分錢。

一個商人如果不懂得一切不利條件，要付出的代價是可想而知的。所以每個人必須有能力去經營小店。買進茶、糖、肥皂，然後再賣出去，這是件簡單的事情。但若是要買到高品質的、價格合適的茶還是需要學問的。經商是一門頂尖藝術，要是你不懂得怎麼做，你身邊必須有個員工懂

這些，不過若員工知道太多關於生意的事，風險就比較大了，像這樣的員工遲早會自己當業主。

倘若讓一個懂得策劃的人來插手你的各項生意，而且都能有所盈利，可是你卻不知道自己是否可以做到，那麼你就應該小心了。有兩種方式可以測試出你是否適合自己盤算已久的生意，一種是高利潤、高風險的投資，另一種則是安全投資。第一種是出自於喜歡的生意行業，總是覺得沒有理由不做，於是從父母或朋友那裡借錢開始自己的生意。假設你能夠借到一千美元，有這些錢在手，你可能就有資格貸款一千美元。兩千美元可以使你能夠開一間令大家羨慕不已的門市。這樣就不用再從小商店開始，然後工作得筋疲力盡了，這看上去會比你自己開小店賺錢更有誘惑力。

現在做生意的人越來越多，有一些年輕人甚至剛起步就鬧著要自殺。缺乏經驗，機會就會離你遠去，而那些有豐富經驗的商人更是有風險。如果你失敗了，哪裡將是你的立足之地呢？你知道對於一個年輕人來說，有著兩千美元債務是個什麼概念嗎？或者一千美元？或者一百美元？它會像纏在脖子上的重擔一樣將你拖倒。身為一個誠實的人，你覺得債務必須要清償，這些年，你就是在為那些債主們拚命，而非自己。因此我不會強烈地建議你，去借錢來開始自己的事業。

另一種方式看上去在開始的時候難一些，結果卻會容易得多、好得多。首先決定自己要從事什麼行業，然後在那個行業中找一份工作來做。在學習的過程中累積財富，用累積的錢來開始自己的生意。開始的時候是小本生意，再慢慢擴大經營。即使你現在狀況良好，拿出必備的資金沒有任何困難，最好還是以這種方式開始自己的生意。畢竟借來的錢會像流水一樣，在不經意間從指縫中溜走，而對於自己賺來的錢，則會加倍細心地使用。即使你的生意計畫很小，比方說經營一家書報攤，也最好仔細了解它。否則，你的競爭對手會在各方面都勝過你。由小規模經營開始，慢慢

擴大規模，這樣要比一開始輝煌最後卻沒落好得多。

在學習做生意的過程中，你會交到許多朋友。每個好店員都很會「交朋友」，而這些所謂的朋友，最後都會成為你的顧客。很快，就有一些顧客只來光顧你，而不會去找其他的店家。一個店員有越多這樣的顧客，他就會變得越有價值。只要對顧客禮貌、誠實，你就會有許多這樣的「朋友」。對每一個顧客都一樣的禮貌是第一重要的，例如對一個光著腳只買一根棒棒糖的小男孩，和對一個坐馬車來的貴婦要一樣的有禮貌。小男孩總有一天會長大，會有更多的錢花。但是你要確定你的禮貌是真誠的而不是虛偽的，倘若對每一名顧客都像找到失散多年的兄弟一樣熱情，會變得讓人討厭。顧客並不傻，他們很容易識破那些只是表面的禮貌。其實他們在意的並不只是摯愛的物品，及時的、熱情的服務，並確信會得到真誠的對待，才是他們真正想要的。

即使是最小的事上，你也要絕對誠實。當顧客提起你時說：「我確信這是全羊毛的，我是從查理‧史密斯那裡買的，他絕對不會騙我。」那你就做了正確的事。每次都要搜腸刮肚地多賺半分錢是不正確的觀點。

職員經驗，尤其是成功的職員經驗可能比想像的重要得多，它對於你來說，是開啟進入商業之門的途徑之一。幾年之內，你會成為一位有著固定數量顧客的員工。有許多顧客會更願意和你做生意，你的老闆一定會知道這個情況。等你存夠錢然後有一些資金，提出想自己做生意時，你的老闆會努力留下你，如果你真的是一個有價值的人，老闆也許會提出將公司一部分股份賣給你。這並不是因為你不可取代，而是因為他知道，你在顧客中非常受歡迎，要是你離開，會有相當數量的顧客跟著你離開。如果他提出賣股票給你，那麼這將成為你做生意最好也是最安全的方式。你了解顧客和商店，你了解生意的具體情況，你知道它是盈利還是賠錢，你知道怎麼擴展生意。而對於你沒有工作過的商店，你不會了解這麼多。

先當店員，再開始自己的生意，要了解你的顧客，才可以降低遭受損失的風險。幾年前，有個人在一個鎮子上開了一家雜貨店，我很了解這座城鎮，在這裡沒有賒銷就做不成生意，所以這個人不得不入境隨俗。在一年之內，他就因為無法把賒欠的錢收回來，而損失了四千美元，只是因為他不熟悉那裡的人。後來他把店賣給了一個很會做生意的當地人，這個人也允許賒購。這個當地人幾天前告訴我，他這兩年沒有因為呆帳而損失一分錢，他很了解那些顧客，他知道誰會迅速地還帳，誰會拖欠幾天再還，誰需要被強迫還帳。如果你提供賒購，一定要確定自己了解那個賒帳的人。

在剛開始的時候，不要設想自己會成為一名成功的商人。憑藉預期的利潤去投資是不安全的。有一位父親給他的兒子，一個 21 歲左右對經商幾乎一竅不通的年輕人，開了一間食品雜貨店。店面有很好的地理位置，齊全的貨品和人們所奉行的公平貿易原則，所有這一切都使他有很大的可能賺到錢。

於是那個年輕人馬上就認為自己已然是一名成功的商人了。他開著不錯的車，買了一艘小遊艇，還一度連續幾週邀請他的朋友們一起乘遊艇旅行。他把雜貨店交給夥計們照料，生意自然日益減少了，而且也沒有得到意料中的利潤。他沒有成為一位成功的商人，相反，現在成了一名在鄰近城市工作的小職員，只能拿到非常少的薪資。他本來是有機會成功的，最後卻失去了。

另一個也不懂得經商的年輕人，在這個地方看中了一家藥店，他的父母花了四五千美金幫他買了下來。店裡有個非常能幹的員工，這個人總是盡力幫他省錢，而且非常受顧客的歡迎。很快，這個職員就意識到了自己的潛力，於是就要求漲薪資。在要求被拒絕之後，他開了一間自己的藥店，許多顧客都隨他而轉，光顧他的藥店。人們一定會認為，一個比自己

老闆更了解這門生意的員工，一定會為了自己的利益而使用這些知識，只要他不搞歪門邪道，就無可厚非。

許多小地方的零售商，把錢浪費在那些不明智的廣告上，對此我有一些話要說。當報紙上的廣告用得適當的時候，我從不懷疑它對零售商的價值。但是也有這樣的例子，無論你用什麼方法打廣告也不會帶來任何利益，這種事情十分常見。有一個鄉村商人，常年與當地報社簽報紙專欄的合約，然後在專欄裡釋出廣告，一般的形式是整行都寫上有庫存的商品，比如說約翰‧史密斯公司現有裝飾品和婦女頭飾、鞋帽等，均以最低價格出售。

這個廣告在一整年裡都會以同樣的形式、同樣的位置，頻繁地出現在報紙上。可是這個廣告只能讓大家知道約翰‧史密斯公司是存在的，除此之外就再也沒有任何作用了。而這個作用明明可以用二十行的文字表達出來，花費卻只需要二十分之一。大家不久就會知道，如果一個商人的廣告總是千篇一律，沒有任何改進，那麼他的存貨也一定是些落後的商品。一個老套的理由是「我們沒有時間去寫廣告」，那為什麼還把錢花在報紙的專欄上呢？一個鮮活的、吸引人的廣告是非常重要的，就像一份緊急商業信件對於商人的重要性一樣。

一個廣告應該包含令讀者感興趣的資訊。「一整行關於低價鞋的資訊」除了表明這是一則關於鞋店的廣告，什麼也說明不了。人們希望看到的是，你有什麼款式的鞋和你所說的低價具體是什麼意思。如果告訴他們，你有 50 雙康格瑞斯純手工縫製的羊皮鞋，一雙 2.75 美元，那麼每個需要鞋的人都會立即對它產生興趣。說出你有什麼貨物，具體描述各種商品，給出價格，確保這些商品按照所給的價格出售，列得越詳細越好。不要只提沒有意義的普遍性資訊，而是要介紹商品的具體資訊。

據我所知，最有效的廣告都是一些西印度群島的商人刊登的，它們介

紹得全面清楚，簡明扼要，沒有廢話，有時還會間有流行的、令人感興趣的評論。根據輪船每週到達一次這樣的資訊，他們立刻公布：「約翰·史密斯公司，西灣街24號，剛剛收到亞比亞歌號汽船上的50箱午餐肉和番茄罐頭；40桶海克爾麵粉，一桶22先令」等等，這些廣告都是在一整張單子上，在表上每種貨物都有一行說明，它們在報紙的一個或幾個專欄釋出。廣告是完整的、關於新商品和每件商品價格的存貨清單。一些研究者發現，這些建議對於出售商品是很有價值的，每個讀者都會發現一些他們需要的東西。在廣告中，你不可能提供太多的細節，你也不可能經常改變廣告，但是要注意你在報紙上說的一定要真實。

當你活著的時候，要講真話。

—— 莎士比亞

第三十二章　生意人的需求與機遇

選擇一個企業應該滿足以下四點：第一，你應該了解企業的相關細節；第二，你要有充足的資金；第三，你要對其感興趣；第四，該企業給你帶來的不僅僅是生存那麼簡單，而是應該帶來更多。

—— 賽謬爾·亨利·泰瑞《如何開店》

在自己所從事職業不是很成功的人群中，認為其他任何一行都比他們所從事的職業要好。這一看法是普遍存在的。那些曾經根據這一想法行動並且頻繁改變的人，常常貧困一生。

—— 泰瑞

要向著同一方向堅持不懈地累積財富，如果總是朝三暮四，財富是不會聚集的。對於那些十分迫切的期望者而言，得到回報前的時間看起來十分漫長。要注意，保持冷靜和切合實際的細節順序，是成功的必要條件，倘若與之背道而馳，三天打魚兩天晒網，這樣的努力不會加速成功，反而會產生反作用，讓他們在成功的道路上看起來行進得極為吃力。

—— 泰瑞

一個聰明人絕不會去運作一家他不了解細節，而且沒有充足資金的公司，這樣並不會獲得成功；儘管他或許有足夠知識儲備和資金，不過他若是對該公司許多細節和資金方面處理得不是相當得心應手，或者他的所有技術和資金只能維持生存，在接管這家公司時他就應該猶豫一下，因為他獲得的利益很少。因此，對於成功有兩個不可或缺的條件：其一，這個人應該喜歡他的行業；其二，對於他特殊的天賦和個人資歷而言，這個行業應該是最適合他的。

—— 泰瑞

對於一個行業的了解，應該深入到不同層面去理解那些微妙的細節。運用不同的特點在實際中的影響，供求增減的原因與時機，還有流行和大眾的品味。在這些方面裡，主導並影響大眾購買商品的想法。

—— 泰瑞

在我們商人、職員和圖書管理員這些人中，健康和精力的消耗是最明顯的了。這也許是由於不當的生活方式吧！像是吃飯太急；把全部腦力和能量投入到對企業的經營；長期不斷地腦力勞動卻缺乏合理飲食；沒有足夠的睡眠時間；有吸菸的習慣等等。但我們應該理解這一點：絕大多數的困擾，都可以由適當的體育運動來趕走。

—— 尼爾遜·西澤

每個人都應該為提供共同財富和人類幸福做些什麼。每個人都不該做有損道德、危害健康或帶有種族歧視的事情。

—— 西澤

在所有對利益的追求中，酒精的製作或銷售是最不好的。如果停止酒類買賣的話，剛開始時那些酗酒的人會覺得非常難熬；但是五年之後，禁酒成就會帶來令人愉快安寧的結果，人們的身體健康將會有所增強，幸福指數至少提升百分之二十。

—— 西澤

製造和銷售菸草對全世界而言，是一種極壞的行為。我們總是建議年輕人不僅要避免使用這些物品，而且不要從事製造和銷售酒類這個行業。年輕人不該吸菸，正如我們所知道的，擁有正確資訊和適當判斷力的年輕人，是不會以經營這樣的壞習慣來賺錢的。

—— 西澤

榜樣和純潔是有感染力的。每個人都可以使自己的個人影響力，成為淨化精神的聖壇。總之，若是大家一起淨化交易環境，那麼善良的人就必

須透過自己的行為來展現道德，並且加強它們，去改變給我們帶來收益的條件。

—— 何博・牛頓

努力節儉是尤為重要的，你要對自己的開銷加以適當地限制。我們當中有些人認為，我們幾乎沒在自己身上花錢，而實際上卻已經在一些事上浪費了大量的金錢。對他們個人來講，浪費似乎不夠多，算起來總數也不小了。一大筆錢都花在不必要的需求上，這些需求都是由生活中某些沒用的東西引起的，而那些東西如果我們沒看到，是不會想買的。

一個毋庸置疑的事實是，這些商品的賣主，不管是大商人還是賣花生的小販，發現把所有的商品都擺在消費者的眼前，消費者就會傾向於去購買，而他們就可以大賺其利。這充分證明了，他們所提供的東西並不一定有特別大的用處。如果想要一個更加明確的證明，你只要看看一個人在城鎮上買的東西，很多都是生活在鄉村的人所用不到的。

—— 喬治・加里・埃格爾斯頓

要是你意識到自己不夠誠實坦率，就不要考慮投身於商業之中；要是你不能理性地處理有關金錢的事務，那麼一定要選擇不會暴露在誘惑之下的工作。

—— 埃德溫・弗雷德利

倘若一個年輕人在很小的瑣事上都不能誠實的話，他就不要期待任何的生意。如果他會欺騙他自己的兄弟姊妹；如果他在一次利益分配中，得到比自己該得到的多；如果他曾經隱瞞過，自己在經營上曾因為盜竊而造成損失，那麼他就應該別碰生意。當資金連續不斷地從你手中溜走，當它很輕鬆的就能從任何地方得到，或者從任何地方都可能被用掉，甚至你需要錢來還債，那麼你就得非常小心謹慎，以免面對牢獄之災。

—— 雷夫・亞歷山大

出色的商人熟知每一個機會和細節，這些東西可以幫助他在生意場上獲得成功。實際上一個無知的人沒有任何成功的可能，因為愚昧無知會帶來危機，即使偶爾帶來成功，那也是極少的特例。

—— 特里

不少年輕人期望自己可以成為這一行的翹楚，其實距離成功甚遠，根本不會引起其他人的嫉妒；自己安排生意的各個細節部分；處理與資金相關的所有事情，但實際上他們只是把大量的時間，花費在那些自己並不了解的生意上。

—— 特里

如果在買賣交易上缺乏經驗，但是他卻擁有足夠的資金，那麼他可能會選擇一個能幫上忙的合夥人，而且這個合夥人除了要擁有資本以外，還要有知識，兩個人將互相補充他們之間的不足。在著手經營生意之前，準備好這些東西以及一個慎重周密的計畫，那麼這個人就能夠有充足的時間，來了解自己的生意了。

—— 特里

每一個合夥人都需要在自己的手上，持有一定數額的股份，這一點是非常必要的。必須是透過現金 —— 也就是說需要一定數額的資金，而不是以賒欠的方式買來的，並且是可以兌付成現金的。通常，它都是部分用現金支付，部分以賒帳行事來實現。作為賒帳部分，就展現了信用的重要性。一個人的信譽相當程度是取決於他的資金的，當他購買部分的或是想要以賒欠方式收購全部生意時，一定要考慮他的現金問題。平時信任他的人，包括生意人，都至少要考慮一下，並且會要求這些錢要足夠生意的開銷。

—— 特里

通常情況下，在商業中的損失，純粹是由愚昧無知造成的。每一個已經投身於生意的人都同意，由於無知而產生的損失之中，至少有 90% 是完全可以避免的。

—— 特里

當部分營業額是由賒欠的方式計算時，他們就必須忽略某些成本。假設一年 2 萬美元的銷售額，其中的一半是時長四個月的賒欠，這樣將會剩下 3,333 美元，而這些錢總是會對前四個月的經營產生極大的影響，並且也會需要追加成本，或者在一樣長的時間內，用另外的賒欠來彌補。

—— 特里

在通常情況下，要是一個生意人在開始生意的時候，生意的前景良好，而且這個人以其誠實和能力而享有很高的聲譽，那麼他就可以貸到與他現有資本同樣多的錢。也就是說，如果他有現金 5,000 美元來進貨，那麼他也就能夠賒來同等價值，也就是 5,000 美元的貨物。這種方式經常在貿易中出現，這樣的事情通常也被認為是安全謹慎的一種生意方式。

—— 特里

完全依賴於借債，或者是從銀行中貸款的生意是愚蠢的。對此抱有幻想的人，十有八九都會失敗。

—— 特里

對於大多數的職業，都會考慮到誠信，一個人可能喜歡許多職業，只要他是按照自己的志願去做，其他的事情就會令他覺得滿意。當然只有一種情況是個例外：如果一個年輕人認為經營烈酒、香菸的生意會危害社會，或者助長人們的不誠實，那麼他的謹慎與顧慮是很有道理的。

—— 特里

一個高尚、正直的人，無論他的地位有多卑微，都可能改善生意的發展。實際上，我們每隔幾年就會看到這樣的情況，有些職業顯得低階而卑

微，我們通常都是這麼看這些職業的，而且覺得它們應該被鄙視，但這些職業卻由精力充沛、能力高強、資本雄厚、誠實可信、善於管理的人來任職，那麼幾年之內，這個行業的名聲就會徹底改變，而且這個職業會被認為是需要智力和能力來掌控的。

—— 特里

年輕人不可以僅僅是因為想做令自己愉快的事情，而魯莽地投入生意裡。作為局外人來看待生意的時候，我們容易看到當中令人羨慕的一面，其實艱辛的工作是不得不在後面進行的。在彭斯的詩中，我們了解到在他早期的生活中，有一個很執著的目標 —— 要成為一名裁縫，與風吹日晒的戶外工作比起來，坐在屋裡的技術工作猶如置身天堂，室內的工作看起來就像是快樂生活的頂點。毫無疑問，很多人選擇職業會像彭斯一樣，眼光狹隘。

—— 特里

食品雜貨店商要有活力，做事情果斷，只有這樣才能讓他的店鋪發展順利，而且工作起來會事半功倍。相對來講，他們需要體力勞動而不是腦力勞動，因此不需要和那些嗜書的人一樣睡那麼多。食品雜貨店主長時間地睡覺不明智的，因為他們必須起得很早，要有事業心。他們要講話很快，能夠迅速地做決定、打包商品，因為當顧客多時，他們的工作必須要有效率。有時人們買貨時的態度不友善，但店主不應介意人們說什麼，他們要有良好的性格、樂觀向上，同時也具有紳士的風範，不應該和顧客頂嘴。否則的話，對他們來講成功就無望了。

—— 賽澤

食品雜貨商很有可能消化不良，一部分和他們不規律的飲食有關，不過主要還是因為他們不能完整地吃一頓飯。當在秤量葡萄乾、香料、茶、乾果、薄脆餅乾時，他們每個都吃一點，這讓胃腸總是處於一種不健康的狀態下，直到受到了傷害。

—— 賽澤

最近幾年，有不少年輕人都急急忙忙地跑去做生意，這個事情部分是由於有人認為，做生意要比耕種或者操作機械來得簡單；部分是由於有些人認為，做生意使人倍受尊重，或者這個行業與其他職業比起來，可以在更短的時間帶來財富。很多人成功了，卻也有很多人失敗了。適應這個行業的人成功了，而成千上萬誠實、勤奮的年輕人，在這個行業中掙扎多年之後，沒有得到想要的東西，因此他們的生活也變成了實實在在的失敗。

—— 賽澤

大部分來自商業的滿足，是建立在有利可圖的基礎上，因此當最愛的生意也停止盈利時，大多數人也會失去歡樂，倘若各位讀者中有人發現自己正是處於這樣的狀態下，發現自己對於先前的生意漸漸失去興趣，正在尋找新的、更合適的工作，那麼就一定要分析興趣的減退，是不是由於利潤的減退導致的。如果是這樣的話，努力使自己的生意重新好起來，重新愛上這個行業，不要棄之而去，因為對於新行業不熟悉，缺乏相關知識，不容易重新開始。

—— 賽澤

第三十三章　工程學

我的兄弟們，工人兄弟們，你們總是在創造嶄新的事物！

—— 坦尼森

在我們的文明中，那些令人驚嘆的成就，其基石就是機械。

—— 斯潘塞

　　如果想了解機械師的重要性，只要想像一下要是沒有他們，這個世界將會怎樣？看看要是沒有他們，美國會是什麼樣子。回到印第安人的時代？可能比那個還要落後。建造印第安人的棚屋，把弓箭做成相應的弧度，或者把箭做直都需要一些工程學的知識。不管是勞動力還是機械工程師都是必不可少的。我們居住的國家，是他們最廣闊的地基。無論是在亞利桑那還是北達科他，或是在大西部的每一個區域，當擁有像橋梁、隧道、車站一樣多的擁有公路、鋪設完成的鐵軌、優質的公共或私人的房子、電報局，就像現在的紐約、馬薩諸塞一樣，那麼人們通常會認為這個國家得到了充分發展。

　　人力？機械？若是你傾向於工程學，那你必須對上述問題作出決定。不論你選擇哪一個，你都應該有一個理由。對於工程師來說，成為某些專業部門的專家是十分重要的。在醫學中的眼科專家，比一般的醫生掌握更多關於眼睛的知識，在工程學方面也是如此，某一分支的專家對於他的專業，要比平常人懂得更多。當你學習整個學科的原理時，一定要像你對字母表的了解一樣，全面地了解這門科學。

　　首先，讓我們看一下機械工程師。在五金商店裡待一段時間後，學習到足夠的機械知識，將來成為一名機械工程師，這是完全有可能的。但對

一個青年美國人來說，這個目標還不夠高。在商店裡的工作只是訓練的一部分，要成為一個全面的機械工程師，還必須好好地學習數字、算術、代數，還有對數、幾何學、定量學、三角學，這是個好的開始。接下來要學習幾何機械製圖、機械簡繪、氣體力學、熱能及其應用和化學元素。當你打下基礎後，就得學習材料的屬性和承受力、機械的傳送、機械設計、蒸汽鍋爐及其設計、蒸汽機及其設計、連線和調節動力設計、石油和天然氣設計、電學原理和測量、發動機及其操作方法。

這是在最好的機械工程學校學習的相關課程。不過要記住，你或許懂得所有的事情，卻仍然不是一位機械工程師，因為你必須有實踐經驗。這對於一個有經驗的工程師來說，這通常是一個不需要討論的問題。年輕人應先學習原理，還是先實踐？先去五金店後去學校，或是先去學校後去五金店，這兩種計畫多存在異議。在商店工作幾年後的工程師很難再回到學校，同樣，有些學校畢業的年輕人會感覺到，有許多知識是要在商店裡才能學得到的。著手去做兩件事情，在商店獲得實踐經驗的同時學習專業知識，通常被認為是最好的計畫。

一些勤勉而有決心的年輕人能夠實現這一點。許多大城市裡都有工程學方面的課程，大部分學校有夜校。你可以在五金商店找一份工作，五金商店是一所在生意中將理論與實踐部分同時學習的學校。很難問你自己是否對這樣的工作感興趣，不過如果真得的感興趣的話，幾乎可以確定，這些興趣會自己表露出來。因為對年輕人來說，很早就會顯示出使用工具的願望與技巧。

工程師的成名總是姍姍來遲。他必須是一個可靠並懂得自己業務的人，可以操作重要的機器，不少人的生計要寄託於他的管理。對於工作知識只是一知半解是遠遠不夠的。一個人能夠任職的、最具責任的位置之一，是掌控特快列車的引擎。像這種列車，例如在紐約和布法羅之間的帝國州際特快號，在 500 英里內僅停留兩三次。我能夠給你的關於機械師所

受的必要培訓中，都沒有火車技師培訓那樣，可以讓你知道這是如何工作的。

由於很少有人寫過在鐵路工程方面的實踐經驗，所以我根據一位經驗豐富的火車工程師的描述，寫了上述這些。

—— 沃曼

根據沃曼先生的描述，一個想成為機械工程師的年輕人，當他獲得允許進入辦公室的時候，有職員會記下他的名字，然後就是排隊等待，因為他的前面還有很多人呢！一個或兩三個月後，他才能被派到夜管工那裡，夜管工會讓他先做擦試工。列車裡有六個或更多的擦拭工，他們的工作是當列車進站時維護引擎。當列車運行一天後，他們會拿著火把爬到列車下面有凹槽的地方，用棉花擦拭底部零部件。那些滴下來的熱油和從火把冒出來的煙，弄得這項擦拭工作相當痛苦。起初他們每天要從早上六點工作到晚上六點。擦拭工當中有老人、有嬌柔的年輕人還有一些要當燒火工的強壯年輕人。

年輕人在當了夜班擦拭工六個月後，會被升調到日班，可以睡上安穩覺了。再過幾個月後，根據情況，他可能會被提升。如果忠誠和勤勞，被升為蒸汽火車看守人。蒸汽火車看守人的職責，是將火車開到車庫，把水放在它的鍋爐內，保持蒸汽動力。為發生緊急情況做好準備。由於一個蒸汽火車庫可以包含 20 ～ 50 臺火車，蒸汽火車看守人很快就會獲得各種不同形式的機器知識。在鐵路上，他對每一種火車越來越了解，因此當他面對完全陌生的火車時，也能正確應對得很好。

在做完火車看守人這項學徒工作之後，若是有空缺，他就會成為一個場地火車燒火工。他的職責是發動一個車頭，將火車從鐵路的一部分帶動到另一部分，工作時間是從晚上六點到早上六點。擁有一些夜晚工作經驗後，他被調到白天時間工作，再一次在晚上可以睡覺。當他了解燒火工人

職責後，如果他受到讚賞，他會當鐵路上的火車燒火工人。他的職責不僅是保持蒸汽，而且要保持腳踏板薄木板上的清潔。

　　一個燒火工作的學徒期可能持續 5 ～ 10 年，但在某些情況下，倘若此人擁有特殊的技術，他可能在三年年底就可以成為一名火車維修工。在鐵路場地裡，火車維修工是助理工程師的一種類別，所做的工作不是特別重要的部分。然後他成為一個夜晚的場地工程師，過一段時間他就成為白天工作的場地工程師。假使他是一個優秀、令人滿意的人，他將成為一名真正的鐵路工程師，並且獲得一輛火車。

　　所有初步工作完成後，他必須記住，自己仍然是一位不熟練的年輕工程師。不能期望在幾年內得到，比拉貨物或拉煤的火車更好的火車。他依然負責鐵路上的火車，並被考核看是否可敬、謹慎、值得信賴。他不必去冒不必要的風險，並且可以使他的引擎全速行進。在鐵路上可能有 500 名工程師，但卻只有 50 名會被認為是在全部方面比其他人更好的，然後這些工程師就會被調去處理帝國特快那樣的快速列車。

　　你會說這個訓練耗費的時間長，而且又嚴格，我也同意。但它是一個必要的訓練，它可以免除大家都來爭搶這個職位的危險，畢竟火車工程師比任何其他階層的機修工的薪資都高。

　　不過那只是一個工程師行業的分支，在它們之間有許多我甚至說不出來的名字。國內工程師至少應有整個職業的某些知識，例如一名勘測員，他必須明白如何使用儀器，還要明白所有有關的地圖和幾何圖圖形。

　　實際的方面可能是你渴望看到的。在成為一個工程師後你能做什麼？傑出的工程師經常得到大量的金錢，可是現在你更有興趣的，是得到普通工程師的工作，他可以做什麼？

　　看看你周圍的人，並不是說只把目光停留在你自己的周圍，而是看看其他所有人。有一些橋梁要建造嗎？人們並不認為建造橋梁卻沒有助理工

程師會有什麼問題，是這樣嗎？有一些路要建嗎？從水溝裡溢出泥的小路，在這座城市裡已經不能算作是好的路了。現代的路要在科學的原則下建造，並且要有道路工程師的協助才可以。一些傳統的修路師傅們，十分渴望能建造出更高水準的道路。工程師認為一條好的路，每一部分都應該達到完美的程度。

在下個世紀，要在城市中建造一條好的公路，可能需要僱傭大量的工程師。是否要挖隧道建管路，要鋪設水管？人們是不是要建造一座高樓？若沒有工程師去設計它，便是不安全的建築。你將會發現，一系列事情如果沒有一位有能力的維護工程師，根本無法完成。

這份職業需要有禮貌以及能夠表達想法的能力。你不能僅僅只做一個好的工程師，你還必須要能夠讓其他人知道，你非常了解自己的工作。你可能已經聽說有一些人能很快的讓人相信，他們十分了解自己的工作。但是你不能證實這件事，那些人與其說有工作的技能，倒不如說有談話的能力，因為有能力的人通常並不善於談話，他們總是處於劣勢，直到他們的傑出工作使他們擁有名望。

這個國家裡有上百所工程師學校，像在霍伯肯的史蒂文斯學院、康乃爾大學和哥倫比亞的開採與機械學院，是所有學校中比較知名的幾所。大部分著名的工程師協會總部都設在美國，像美國的機械工程師協會、美國土木工程師協會、美國開採工程師協會和美國電力工程師協會，他們會提供一些關於工程師學校的資訊。

土木和機械工程師必須要做好去不同地方工作的準備，他們很少待在自己家鄉。他們會在南非或南美的一些城市，甚至是在澳洲工作幾年。火車司機可能都比不上土木工程師在外地工作的時間長。

輪機工程師是隨著文化傳播而新興起的行業。西班牙戰爭使大眾對輪機工程師的重要性有了新的認知。在聖地牙哥海軍交戰之前，工程師們展

現了他們的技能和勇氣。輪機工程師也要知道一些關於電力學的知識。無論船是否大到能夠裝下電氣專家，工程師都要了解船上的每個機器。即使你已經接受過工程師學校的訓練，你也要去誇獎某些工程師，就算他們對此項職業只是一知半解。

　　一兩千年前的工程師能夠很好地使用當時的裝置進行工作，就像現代的工程師一樣。許多事情他們並不了解，然而現在他們了解某些事情也知道的更多。在缺乏蒸汽機的時候，人們毫無疑問的已經知道，要靠男人強壯的身體進行勞動，這對於工程師來說是一件十分重要的事情。在你開始想像所有的工程師技術，都受到美國或我們自己的時代的限制之前，你應去看看工程師技術的遺跡遍布整個歐洲南部。在羅馬一個 50 英里半徑的地方，你將會發現足夠你研究 6 個月的工程師遺留下來的東西。事實上，大多數美國工程師很高興接到去歐洲學習的任務。

　　工程師能夠發現這種學習帶來的價值，就像研究優美的古老建築線條對建築師帶來的價值一樣多。甚至是古墨西哥的天然採礦方法，也有很多東西需要研究。工程學校給你的只是基礎；上層思想你必須自己去建立。「每個人都喜歡尊重白手起家的人，這樣被煉造出來的，遠比不做這些而煉造出來的要好。」

—— 奧利弗・溫德爾・霍姆斯

第三十四章　工程師是怎樣練就的

　　工程學是一門以替人類服務為目的、受自然制約的物質科學，它也包括不同結構能源的運用。這兩門科學的分支是被認可的，它們在服務的結果上有明顯的不同。如果被應用於提高人類在和平狀態下的權益，它就叫做土木工程學；如果以服務戰爭為目的，它就是軍事工程學。

—— 普林頓《如何成為工程師》

　　土木工程學是一個要求主題廣泛，但不明確範圍的學術。它也許可以被定義為技工和建築藝術運用的結合。各式各樣的工作都是結構和機械的結合。在土木工程中，它們由結構構成，正如防護堤和水庫；木材和鐵組成橋、高架橋、水泵、船閘、突堤和防波堤；它們組成機器，例如汽車和火車閘門、水閘、閥、泵、蒸汽機和挖掘機。因此，它們的原理構成了在機械結構原則上的擴展，也適應各種情況的要求。

—— 蘭肯

　　因為一個土木工程師行業，需要有許多的科學專業知識，因此許多工程師花費他們的時間和精力去學習這些知識。這樣，機械工程師就把他的時間奉獻給了機械的結構、用途和效率；當然還有蒸汽，天然氣、空氣發動機的機械和執行。

—— 菲力普頓

　　受教育的土木工程師要在測繪員、機械工程師、採礦業工程師、水利工程師、電機工程師及衛生工程師實踐的原則方面，有良好的理論基礎，而且還要學會通曉每種實踐工作的流程。

—— 菲力普頓

　　雖然根據不同的環境，過程有所不同，不過對於從事工程學的學生來說，做好充分的準備工作是很有利的。準備工作如下：假設與其他職業一樣，大約 21 或是 22 歲就應該開始他的職業生涯；16 或是 17 歲時，他應該完成所有的相關課程，然後開始其他特別的課業。在此期間，他必須學習一些科學和藝術。數學和自然科學是他學習中的必備部分，他不能期望自己可以完全掌握這兩個方面。做這些所用的時間，要比他支配的所有時間要多。他必須要選擇那些與他未來工作有直接關聯的科目。

—— 瑞諾德斯

　　運用科學去解決工程問題的方法，已成為一個大議題，研究和學習它是必要的；除此之外，他還將花費一部分時間去學習工程師要做的事情的理論，並從中研究科學的應用。手工的操作仍是實踐知識的基礎。長時間的訓練課程對於學習必要的技能是必須的，例如機械製圖、測量的運用和觀察工具，這些都是保證學生能將學到的知識應用於實踐中。

—— 瑞諾德斯

　　在許多研究的分支中，學習有用的知識將花費三年，或至少兩年。接下來學生將繼續他的實踐訓練，這些訓練很可能包括大範圍的工作。在這些工作中，他會發現自己學到的知識相當有幫助。他能夠認出許多他見到的事，並且可以判斷重要的事情。在這樣的準備之後，他在工廠學習一年所學到的，要比沒有準備的情況下學習三年所學到的還要多，以致在他完成訓練的時候，他所獲得的經驗就像他一輩子在工廠裡學到的一樣多。

—— 雷諾

　　當然我們不能說一個人用他所熟悉的東西可以做出一些成績，就如同我們所看到的那些機械的應用一樣。除非他能夠從基本的原理進行推理，這就和英國小孩直到掌握了英語的語法才會說英語是一樣的。教一門外語若是沒有語法的輔助，不但是腦力的浪費，還會導致一個不完美的結果，就像是教工程學而忽略科學知識一樣。這樣就得將自然科學這門學科帶到所有課程中

來，這就是學習自然科學在各等級中所顯示出來的重要性，也就是想從低階到高級的必要才能。我們能夠確認的是，如果有人能充分利用可以使自己具有這些資格的機會，而那些工程師們卻忽視這點，那麼他們將會發現，有些人充分利用了自己的好機會，從低階升到高階充任了他們的位置。

—— 雷諾

在基礎教育的普通分支中，算術對工程學的學生來說是特別重要的，尤其常見的是他們應該用快捷的估算方式，計算出與準確答案一致的結果。

—— 普林頓

為了使技術學校成為教授有用的、有成效的，並且經濟的學校，這所學校應該把技術傳授給受過良好普通教育的有手藝之人，而不是針對所有受過良好教育的普通人。技術必須走在自然科學的前端。人們應該首先感覺到自己需要的東西，並且了解知識的方向性，這樣才能徹底地掌握它。要注意，那些具有實踐能力的、有雄心壯志的人，從書本上獲得知識的速度，要遠遠超過那些死啃書本的人，不論從書本還是從實踐中獲得知識的速度，都要快得多。

很多人用一年中空閒的夜晚來學習化學知識，要比那些透過完成所有課程而獲得一般學位的人所得到的有用知識還多。那些人意識到成功取決於更好的學識，他們渴望在運算過程中有一個指導，就像是水手渴望燈塔一樣。這種對客觀存在事實的熟識和判斷，顯示出科學的事實及方法的重要性。

—— 普林頓

在美國職業和商業的成功，並不是人們生活的主要目標。所有社會的、政治的以及個人的快樂，都不被專業而是被文化的平衡所控制。我們應如何評判那些富有的父母們的原則？他們總是把一個沒有文化的男孩送到職業學校裡，不給他機會得到普通的教育以及禮儀文化，然後就到社會上去工作。

—— 普林頓

這個提議不是只讓學生先去工作，然後再到職業學校學習，而是讓年輕人先到自然界中獲得知識，而後才進入學校學習，這樣他們才能夠有更多的文化知識。

—— 普林頓

先在技術學校學習比起先去工作，對頭腦獲得應用事實與原則的能力來講，能夠得到更大的發展。但是智力的訓練不只是職業學校的產物，符合邏輯思考的習慣以及分析和概括的能力，在任何學校都可以學到。

—— 亞歷山大

當學生在學校的時候沒有上過實踐的課程，他們就不會得到文化優先權。學生真正的失去了技能，同時也得不到好的經驗。事實上，那些熟練者幾乎本能地保持著不斷實踐的慣性。

—— 霍利

經驗表明，不進行專業實踐的長期技術學習是絕對不明智的。

—— 阿什貝爾韋爾奇

在工作中開始技術教育的一個最顯著的優勢，是早早地把思維能力詳盡地引入到成功因素的考慮中，而這些並不能用任何別的方式獲得。比如在建設、維護和工作中，對勞工的管理和總體的經濟原則。關於這些事情的早期了解，塑造了隨後的教育和實踐的特徵。看起來以職業學校作為起點，就沒有這樣的優勢了。基礎的數學知識和一般的關於物理科學的了解，應該在小學就學到了。

—— 霍利

想實行令人滿意的技術教育課程，其最大的困難是，找到既擁有充分成熟的智力和判斷力，又有強壯的身體，還能容易地領會並且牢牢地掌握老師介紹給他們的原理的學生。那些沒有良好的學習習慣、準備不足且膚

淺的、思想還不夠成熟的、身體仍在發育中的男孩子，就被送到了職業學校。

—— 瑟斯頓教授

在國外一些打算把他們的一生奉獻在技術職業上的男孩子，通常要貫徹下面的方針，其部分受法律的管制。通常 15 或 16 歲就要通過普通學校的高年級考試，在某種程度上講，在那以後拉丁語，希臘語，尤其是現代語言、數學及自然科學，組成了教育系統的一部分。在做未來的工作之前，要先當一段時間的學徒。學徒期間他們要做好多工作，比如做木匠、石匠、模具製造者、澆鑄者、礦井或鍋爐的機器操控者，等等。學徒期間一般都要去夜校或者冬天裡的學校 —— 工業學校學習。

這段被允許學徒的時間，就是固定的學徒期。根據選擇或者環境，他們收入極其微薄甚至根本沒有薪資。在這種狀態下度過幾年以後，他們可以進入更高等的職業學校或大學，去上不同科學訓練課程。同時，他們時刻被提醒著實踐的必要性，例如參觀國有工廠或商店來進行實踐。在這些學校畢業以後，他們有時以實習的身分再次進入不同的市政建設單位或者私人企業。學完這些課程並通過專門的考試以後，他們只能在私有工廠裡擁有一個下屬的職位，但能擁有這樣的工作，他們通常都很高興。

—— 奧斯瓦德·海因里希

有很多原因讓我認為，在進入實踐工作之前，擁有良好的普通教育是非常值得的。主要的原因是，男孩的大腦更容易接受思維上的訓練或者練習。在當學徒或者是參加實習工作的期間，他將會發現自己從有教育意義的訓練中，得到了很大的幫助。

—— 奧斯瓦德·海因里希

我們必須知道，個性是成功的決定性因素。我們可以培養促進製造業成功的工程師，但是擁有忠誠、誠實、美德、勇氣及有天賦的男人，才能

被很好地定義為有申請工作權利的人，他們才能在人生的道路上穩步地登上高峰。

　　　　　　　　　　　　　　　　　　　　　　　　　　　—— 雷蒙德博士

　　我提議孩子要盡可能學到完全的普通教育，其中包括科學原理。他的早期教育更要能夠開發他的大腦，加強觀察和判斷的能力，並且教他歸納總結的能力。如果可能的話，最多 18 ～ 20 歲他就應該接受這種教育。在這個年齡之前，他們的大腦和身體還沒有完全發育到，可以忍受當工程師要忍受的身體上的痛苦。

　　讓所有工程系的學生了解，努力獲得並充分理解科學方法是非常有價值的。第一是技術，因為它不是與生俱來的，注意留心事實，蒐集數據；第二，觀察現象之間的連繫，並從中得到結論；第三，透過觀察和實踐考核這些結論

　　　　　　　　　　　　　　　　　　　　　　　　　　　　　　—— 克萊克

　　工程學：過去我們視它為一種手藝，現在它已經成為一種職業。

　　　　　　　　　　　　　　　　　　　　　　　　　—— 羅伯特・史蒂芬森

　　很有保障的說，一個年輕人受到良好的教育後從學校畢業，他決定在兩年內冒著風險在工廠中取得成功。最終因為他在職位上創造了價值，所以得到老闆的提拔。

　　　　　　　　　　　　　　　　　　　　　　　　　　　—— 高勒曼・塞勒

　　我認真地想了想我的孩子，我的長子畢業後會得到只比普通工人好一點的職位，這一點都不會令我覺得驚訝。他從去除鍋爐中的水垢開始做起，我可以說這對他而言是件非常好的事。他可以從低層做起，一點也不偷懶。他想要學習所有在工廠能學到的東西，很快他比其他沒有受過書面教育的工人，提升到了更高的職位。

　　　　　　　　　　　　　　　　　　　　　　　　　　　—— 高勒曼・塞勒

沒有工程能力的學生，是不可能被塑造成工程師的，一定要有些事情迫使他們把它當成一種職業並取得成功。現在我有一個明確的觀點，那就是我認為對大部分的年輕人來說，在一個好的大學獲得科學知識，或者在技術大學學習語言，不是那種死板的，而是現代的語言文化

　　──修辭學和作文，因為所有的這些能使他們表達自己，遠比學習
　　　　一個大學課程，然後再學習技術課程更有用。

　　透過這種方式，讓他們在進工廠實踐前有更好的文化基礎，當他們進入工廠後，會有時間獲得在學校學不到的技術教育。我確信很多人已經可以畢業，在他們進入工廠後，了解需要哪些技術知識，就會離開工廠回到學校去學習，他們會懂得獲得更多知識的重要性，原來在學校裡學習的還遠不足夠。

──高勒曼‧塞

　　為什麼不是所有的工程師，都叫做土木工程師呢？在某種程度上說，工程學分為兩個分支，軍事的和土木的，所有的工程師不僅要關注軍事工作，還要關注土木工作，因此而得名。

──凱特

第三十五章 農業

自從有了耕種以後其他技術才慢慢出現，因此農民是人類文明社會的創始人。

—— 丹尼爾・韋伯斯特

在農業上取得成功的祕訣和其他職業一樣，都要了解怎樣去做。不僅要知道怎樣提高農作物的產量，更要懂得怎樣提高品質以獲得最好的利益。就像韋伯斯特所說，耕種是一門技術，它不是作為最後的資源而從事的職業，它是所有工作中最獨立健康的。如果你已輕鬆地在父親的農場就職，前方卻有美好的前景，引誘你去鄰近的城市賺更多的錢、穿更好的衣服，那麼在你決定改變之前，應考慮再考慮。

假使你是一個農民的孩子，你渴望改變，那是十分合理的。那種感覺不是農民的孩子所特有的，十個人中有九個人在不同的生活條件下都渴望改變。我們從不滿足，鄉村裡的孩子渴望都市，就像有成千上萬的都市孩子渴望鄉村一樣，而且不僅是都市裡的孩子，還有都市裡的人也是如此，他們渴望在經濟條件容許的情況下，隱居到鄉村舒適的地方去。

對你來說，體會農村人和都市人之間這種相互的感情是非常重要的，不要認為你生在農村，命運就不被自己掌握，在許多方面，農村人和都市人在居住方面不同，他們的生活方式和思想也必然不同。

我們會去思考讓我們最擔憂的是什麼。都市人不需要驚嘆，一座農場裡的男孩在一個小時之內，要擠多少頭牛的奶，因為都市人在一週內也擠不到一頭牛的奶。這些區別表明，那位農村青年占有絕對的優勢。一個從

農村到都市裡的年輕人的稚嫩，與一個從都市到農村的年輕人的稚嫩比起來，就算不上什麼了。農村的人可以在他生命中的任何階段走進城市，並且找到一些事情去謀生。可是一個都市裡的人可以去農場裡謀生嗎？非常少見。幾乎他退休之後選擇去農村唯一的目的，在於他要節省足夠的錢來保證不負債。

在撰寫有關大多數職業的文章中，有必要提醒年輕人考慮好，什麼工作才適合他們。但是要寫給一個在農場裡的男孩的話，給他的忠告一定是不同的性質。倘若他深思熟慮想要進行改變，他就應該考慮周全並慢慢地改變。眾所周知，許多在都市裡的年輕人，其一年中賺的錢是你的十倍，前景十分誘人。可是也許你不知道這些年輕人在一年中，被迫花的錢是你所花的十倍，所以在年底他們存下的錢並不比你多。在大都市裡舒適的生活，一年賺的一千美元是不可能給人足夠的機會來節省金錢的，那還不如每月賺十美元在農場膳宿省得多。

毋庸置疑，以農業為生計的人，都穿著極差，沒有知識，沒有教養，持久勞作，他們的妻子這輩子都在擠牛奶和做家務。你自己肯定會說不希望過這種生活。斷然不希望！如果你非要當農民，那麼那也不是你想要當的那種。你曾經考慮過那些農民為什麼會貧困嗎？因為他們沒有為生命中的任何好條件做好準備。他們沒有接受教育，沒有受過培訓。若是他們在年輕時就去了都市，便能夠躋身於都市裡的商人、銀行家或者重要的專業人員當中嗎？這種事是無法想像的。無論在都市抑或是在農村，都會有達不到的高度。在都市裡，他們甚至會變得更差，占著不重要的地位，住在狹窄的廉價公寓裡，費力地買著煤炭。該責備的不是農場而是人。

還有一種農民也值得考慮。他們受過良好的訓練和教育，用工業手段犁地，有智慧地耕作，有著舒適的住處，擁有銀行存款，讀報紙、雜誌和最新的書籍，跟隨著世界在進步，還在鄰近的城鎮參加各式各樣的團體活

動，與他的家人偶爾去別的城市參觀，在公司裡自由自在地談論著入時的話題。他的妻子不用擠牛奶，女兒也不用劈柴火。農村裡也有不少這樣的農民。不是農場塑造了農民，是農民塑造了農場。

男人和孩子都沒必要羞於說自己是個農民。農民是生產者，國家需要他們。商人透過四美分買入商品，以六美分賣出商品的手段來賺錢。售貨員透過站在櫃檯後計算商品的價格並將其打包，來賺取漂亮的衣服。給這些人每人一座農場，他們會對這項工作感到慚愧嗎？絕不可能。如果有可能的話，富有的商人會扔掉衣服去土地上耕地，也不覺得有失尊嚴。

你讀過辛辛納圖斯（Lucius Quinctius Cincinnatus）的故事嗎？他是一位著名的羅馬人。他生活在比基督還要早五百年的時代，他是哲學家、政治家、軍人，了解和平安寧且愉快的農村生活，在自己的農場耕作著。當時羅馬處於危險之中，因為它有兩個非常可怕的敵人。為了化解緊急情況，參議院選擇他當統治者。當他被通知成為全世界最強大的帝國的統治者時，正在自己的土地裡耕作。他穿上衣服走進了城市，在 16 天內戰勝那兩個極不友好的敵人，捍衛了祖國。那後來呢？後來在他被任命為統治者兩個星期零兩天之後，身為一個明智的人，他將官方的紫色長袍懸掛起來，然後回去耕作。當國家需要他的時候，他做好了準備，不過他的樂趣是在土地上。

「但是那與我們的時代無關。」我認為你會那樣說。「辛辛納圖斯能快樂地當個農民，可是我必須做點事情謀生。」非常正確。只不過辛辛納圖斯是一個明智且偉大的人，當他在農場耕作時，他的自豪賦予他財富。

最富有的人，不會對那些入不敷出的農場生意感到滿意。辛辛納圖斯的農場離羅馬很近，位在城市的郊區。他清楚一個大市場能替他的產品帶來多少利益。

在東部和中部，靠近一個好的市場是非常重要的；如同在西部，一座

好的農場要接近一個火車站同等重要。農產品和其他所有的產品一樣，必須運往市場。例如：在十二月或者是一月，當北部農場被皚皚的白雪覆蓋時，西部農場正收穫著香甜的瓜、番茄、黃瓜和所有院子裡嫩綠的蔬菜。然而在收穫之後，他們卻只能自己吃掉這些水果及蔬菜，因為無法運送到市場去。而這只是一個小小的例子。即使有再多的工業，對工作再了解，接受再多的訓練或者是教育，要是農場是在一個不適合的地方，那麼農場主也不會成功。

在國家的東部有很多農業雖在適宜的地點，卻用錯誤的方式經營著。我們太急於求成，而不願去相信這一理念是正確的：在我們祖父那時期，經營農場的目的是要栽培好的穀物和乾草，要養活自己和家人，然後賣掉它的盈餘部分。一旦發現生產乾草和穀物沒什麼利益可尋時，就迫不及待地下結論說農業不能盈利。在適宜的地點耕種適宜的作物，肯定是會有盈利的。

如果你是東部農場主的兒子，你不必懷疑多次聽見為什麼農業已經「萎縮」了。因為西部地區用既便宜又快捷的方式，將小麥與玉米運往東部城市，而價格優勢要遠大於東部農場。為了高薪，人們大量地聚集到城市，這樣不但使農場陷入危機之中，也十分的不明智。這些事都是真實的，然而農場主是否應該改變他們的想法呢？湧入城市的年輕人數量急遽擴大，這樣城市就要養活更多的人，食物嚴重短缺，城鎮越擴大，農民的土地也越多，對農產品的需求也越大。

假如每年隨便選擇一萬名年輕人，讓他們離開農村來到城市，當他們來到城市時，要吃東西也要買東西，便因此擴大了農場主的市場。就像其他商人一樣，農場主銷售的產品必須符合市場的需求。下面這個看起來像在勸告年輕的農場主去經營園藝市場：園藝市場在適宜的地點用聰明的方式經營，是可以盈利的。但提供一個好的前景給聰明的農場主，僅僅是一

個特別的情況。一定要當心，因為你只懂一般的農場工作，要有能力去經營一個園藝市場，是需要特別的訓練、特別的能力的，當然也要非常謹慎。若是你對這個行業感興趣，或者想對其他一些農業進行專門研究，我現在就可以用紐約作家皮特翰德森寫的《園藝利益》一書，讓你找到一些詳細的資訊。

　　若是管理恰當，在附近的城鎮出售普通的農場和園藝產品，通常是能夠有盈利的。盈利就意味著擁有一幢舒適的房子，一間好的食品儲藏室，在付完所有的花費之後，還可以剩餘一定數量的錢。拿我認識的一個人舉例來說，這個人少年時期在農場工作，然後學到了木匠的手藝，很少有在城市居住的人，能跟他一樣經過長期的訓練。他成為一名縫紉機代理後，又成為代理機構的經理。在大城市中發揮工作的天分，得到了高額報酬，還有不少縫紉機公司來找他工作。在這些年的發展中，對城市和農場的渴望閃現在他的腦海裡。最後他放棄了原有的位置，在繁華的賓夕法尼亞州買了一塊離市中心兩英里遠的 60 英畝土地。這塊土地的貧疾，使得前幾任的農場主都以破產告終，因此他能以低價將它買了下來。

　　在這片土地上有一棟舊式的石屋，房子上面有一個岩洞。他自己建了一幢框架式的住宅，他雇來農民就住在石屋裡。他開始用肥料或化學品做實驗，並創造出一些有價值的發現。在近 2、3 年中，這座「貧瘠」的農場成為整個城市的農場典範。近些年來，除去他自己和農場主的開銷，僅透過向超市銷售新鮮的雞蛋、北方早熟的綠色穀物和大量的土產、動物產品，他就獲得了 1,500 美元的利潤。讓人確信的是，他特別適合這種工作，任何年輕人在擁有這種特殊小型投資的機會後，都只會選擇過上舒適的生活而已。

　　「只堅持於一座農場」應該變成「堅持於農場」，只停留在相同的地方是不可取的。一座農場在某個職位為你提供主管權，將會比你在其他地方

花錢買的主管權更有價值。隨著時代的變遷，大眾的需求也會隨之改變。除了需要有頭腦的人和現代的方法，你可能不需要其他的東西。農場的環境對自己來說很重要，不只要考慮土壤的條件，哪裡有迅速而便宜的運輸費用來銷售作物，比土壤的環境更有期望值。如果只有一個「貧瘠」農場，那麼仍然存在期望。

　　什麼是「貧瘠」的農場？你認真地想過這個問題嗎？「貧瘠」的意思是指土壤的主要成分，是不是已經被長時間耕種或不合理的耕種耗盡了？缺少養分的土壤，是農民根本耕種不了的。當我在紐約城上層社會看到美麗的廣場花園時，我深刻地感受到，與環境相比，土壤什麼也不是。含有黏土與岩石成分的土壤，是世界上最沒有期望價值的。可是因為這塊貧瘠地離集市很近，所以集市的商販們願意以每英畝 500 美元的價錢把它租下來。用最簡單的例子來說，一個布滿泥土和生鏽的錫製罐子，變成一個好看的罐子時，人們就會願意掏錢。

　　在年輕人去某個城市發展之前，應該對這個城市有所了解。知道一些南加利福尼亞州水果生長的情況嗎？寫信給一名地產代理人，向他尋求一些資訊，然後相信他說的百分之五的話就夠了。當你想「置地」的時候，你會從他們那裡得到更多正確的資訊。一些地產代理人的為人很好，但他們只會告訴你事情的某一方面。在南部地區有上百萬英畝的優質土地等著被灌溉，有兩名年輕人知道，好的環境可以用來嘗試更多有價值的冒險，所以他們準備 500 美元到南部地區，建立一個舒適的「六分棉花」的環境。離家近的地方也有很多機會性物資：水果、家禽、蘑菇和特殊儲備物。我認識一個波士頓的人，靠飼養大型犬得到了一大筆的收入。另一個在年輕的時候除了一座小花園什麼也沒有的費城人，現在已是這個國家最強、最富有的頭號人物之一。

　　西部的穀物農場有很好的前景。如果你想往這方面發展，就需要擁有

決心以及受到良好的教育。農場越大，農場主對可信任且有頭腦的年輕人的需求就越大。在將來的某個時刻，你可以成為農場主的上司，也許也有機會成為他的合作夥伴。抓緊時間！這種事情當然要抓緊時間。倘若你去城市的話，你認為需要花上多久的時間，你才能成為一個偉大的商人或銀行家？

與以前相比，這是農民最好的機會了。他有更好的機會去賺錢，但並不是當一個無知的農民。他必須有像商人或製造商一樣的知識和頭腦。要是你不能成功地務農，並不是農場的錯，而是你的錯。

我會像農民一樣地過活，我會成長得像海豚一樣聰明。

—— 斯威夫特

第三十六章　種地的農民終會富裕

美國最成功的耕種者，是穿著亞麻衣服或拿著耕犁或搖動著大鐮刀，在溝渠中被看見而不感到羞愧或受辱的人，他們對於農業問題的觀點和實踐經驗，被熱切追尋並且被廣泛地傳播和接受。

—— 愛德華茲 · 託德

經驗告訴我們，體力勞動與智力的成長絕不是不相容的。

—— 愛德華茲 · 託德

農夫不能只是在空想而是要預先思考。之後不到一年，與往季相比，他們可以切實地把所有的實踐和農業操作，帶到更高的完美程度。

—— 愛德華茲 · 託德

沒有人是因為積極的勞動而縮短壽命；但是壞習慣卻把數千人提前送入墳墓。這完全歸因於不合時宜的拚命工作，智力發展和體力勞動必須齊頭並進。

—— 《青年農民指南》

農業是一種文明。

—— 埃蒙斯

農業是人類最普遍的職業。

—— 韋伯斯特

農業會促進高尚的道德。

—— 科爾曼

　　農民應該是一位好的工程師。他需要對工程的每一個基礎材料有很好的了解，他能夠毫無疑問地確定，機械上的各種零件比例是否正確，根據具體情況，看是否需要把一臺機器的一部分，做得比原本要求的更重或者更輕。

—— 愛德華茲·託德

　　精明的農民會及時關心、觀察他的勞動力，合理地分配。他不會濫用權力，會堅持從忠誠、可信以及惰性方面去觀察。他會很好地計劃未來的每一天，努力去完成而不會耽擱一分一秒。

—— 愛德華茲·託德

　　在相同體力下，為什麼一個農民與兩個工人，經常完成和他的鄰居與四個工人相同的工作甚至更多？為什麼在一座農場，人們不會匆忙、不會大喊，卻可以在各個方面有效率的工作？但是在另一座農場，大家都匆忙倉促，卻只做了一點工作？這種問題的答案，通常只被幾個不能被反駁的單字表示，就是缺乏明智的計畫和對農場的不恰當使用。

—— 愛德華茲·託德

　　每一個農民為了成功，都會去計劃做一些與他的行業有關的事。胡亂工作永遠不能奢望成功。成功的農民是理性的，他所有的計畫都如此協調以致在任何情況下，他都可以恰當運用自己的能力。他永遠不會分配給他的工人，一個在大致時間內也可以完成的工作。不可否認，大量優秀的農民在這一點上存在相當大的缺陷：他們僱傭2、3個甚至4個工人，去完成1個人可完成的工作是很尋常的。

—— 愛德華茲·託德

　　農業比戰爭更好。

—— 舜帝

農業是阿基米德槓桿，儘管它不能搬動世界，但往往會以繁榮、高尚的道德和人們的幸福充滿世界。

—— 比埃爾

需要好的丈夫在外工作，同樣需要好的妻子照顧家庭。

—— 塔瑟

家庭主婦和她做的工作，可以很好地調節農場工作。在過去的格言中有許多真理，要是一個男人想要維持生計，就必須向他的妻子討教。

—— 愛德華茲・託德

如果一個男人的妻子沒什麼能力，他會既吝嗇又貧窮；如果他的妻子在任何方面都十分出色，他會既慷慨又大方。

—— 愛德華茲・託德

底土位於土壤的下面，固體岩石的上面。土壤與底土的最主要區別是，土壤包含更多的有機或植物性的物質，它比底土更易分離，而且結構也沒有那麼緊密。底土被看作是土壤和岩石之間的某種物質，並且具有兩者的特徵。底土逐漸地為土壤上層的莊稼提供養分，並且充當水分貯藏庫和植物根吸收水分的媒介角色。它的這些特點在相當程度上，緩和了土壤的肥力。

—— 愛德華茲・沃里斯

氮、磷酸、鉀鹼和生石灰被稱為必須的施肥元素，因為它們比植物所需要的其他元素都要重要。根據它們在土壤中的比例，良好地運用肥料也是非常重要的。

—— 愛德華茲・沃里斯

雖然這是老套的說法，卻也是普遍的真理：工人是以他所用的工具和他所做的工作而被人了解。整體而言，工人是不會用簡陋的工具的，因為他知道簡陋的工具需要投入更多的體力，工作進展卻很少，也不能讓他高

效率地完成工作。有時人們總會使用簡陋的工具，如果改用好一些的工具，他們會發現這樣更省時。舉凡容易被損壞壓扁的工具，就是簡陋的工具。

——愛德華茲·託德

「什麼是好的籬笆？」威爾大叔在院子裡描述道：「像馬一樣高，像牛一樣壯，像豬一樣結實。」

——愛德華茲·託德

年輕的農民不再開通排水溝，是擔心排水過多有損土壤。可是排水對土壤的危害不至於有損於它，畢竟大多數土壤可以像海綿一樣儲存水。

——愛德華茲·託德

誰能以民族的觀點來評價農業的重要性，正如控制我們國家的特徵、前景和獨立性。

——麥克

農業和人類的幸福與美德緊密相連。

——喬賽亞·昆西

毫無疑問，農業存在於最古老的、最值得尊重的、最有追求的文明國家中。

——羅傑斯

農業是人類的第一個職業，因為它遍部整個地球，所以它是一切其他工業的基礎。

——斯圖爾特

農業有許多可貴之處，它不易被形容也從來不會被藐視。

——克羅克索爾

我們相信，與其他階級相比，農民階級的才智都是一流的。但我們仍清楚農業的商業性與其他領域相比，卻沒有那麼重要。

—— 摩爾

　　當人們對農業一無所知時，耕作將會失敗；如果一個人能承擔自己的娛樂費用與為家人健康而花的金錢，那麼他就應該為國家的支出有所考慮。但是沒有人會想在城鎮裡做生意，而使農業的經濟來源有保障。

—— 塔馬格

　　農民最大的一個難題，是他們對教育的需要。在其他領域，我們只會僱傭那些有過相應商業訓練的人，理由顯而易見。我們不會認同一個對其專業領域並不了解的物理學家或化學家。同樣，我們希望在農業上，人們不只了解日夜的交替循環，更要了解土壤的性質，以及各種適用於穀物、草類、蔬菜和水果的肥料。

—— 懷爾德

　　透過文明國度的法律，站在自己土地上的人，可以感覺到他就是這片由自己耕種的土地的合法擁有者。有可能這片土地是他父親留給他的，雖然父親已逝，但是他卻能透過日常勞動的場面來追溯過去。他被所擁有的東西庇護，他喜愛的果樹是父親親手種的。當他還是少年的時候，會在溪邊嬉戲，小溪流淌穿過牧場，穿過通往學校的小路上。

　　他可以聽到窗外傳來安息日的鐘聲，那曾經是把父親和祖先召喚去上帝國度的聲音。就在這近在咫尺的地方，他親手安葬了父母，同時也堅信當他的那一天到來時，他的兒女們會在同一個地方虔誠地安葬他。這就是他對這片土地的感情，無法用言語來解釋，無法透過金錢來獲得，是從心底發出來的。

—— 愛德華・埃弗里特

　　明智的農民應該透過學習和思考，來不斷地提高自己的思想。利用閒暇的時間讀書和學習，在日常的工作中觀察和思考。由於牧場的工作繁多，所以他們得不斷地忙於尋找土壤特性，從而想出高效的生產方法。

—— 勞頓

　　農民是否在其人生旅途中，一直致力於過著有益的生活呢？讓他們記住親手耕種的每一寸土地，和之前寸草不生的土地相比，現在經過改良，已出現繁榮的景象，而他財產的增多，也預示著經濟上的富足。

—— 德比

　　農民不需要百姓的偏袒，他的收成是靠上帝對他們誠實和勤勞的恩賜。

—— 富蘭克林

　　倘若一個農民不因為科學有趣而學它，那麼也一定要因為它有用而學。畢竟這對他土地的耕種至關重要。

—— 塔夫茨

　　希臘、羅馬的聖人和英雄們，不但親自監督耕種的運轉，而且沒有輕視那些靠自己雙手來勞動的人們。

—— 麥克

　　農民是十分獨立自主的，是他們與機械工人和製造商站在同一條戰線，共同抵禦外敵使國家安全得到保證，因此，國家憑藉自己已有的資源日趨完善。

—— 班克羅夫特

　　獨立的農民擁有幸福與美德，這正是政治家所缺乏的。他們一直在追尋一種自然界的寧靜。

—— 昆西

農民只要尚存一絲勞動力，就不會放棄學習。

—— 勞頓

輕視農民工作的人不值得尊敬。

—— 亨利·沃德·比徹

貿易的增長可以使國家繁榮昌盛，但是這個國家的力量與活力，卻展現在這片土地的耕種者身上。人民過著簡單的生活，所以他們擁有美好正直的品德和追求自由的勇氣。

—— 查塔姆勛爵

由於壟斷，從而造成資源利用率極小。

—— 維吉爾

天氣好壞是由上帝決定的，就像他們控制著我們生活的每一寸土地一樣，祂可以將我們身邊的一切化為烏有。

—— 富勒

我們可以自由地談談百合花，說說獅子的肆無忌憚，或是像鷹一樣自由飛翔，但若是理智地想一想，那麼現在所耕的田地，是最高尚與古老的武器。

—— 考利

從道德的觀點來看，農業學家和人類任何一個階級相比較，都是最純潔神聖的；純潔是因為農作物是最有益健康的，惡行很難汙染它；神聖是因為它的神性是永久的。所有這些都給了這個民族最至高無上的權利和對善良的看法。

—— 約翰羅素勛爵

我們無法預言，人類更需要食物的時候何時會到來。隨著自然的發展，人口上升的比率會與國家發展的步伐一致。

—— 安德魯·富勒

　　人們強烈反對沿公路沿線種植水果和檳榔樹的唯一理由，是它們對這些未成年的男孩和女孩們有影響，就像那些大人們一樣，誘使他們長大之後成為有入侵傾向的人。我們不能忽視這些孩子們，我非常贊同將所有智慧都毫無保留地給這些心地純潔的孩子們，否則，腦中沒有知識，心靈必受汙染。

—— 富勒

　　在這個國家，一英里等於 5,280 英尺，假如樹與樹之間的距離為 40 英尺，那麼它們將會有足夠的發展空間用於正常生長。所以在道路的一側，我們將會看到每英里能夠種 133 棵樹，若是公路的寬度有並排的三～四匹馬那麼寬，那麼道路的兩側都可以種植樹木。假使每側都種一顆果樹的話，這樣每英里就可以種 266 棵果樹。像是種植波斯的核桃，美國或者外國的栗子，我們完全可以猜想收成。當果樹長到二十年的時候，不同果樹收穫不同的果實。我們有希望讓產量增加一倍，當然前提是這些果樹得到不錯的照料。

—— 富勒

第三十七章　西點軍校的學習

為戰爭做好充分的準備，是維護和平最有效的手段之一。

—— 喬治・華盛頓

一位年輕的美國人認為在軍旅生涯中，軍政和行政之間一定要有一個明確的區分。對在軍隊中服役的美國士兵來說，無論是戰爭年代還是和平年代，都不盡相同。在通常情況下，一名列兵必須在部隊中待上一輩子這幾乎是他們晉升為非行政官員地位的唯一機會，例如下士和中士。

在戰爭時期，大部分的美國年輕人為了保護自己的國家而戰鬥，如果需要，他們時刻準備著貢獻出全部，為保護我們的制度穩定和家園的安全，或者為了偉大的真理奮戰。當國家陷入危機的時候，有著愛國情懷的人會義無反顧地挺身而出，為國家拚命。倘若他是一個受過良好教育的人，那麼他會認為身為一名士兵，自己與那些指揮官是同等榮耀的。

但在和平年代，情況則完全不同了。當沒有危險危及國家，當全人類一如往常，處於和平之中，那麼一個應徵入伍的人，就像是從事其他任何職業一樣，是可以有穩定生活的。

將一生的時光浪費在軍隊之中，顯然不是一名睿智的年輕人所應有的鴻鵠大志。當然軍隊也必須有新鮮血液注入，可即使是在和平年代，國家常備軍的數量也經常不足，這不是一個小問題。在美國有一些人，當他們在所有的職業中都失意之後，才會將參軍作為最後的選擇。同樣也有一些人，為我們講述著他們曾經的軍隊生涯，也許為了追求更加遠大的抱負而繼續留在軍隊之中，這並不能證明他們的人生是失敗的，也不能證明他們

沒有本書所提到的抱負。

　　若你是一位擁有凌雲壯志的人，對將來的美好生活充滿信心，請購買並閱讀此類書籍；或者你的朋友將這樣的書餽贈與你，那麼你應該有更多的感悟，而不再覺得只是在軍隊中當一名下士就足夠了。

　　假使一個人追求能在部隊中交出一定的成績，眼光自然會轉到西點軍校。在和平年代，透過西點軍校培訓過的人，會成為美國國家軍隊裡的一名軍官。每一個選舉區或是特區，比如說哥倫比亞特區，都有一個指定進入軍官學校的名額。還有 20 個名額是由總統親自指派，不過這些名額通常指定給那些功勳卓著的軍官的兒子。除了總統指派的人選之外，作戰部長要按照選舉區和特區的議會代表的要求，安排剩下的名額，這些被指定的人選一定是該區域實際的居民。

　　任何一位有意向進入軍事院校的年輕人，年齡介於 17 ～ 23 歲之間，無論是住在哪個區域，都可以選擇適當的時間，透過信函的方式向作戰部長提交申請表，那麼他的名字將會列入登記冊中，如果出現空缺，他的名單就會頂替上去。

　　申請表中必須寫上全名、出生日期及申請者的永久居住地，包括他所居住的國會區號碼。當然，像這樣一個想要在議會中透過美國眾議院並且獲得提名機會，是極為不容易的。議員們有不同的途徑來擬定這些提名：一些成員們以任命他們朋友的兒子或者靠其他管道利用權力，來取得他們想要的政治或社會地位。而其他被賦予真正美國精神的人，會提名最適合得到這個職位的年輕人。

　　在得到提名之後，無論他是因為與議員有關係，還是從激烈的競爭中勝出，候選人都必須接受嚴格的體格檢查和智力測試。每一位有志於西點軍校的年輕人，都應該特別注意體格檢查，因為無論是否有通過智力測試，除非他的身體狀況適合服兵役，否則都不能進入軍校。西點軍校的負

責人，為我總結了一系列足夠取消申請資格的身體條件淘汰原因，清單如下：

1. 體格不佳；無論什麼原因引起的疾病；以前有疾病的跡象，腫塊或頸部淋巴結核的症狀
2. 慢性皮膚病，尤其是頭皮
3. 非常嚴重的頭骨受傷；痙攣
4. 任何原因引起的視力受損；眼皮的炎症或不合常規的虹膜；流淚等
5. 耳聾；耳道感染
6. 缺失很多牙齒或牙齒不完整
7. 不能表達自如
8. 需要適當的肺活量；任何其他對肺部不利的條件都不行
9. 虛弱或者不健全的上部手足，主要是由於骨折，尤其是鎖骨、關節的損傷、殘缺
10. 一個不同尋常的、向外彎曲或向內彎曲的脊柱
11. 臟器突出
12. 陰囊或精索靜脈曲張，陰囊水腫，痔瘺
13. 一或兩隻手足受損或行動不能自如，這主要是取決於靜脈曲張、骨折、變形、、跛行、長度不相等，滑囊炎，額外長腳趾等
14. 潰瘍

在體檢完之後，無論你是否通過考試，如果你不再付出努力，那麼你就是在浪費時間；但若是你的身體狀況良好，能完成錄取的身體要求，你就會被認為已經合格，可以把全部的注意力集中在智力測試。

學術測試太長了，所以在此我做了一些摘錄，不過和寄送給我的通知書上一樣，西點軍校的負責人會將上面有許多關於體格檢查和智力測試的詳細資訊，寄送到任何提交申請的年輕人手裡。

下面兩段是我在給一個簡明的軍校測試摘要之前，從通知上面摘抄的。

建議所有希望報考西點軍校的應試者，在離開他們的家鄉來軍校之前，應該讓醫生或者是專業的老師，全面地檢測他們。透過這些檢測會發現考生所有生理上和心理上的不足，那些報考者就可以省掉各種開銷和麻煩，也可以避免無法被錄取的尷尬。

有一件事需要說明，這裡所講的非正規檢查僅僅是從報考者的角度出發，使他們免受麻煩的困擾，但卻不會影響西點軍校學術與醫療委員會的決定。

報考者應該知道那些文化課的考試要比看起來難得多，會涉及到朗讀、拼寫、正字法、數學、語法、地理和歷史。

朗讀考試中，報考者需要用正確的語音與重音來閱讀文章，並且要理解文章內容。要根據聽到的內容，報考者能書寫出標準的英語文學中的句子，包括詩歌和散文，題目相當多，足夠檢驗應試者在拼寫和正字法中的功底。他還必須能夠把聽到的詞語正確地拼寫出來。

在數學考試中，應試者需要精確而清楚地解釋其標的物，並要清楚書寫和朗讀數字的方式 —— 整數、小數、分數以及專有名詞。要能夠快速而準確地進行加減乘除的運算，了解各個演算法則和其他運算規則。應試者必須會歸納，了解如何應用。對每一種運算都能了解其所以然，並能進行實際應用。明白質數和因數的概念。明白分數、約分、小數。明白「比率」和「比例」的不同，基於這些不同而產生的問題，以及它們的實際應用。應試者不能只是了解上述的知識，他必須對於數學中所有的基本規則都一清二楚，以便於將來在處理複雜問題時，找出最好的方法。換言之，他必須掌握所有基本的數學知識，那麼在將來一旦接觸到高等數學時便不需要過渡階段。

每年的數學題都不同，下面的例子 —— 儘管已經在往年出現過 —— 還是會揭示出一些特點：

4.32 乘以 0.00012 得多少？

將 0.013 換成分數，分母為 135。

如果每個人每 9 小時可以耕種 77 平方碼的土地，那麼每天工作 10 小時，要在五又二分之一天內耕種二又八分之五英畝的土地需要多少人？

A 在與 B 的 15 場比賽中勝了 9 場，與 C 的 52 場比賽中勝了 16 場。那麼 C 和 B 進行 118 場比賽的話，能夠勝多少場？

製造英國先令的金屬中含有 37 份的銀和 3 份其他合金，1 磅的這種金屬可以生產 66 枚先令。美國的銀幣重量是 412.5 格令，含有 9 份銀和 1 份合金。那麼多少美元中含有的銀與英國 1 枚先令中的相等呢？

英語語法中，應試者必須要知道語言中各個部分，它們的分類與特性。知道詞形的變化，包括變格、詞的聯合、比較級。了解名詞的陰陽性。掌握句法規則。能夠正確地從語法上分析一般句子、省略、變格、比較級、主要成分、每個動詞的主語、每個賓格詞語對應的動詞、代詞的指代對象、每個介詞的賓語、連詞的成分、每個形容詞和副詞的修飾對象、不定式結構。能夠理解句子中每一個詞的作用以及省略掉的內容。

我們並不需要跟專門的語法學家或者教科書完全一致，但是規則、定義、語法分析和錯誤修正，必須符合良好的用法習慣和常識。在地理學上，應試者必須回答出一些問題，這些問題包括緯度、經度、氣候帶的定義；包括地球表層的自然劃分，如島嶼、海洋、海角等；水域和地球表層的劃分；包括陸地以及全部或部分環繞在其周圍水域的廣義劃分；主要的山脈及其地理位置、走向和綿延範圍；海角是從哪片海域突出來的？以及延伸到哪片海域？主要的島嶼、海峽、河流以及湖泊位置；廣義劃分中的政治劃分，如他們的名字、地理位置、國界以及首都分別是什麼？

　　應試者必須通透了解美國的大致特徵，如它的格局、地理位置和邊界，不只要從經緯度這些地理角度來看，而且要懷著對鄰國的尊敬之情；要了解與之相連的大洋、海域、海灣、湖海的深度、海峽和島嶼；要了解它的山脈及其地理位置和延伸範圍；要了解它的重要河流及其主要支流的發源地、流向和入海口；要了解湖泊；簡而言之，就是所有關於這個國家的地理特徵；要了解它的重要鐵路幹線，和其他交通方式的地理位置和終點站。

　　懷著對彼此各州的尊敬之情，我們必需根據各州的邊界州與州之間的大河流，根據重要城市和鄉鎮的名字和地理位置，來精確地定位美國各州和領土。簡言之，這些知識必須非常完善，以致在應試者腦中要印有一張清晰的、關於美國全部或美國任何一塊地方的智力地圖。相對其他所有國家來說，我們要更加注重美國的地理知識。

　　在歷史方面，像普通學校歷史課所學的，應試者必須非常熟悉美國的歷史。在以前的考試中，曾經出現過下面這種問題：

　　寫出在現今美國境內最早的歐洲殖民地的時間、地點、由誰開創？

　　皇家殖民地、憲章殖民地和專有殖民地有什麼不同？

　　起初在麻薩諸塞州和康乃狄克州有多少塊殖民地？它們於何時合併？

　　在賓夕法尼亞州有多少塊殖民地？它們是什麼時候分離的？

　　威廉國王戰爭、安妮皇后戰爭和喬治國王戰爭，以及法印之戰的主要事件和結果是什麼？

　　解釋航海法案、印花稅法案和協助收繳走私物品令。

　　按順序寫出美國歷屆總統的名字，以及他們當政期間各自的主要事蹟。

　　軍校學生的薪水是一年 540 美元，從他進入軍校的那一天開始算起。若是適當地節省點，已足夠他生活了。沒有警官的批准，任何學生都不得

接受父母或者其他人的錢財物品以及其他幫助。很多美國人都有一個錯誤的觀點，那就是除了伙食費、服裝費、油料費、照明費和學費外，學生的薪水是政府提供給他們的一大筆零用錢。

學生必須用薪水為自己準備四套面料和式樣符合標準的制服 —— 灰色法蘭絨工作服、灰色法蘭絨便服、胚布料的正式禮服和白色的夏季便服；還有一件胚布料的大衣，一打白色的褲子，開始的時候穿（查理王上尉說，大多數學生都要 50 ～ 100 條褲子才夠用），幾打白色的手套，大量的皮帶、衣領、袖口、手絹、襯衫等等。並且他需要支付自己的伙食費、侍者服務費以及損害賠償金；需支付供暖費、油料費、理髮費和黑鞋油費等等。所以，當他在軍校待一年的時候，身上的 540 美元已經花光了。

畢業後幾天內，他便會被分配到軍團裡。若是參議院正在會議期間，他就會得到自己的軍職；若不是，總統會把自己的親筆任命信給他，這封信會一直被妥善保存到下一個冬天，直到參議院執行。在參議院批准後，他才能被任命為軍官。年輕的畢業生可以立刻享有二級中校的待遇，一年有 1,400 ～ 1,500 美元的薪水。「年輕的軍官，」查理王上尉說，「要是在康州堡或者波士頓、紐約、紐波特要塞工作，想保住自己的職位以及確保收支平衡非常困難。所以剛開始就在邊境工作的軍官，是相當幸運的。」

工作五年後，他有資格漲 10% 的薪水。在第二個五年的結尾，他得到了另外的 10% 等等。每五年，直到漲到 40%，允許他服務了二十年。「平均來看，」金上尉說，「在二十年之後的偉大戰爭中，西點軍校的畢業生有 15 年在騎兵隊的，17 年在步兵隊的，23 年在砲兵部隊的。要記住，升遷不能靠權力和功勞。除了當特種部隊或者軍需的代表，或是支付部門需要填補空缺，要想晉升完全是看資歷。」

西點軍校的訓練雖然十分艱苦，可是它對身體和意志上的磨練是非常寶貴的，對那些年輕人而言，能夠接受它是非常幸運的事。軍校的畢業生

學會服從命令，因此懂得如何指揮。以下是四年學習的全部課程和書名的介紹：

軍事學院的學習和圖書的使用（書籍課程，帶 * 號的為參考之用）

■ 第一年　第四級

學院	課程、教科書、參考書
數學	戴維斯的幾何學 戴維斯元素 路德羅的三角學元素 戴維斯的測量 教會幾何學 * 路德羅的對數表
現代語言	威廉姆的作品和修辭學 艾伯特的如何流暢地寫作 梅克利尤的英國語言 * 史密斯的同義詞辨析 * 羅瑞的英語詞彙的類屬詞典 * 韋伯斯特的詞典 迪裴福的法語發音 凱特的分析和實用法語語法 卡斯塔維德的結合法語動詞詞彙 羅默的講義講座第一卷 鮑徹學院的法國戲劇第二卷 * 施皮爾斯和瑟瑞德法語發音詞典
美國陸軍軍事訓練法規	對於士兵、連隊和營—步兵的實踐教學。砲兵學院的實踐教學 * 布倫特的小武器射擊標準
劍的使用	擊劍等運動指令和刺刀，軍事體操

■ 第二年　第三級

學院	課程、教科書、參考書
數學	教會的解析幾何 教會的畫法幾何，其應用球面的畫法，畫圖的暗部，陰影，和透視法 伯斯的不同種類的演算 教會完整的微積分學 約翰遜論的最小面積乘法
現代語言	伯萊爾的法語語法 漢尼肯法語習語教程 軍事的世俗諷刺劇 每週一次的費加羅 愛德根的簡明法語語法 * 梅捷派弗的法語發音 * 施皮爾斯和瑟尼的法語發音詞典 孟山都和朗蓋利耶的西班牙語語法 蒙特拉的西班牙語閱讀第三卷 克納普的西班牙語閱讀 生態學 * 索傲娜的紐瑪記譜法和貝爾蒂的西班牙語詞典
製圖	平面幾何的構成性問題，點的路徑。地形學和用鉛筆、鋼筆及墨水和色彩來測量小塊面積；在描繪幾何、暗部和陰影，線性透視法和等角投影中有不同的建築性問題；某些領域的實際測量 里斯的繪畫，人畫素描，包括攝影測量應用
美國陸軍軍事訓練法規	步兵連隊和營的軍校實踐教學；砲兵學院的輕型火炮實踐教學，以及騎兵學校，小型武器打靶的實踐教學 * 小武器的布倫特射擊規則
實踐軍事工程學	浮橋、翼梁和棧橋的建築性實踐與教學

■ 第三年　第二級

學院	課程、教科書、參考書
自然和實踐哲學	邁克的力學分析 邁克和哈洛的實際天文學 年輕人有代表性的天文學 邁克的聲和光的波動關係要素
化學，礦物學和地質學	迪爾曼的普通化學描述 迪爾曼的熱力學初級課程（第二版） 迪爾曼的基礎化學原理 特雷西的解剖學、生理學和天文學 托馬森的電力學和磁學的基礎課程（新修訂版） 迪爾曼的礦物學基礎課本 里特克的地質學因素（第四版）
製圖	手繪圖與黑白自然景觀 用墨水和顏料描繪機械製造和建築學的圖紙 詳細器材數據 軍事器材的構造 里德的地形示意圖與概述，包括攝影術在勘測中的應用
法規研究， 美軍軍事演習工程	美國砲兵部隊的操練法規 蒂德博爾的美利堅合眾國重炮服務手冊 步兵學校的士兵、連、軍營的實踐教育 海岸砲兵學院的炮手實踐教育 騎兵學校的騎兵、騎兵連、騎兵中隊的實踐教育
實踐軍事工程學	浮橋架設、安放噴射平臺、防護牆設置等方面的實踐教育 軍事訊號的實踐以及理論教育

■ 第四年　第一級

學院	課程、教科書、參考書
戰爭期間軍事與非軍事工程科學研究	惠勒的民事工程理論 惠勒的戰地防禦工事理論 梅庫爾馬漢的永久性築城學（西元 1887 年出版） 梅庫爾的戰爭技術要素 馬漢的固體截斷術
法律	戴維斯的法律要素 戴維斯的國際公法 戴維斯的軍法 安德魯的憲法手冊
歷史和歷史地理學	費雪的人類歷史綱要 * 拉伯頓的新歷史地圖冊
實踐軍事工程學	浮橋、高架橋和帆板橋的建設實踐教育 圍攻的準備和應用的實踐教育 * 戰地布置和圍攻工作的實踐教育
自然和實驗哲學	天文學實踐指導
美國陸軍軍事訓練規則	步兵和騎兵的軍事偵察實踐教育 戰地電報、夜訊號的使用和日光反射訊號器的使用 歐尼斯特的軍事實踐工程學手冊 天文學實踐教育 美國軍隊訓練法規 美裝甲兵操練規則 步兵學校的士兵、連、軍營的實踐教育 騎兵學校的騎兵、騎兵連、騎兵中隊，砲兵學校的砲兵連實踐教育 可移動大砲和槍炮操作步驟
軍械器材和槍炮操作	布拉夫的火藥和內部彈道學 布拉夫的軍械和射擊理論 英格爾的外彈道學

如果我們的信條允許的話，為了人類的事業，我是否應該徵求一下我身邊勇士的意見呢？

—— 摩爾

第三十八章 訓練軍官

從學科的一次粗略考試中可以看出，要想全方位地達到他們的目標是很難的。透過提供完整的軍事教育給每位學生，以便向整個軍隊提供接受過良好教育的軍事人才，不論他會被分配到哪個分部。這就要求學生們要透澈研究每個學科的基礎知識，而不是對大部分都只是一知半解。一項更進一步的調查表明，他們的學科至少分為不同特點的 45 個科目，而且沒有一科是可以被刪掉的。

—— 利基耶

很多人甚至政府中的一些共和黨人，都在學習法律的應急措施，這展現著一個國家的軍事力量。同樣，透過修訂的美國憲法第四條款，常備軍是美國執行法律所採取的最後手段。

—— 米基爾將軍的演講「西點軍校：目標、訓練、結果」

受到崇敬的華盛頓的演講鼓舞，革命政治家們和愛國士兵們都認真地嘗試著，最終取得了成功，並且於西元 1802 年 3 月 16 日國會通過決議，成立了一間軍事院校。

—— 米基爾將軍

現在的院校是由西元 1833 年的院校不斷發展而來的，當塞耶辭去主管一職時，錄取要求中除了地理和美國歷史，什麼也沒有增加。如今包括地理和美國歷史在內，還有閱讀、寫作、拼寫、算術和語法，這些要求如此簡單，以致全國從沒想過上大學的眾多男孩們，都可以通過並被錄取。

—— 米基爾

在西點軍校，除了少數接受過必要思想教育的人可以被錄取外，其他的去年受到的信件，都以正式檔案的形式寄給每位申請者，解釋說明情況。「西點軍校，」祕書長說：「閣下，我曾經接受過你所說的協定，當我收到你的來信時，我還不到十七歲。我不能受到任何協定的影響，我列舉出一些要求。我只想學習軍事策略，想在這裡工作三年，每月 40 美元，在協定的最後，我想在美軍中謀求一個職位，寄給我一張往返機票，無論是體力勞動還是腦力勞動，我都希望自己能勝任這個職務，除了職位，我沒有什麼想要的，請回覆。」

—— 米基爾

我曾經問一個年輕人為什麼要來軍校，他回答說，我認為這個國家的人將會被分為兩個等級 —— 被壓迫者和壓迫者，而我想成為一個壓迫者。

—— 米基爾

當西點軍校入學考試的成績公布後，所有錄取的應試者都會被列出來，然後收到學校的第一條指令，看著他們臉上認真的表情，真是一種打動人心的場面，好像是精心策劃好要激起我們內心深處的情感。在衣著、外貌、文化和物質條件方面，他們代表國家的每個地區和社會的每個階層，不過從那刻起，對家鄉的思念和對家的眷戀，一點點變為服務他人和愛國情感。現在，健全他們的體格、豐富他們的知識、培養他們的道德情操、使他們成為晉升一名美國陸軍軍官的合適人選，就完全變成了學校的職責。

—— 米歇爾

對於這些通過軍隊醫學部門外科醫生嚴格檢查的男孩們來說，身體健康是首要的，也是最易於完成的任務。因為有簡單卻富有營養的食物、大量的戶外訓練、充足的睡眠和娛樂活動，所以他們身體的各個器官很快就調整並發揮了適當的功能，從而使整個機體的每塊肌肉，都富有彈性和青

春的活力。這些動作標準、舉止優雅的年輕共和國士兵，總是會博得陌生人自發的致敬，有時為了體系中一些常規性的要求，他們還要做帥氣標準的致敬禮。

—— 米歇爾

接下來在六月一號或者以後的幾天內，按照慣例來講，學生們要做彙報，他們被分配到不同的部門，並且負責第二層學生的選拔，他們要在月中旬盡快準備好考試。我被安排負責數學組，在我的一生中，從來沒有比完成指導這群男孩，去學習這種不太熟悉的任務一樣，更讓我認真的了。我們必須複習他們要考的全部科目，除了有兩個人在一些他們難以理解的題目上有所欠缺外，其他人都做了充分的準備，我不願放棄，所以在這兩個男孩身上做最後的努力。我把他們叫到講臺上，並用最後幾分鐘的時間為他們的考試做最後一點努力。當我正在這樣做的時候，我的幾個同學進入教室並開始和其他學生聊天，他們的出現干擾了我，卻沒有阻斷我的工作，直到軍號響起，我還在教那兩個男孩。

—— 約翰·斯科菲爾德將軍

然後我回到營房，並沒有在意中間被打岔的事，也沒有特別留意發生了什麼，但是其中的一個學生也許是為他的失敗找藉口，寫信給他的父母描述那天我同學引起的「惡行」，那封信在美國陸軍部發揮了作用，隨之而來的便是司令部的調查命令。除了沒有阻止那一惡行外，我沒有參與和支持他們的事實被完全調查清楚後，我沒有受到處罰，證明了我在教導的時候，如實地完成了自己的任務。在這次調查結束後，我被要求對我的行為負責，而對於那些學生來說，他們不知道我那些犯錯的同學的名字，所以我也要對我同學的行為負責。我為自己辯論和證明，像我相信的那樣，除了在那件事發生的過程中，我疏忽了我自己的職責外，對於已經發生的事來說，我是清白的。

—— 斯科菲爾德

由於沒有考慮到事情的後果，對於這個粗心的錯誤，我覺得相當愧疚。沒想到一段時間後，戰爭部長下達了命令，沒有經過最後的裁決，就把我從學校開除了。我承認，這讓我覺得有點震驚，我心裡那種不公平的感覺太強烈了，不允許我懷疑澄清事實才是公正的做法。我想到了直接去華盛頓在政府部門面前說出事情的真相，然後我第一次意識到有朋友意味著什麼。我所有的同學寫給他們國會議員的信件中，其中有許多是寫給參議員的，這些參議員是他們所了解和知道在華盛頓有一定影響力的人。所以，我自豪地懷揣著一大捆信件，在這些信件裡闡明自己的德行，以期打動喬治·華盛頓。戰爭部長從不知道有我這樣一個人，直到我以一個軍官的身分出現在他面前，他對我搖搖手，沒有給我任何的鼓勵。在此之前，我在華盛頓已經待了好幾個星期。我的國會議員坎貝爾先生、已經成功的特納先生，以及其他幾個人友好地接納了我，讀了我的信件後，承諾會去見戰爭部長，毫無疑問他們確實那樣做了，但是沒有太明顯的效果。如果我說出有罪同學的名字，就會讓我離開，但我知道那是不可能的

—— 斯科菲爾德

早些時候，我打了電話給參議員道格拉斯，向他介紹我是伊利諾伊州一位有麻煩的公民，並告訴他我的故事。在此之前，我沒見過他，也沒寫過信給他。他說他與那裡行政管理的關係不怎麼好，不願意去這附近的陸軍部，不過如果證明有必要，他就會去。因此在所有的努力失敗之後，包括我個人的請求，這個請求花了我很長的時間去等待。我告訴道格拉斯先生發生的一切後，他回答：「你們早上會看到我。」

—— 斯科菲爾德

第二天早上，在去陸軍部的路上，參議員說：「對這個輝格黨政府，我認為自己做不了任何事情。」但是他向我保證，在未來的日子所有的一切都會變正確。這對我來說似乎是徒勞的。在這段時間裡去找這種類型的人，我都會在前廳等幾分鐘，偉大的參議員就來了，帶著友好的微笑，熱

情地和我握手並向我道別，他說：「這是完全正確的，你可以回到西點軍校，這是部長給我的承諾。」

—— 斯科菲爾德

　　我不需要完成那些單調乏味的正式手續，才能兌現部長的諾言。我的有權勢的朋友們向我保證過，只要我出示一定的事實證據，應該就是完全無罪的，並且可以返回學校，而這已經實現了，對我來說也足夠了。我回到西點仔細檢視了調查法庭的冗長表格和一份法庭資料，一邊等待部長的最終訴訟，這一共花了五、六個月的時間。我堅持不懈地履行身為一名軍人和學生應有的職責，努力遵守除了吸菸之外的所有規定，對於最後的結果從來沒有片刻的懷疑。

—— 斯科菲爾德

　　那件事情讓我明白，有時清白和公正也需要強而有力的回擊才能得到。

—— 斯科菲爾德

　　我們要了解一些事情，並且很好地了解，這是學院的規則，對於教導青年這也是一個好的規則。

—— 米基

　　假使學生每天沒有一個統一的規則，而是兩種截然不同的學習方式，那麼他必須為自己的朗誦做準備。為了這個準備需要六個小時的苦思冥想，和在朗誦室兩個小時的苦練。剩下的 16 個小時構成了正式的一天，三個小時的吃飯和娛樂時間，四個半小時的出操、檢閱和上哨。在冬季出操會暫時中止，這兩個小時就用於額外的學習，或在體育館練習或者娛樂。

—— 米基。

　　每節課指派給他們的任務都非常難，他們必須一直在為軍校學生完全掌握理論而努力著。不允許縮減課程或者縱容學生。要保持穩定的前進步伐，為某個不幸而苦惱，則會使人徘徊不前。在接下來的考試中，公正和評判會得到公平的展現。穩紮穩打的人、充滿耐心的苦幹者、不知疲倦的學生，是一定會成功的。那些斷斷續續的、粗心的、或者是不勤學苦練的，不久就會發現他的軍人生涯結束了。

—— 米歇爾

　　優秀的教育是一個昂貴的過程，正如其他珍貴的東西一樣，付出了便會得到令人滿意的回報，但是它卻從來不被那些得益於它的人所珍惜。如果我們觀察慈愛的母親教導他們的孩子，我們就會發現她始終是充滿寬容和愛心的，同時，也會不斷地將知識的魅力也傳授給孩子。每個孩子都需要教師給予相同數量的練習。

—— 米歇爾。

　　為了有更好的教學品質，學校的每個班級人數都不超過十二個，按照他們在之前的考試中顯現出的能力強弱進行分配。隨著課程的進展，那些表現出極大天賦的學生會被調到更高級的部門，去取代那些稍弱的。對學生考察的分數，會在每個星期六的下午被一一張貼出來，以便他們可以知道自己的進步，並且鼓動他們再接再厲。

—— 米歇爾

　　這種宣傳方式的優點在於，假使學生因考察和最終評判向上級抱怨時，就會使教師在訓練的過程中更仔細，評分也更公正。在評分開始之前，學生們可以自由地利用機會來弄清楚，他們在那一天的學習中所遇到的、無法靠自己解決的難題。在這種情況下，將會展現出教師對於這門學科是否精通。

—— 米歇爾

學校仍堅持教科書用於教學。然而，我發覺其中一些是過時的，可是在一間專科學校或者學院，基礎訓練遠比知識獲得更加重要。我懷疑對適當教材的相關學習，是否會被教學系統所取代，這在大學裡也許非常有可能。

—— 米歇爾

反對西點軍校教授的課程過於數學化和科學化的異議，已頻繁地出現。西點軍校對此的回答，據說是戰爭在本質上是一門只能在相同的思考邏輯中才能學習的學科，然後再運用於其他所有的學科。對西點軍校的多年觀察使我確信，倘若在犧牲科學研究的情況下增加人文學科將會是有害的。

—— 米歇爾

西點一直在諄諄教誨學生榮譽和正直方面享有盛名，並且在畢業生身上都顯現出了這些美德，這是西點應得的。在這個國家，對西點非常重要的一個事業，毫無疑問就是高品質的軍工企業。因為這是整個國家全體公民的公共服務事業，而不是屬於任何個人、朝代、政黨、州或其他部分。歸屬感和個人責任感，構成了西點軍事和學院準則的基礎，這也是西點在培養學生性格品德過程中最重要的因素。

—— 米歇爾

風和浪總是站在有才能的航行者這一邊。

—— 愛德華‧紀邦

第三十九章　海軍的等級

　　在緊急情況下，一名勇敢又富有活力的美國青年，也許會在一天之內差不多可以成為戰士；然而即使在培養一位好的航海者之初，特別是一位海軍軍官，都很難在數月之內完成。要是沒有安納波利斯的海軍學院，我們與西班牙之間的戰爭史，或許就很難被認清。

　　實際上每個海軍軍官在海軍學院受到的訓練，都要比和平時期的作戰部長嚴苛，考入海軍學院的眾多要求中，最核心的部分和西點軍校是相似的。課程時間為六年，四年在海軍學院，剩下兩年在海邊度過，期滿後學生會返回海軍學院參加畢業考試，最終畢業。每個地區的任命由國會決定，陸軍學院也是。

　　所有參加入學考試的申請人年齡必須在十五至二十之間，要求身體健康，身材勻稱，體格強健。在體格檢查方面，和軍事院校幾乎相同，報考者的身高問題備受關注。對於報考者的身高來說，年齡也一樣，沒有任何一個人允許低於標準。5 英尺高是報考者入選身高的最低標準，如果報考者的身體條件遭到質疑，比如說，任何顯而易見的身高或者體重不符合要求，都會成為報考者被拒絕的重要因素。

　　報考者將會以學院董事會（院校方）的考試方式，來測評他們的智力水準。測試的科目有閱讀、寫作、拼寫、算術、地理、英文語法、美國歷史，透過二次方程式來考察的代數學，平面幾何（肖維涅幾何的五本書或者與之類似的水準）。這些測驗的科目中，只要有一門沒通過，都會成為報考者被拒絕的充分理由。不過學院董事會特別指示，當報考者的分數超過學院董事當局所給出的最低錄取標準時，不要拒絕收一個只有拼寫考試

科目不合格的報考者。

　　除了要回答軍事院校的測試問題，報考者也要通曉世界通史。其中包括比如帝國與朝代的興衰起落；因戰爭或其他原因而導致的領土變化；構成和平威脅的最重要的因素有哪些；不同國家中宗教教派和政府的關係……簡而言之，諸如此類的考試資訊，都可以在最常見的世界通史中找到。以前考試中出過的試題，將會替報考者指引考試的範圍。例如，定位以下的地點座標：格拉斯哥，加爾各答，的里雅斯德，彼得斯堡，基韋斯特。

　　再如，描述下列河流，說出它們的發源地，流向和最終注入哪片海域：莫霍克河，剛果河，雅魯藏布江，亨伯河，第聶伯河。從布宜諾斯艾利斯航行到孟買，途中經過蘇伊士運河，列出途徑海域和經過城市的名稱，同時定位航行中可以遊覽的三個海港城市的地理座標。

　　介紹和評論以下任意三位名人：龐塞・德・萊昂，弗朗西斯・德雷克爵士，彼得・伊特，班奈狄克・阿諾德（Benedict Arnold），約翰・布朗（John Brown）。

　　寫出布匿戰爭的時間、導火線和結果。

　　1 鎊中減去 4 便士是多少，要求精確到小數位。

　　釀製一桶含有 40 加侖水的啤酒，要加入多少蒲耳式的穀物？

　　一個密封的長方體木質盒子的表面積為：長 17 英寸，寬 10 英寸，高 6 英寸，木頭是 0.5 英寸厚。這個空盒子重 7.5 磅，並且當裝滿沙子時是重 100 磅。求出一立方英尺木頭和一立方沙子的重量。

　　替定理、公理、推論和注釋下定義。

　　證明當一條直線垂直於一條線段的中點時，那麼直線上所有的點到這條線段的兩個端點的距離相等。

　　什麼叫幾何軌跡？舉出三個幾何圖形的例子，並且指出每個圖形的幾

何軌跡位置所在。

用幾何學證明，正直角三角形斜邊的平方與兩直角邊和的平方相等。

每間軍官學院都要求簽一份協定，以證明他願意為美國海軍服務 8 年，其中包括在海軍學校的試讀期，除非他很快退伍離開部隊。從海軍軍官學生被正式錄取的那一刻算起，每年享有 500 美元的津貼費。

「美國人，」前任美國海軍部長兼議員希拉里・赫伯特說，「對海洋的親切熱愛是由於我們的繼承性和本能。能成為一位海軍是一件很自然的事情，就好比鴨子會游泳。所有愛國的美國公民，都應該為我們擁有這樣的國家英雄而感到自豪，這也是理想中最自然不過的事情了。」每個學生都應該閱讀保羅・瓊斯（John Paul Jones）、迪凱特、薩默斯、赫爾、佩里、麥克唐納、法拉蓋和波特的故事。「諸如此類的人，」他補充說，「大輪船依靠這些人的掌舵，在其中有一句在英國商人之間流傳很久的名言：『先了解你船長的一切，然後再了解這艘輪船的一切。』如果這句話在英國商船中被認為是至理名言，那麼它也同樣可以適用於戰艦。」

所有監管輪船發動機製造和運轉情況的指揮人員和工程人員，修理和製造海軍戰艦的建造者，統率士兵（美國海軍陸戰隊的士兵）的指揮官，都畢業於海軍軍官學校。

這是赫伯特早些時候在波士頓報中發表的、一篇具有重要價值的文章中的一段話，文章名為「年輕的夥伴」。文章中描述了海軍軍官學校各訓練基地的學生訓練情況。關於訓練基地的情況，赫伯特這樣說：「每年在每個年級中，最後考試的優勝者將會被選拔出來並送往國外，進一步地深造學習蒸汽工程和海洋建築工程學科。」

現役軍人必須明白，要占有從屬領導職位。然而，那些畢業於軍校並且出色履行職責義務的學生，將會成為海軍軍士和准尉軍官。

經法律允許徵募入伍的總人數現在是 9,000 人，其中包括 1,500 名作

為見習生徵募而來的男孩。這些男孩通常要麼是從新港附近海岸島的美國航海學校埃蒙德分校、紐約城的美國航海學校明尼蘇達分校、波士頓的美國航海學校阿爾巴什分校、里格島費城的美國航海學校聖路易斯分校徵募的，要麼是從密西根湖的美國航海學校密西根分校徵募的。

這些申請加入訓練艦的男孩，必須得到父母或監護人的許可，他們的年齡必須在 14 ～ 17 歲之間，身高方面 14 歲的男孩不低於 4 英尺 9 英寸，15 歲的男孩不低於 4 英尺 11 英寸，16 歲的男孩不低於 5 英尺 1 英寸。在其他方面，他們必須具備符合標準的強健體格，良好的聲音，健康的體質以及一定的聽說讀寫能力。當然在特殊情況下，只要男孩具備正常的智力水準，即使他在讀寫方面存在不足也可以被徵募。

當見習生達到 21 歲時，可以續簽為期三年的服役協定，或者申請退役。但令人遺憾的是，有超過 50% 的人不會再和政府續簽服役協定。

在訓練艦上要進行兩次巡航訓練，一次在冬季，一次在夏季。經過這兩次巡航訓練後，所有合格的男孩會被調到軍艦上做一般的服務性工作，所有被徵募的男孩被評定為三級見習生，除去支付由政府低價提供的服裝費用之外，他們每月可以拿到 9 美元的津貼。這並不包括他們被徵募時，由政府免費提供給他們的套裝。

在結束訓練艦上的服役後，這些男孩被評定為二級見習生，並且每月有 15 美元的津貼。在大型軍艦上服役一年後，如果完全合格的話，他們將成為一級見習生，並且每月可以拿到 21 美元的津貼。一旦見習生被重新徵募，他可以成為一名海軍下士，倘若他夠聰明並且能夠抓住身邊的機會，他就有可能成為一名准尉軍官。

每艘足夠大的軍艦上的士官大約是 40 人，他們的津貼從水手炮手的每月 26 美元，一直到軍事主管的每月 65 美元。准尉軍官在服役期滿的海員中選拔。見習生結業後可以成為水手、炮手和海圖繪製員。他們的薪水

在某種程度上取決於服役期的長短，從 700 ～ 1,800 美元不等。父母和監護人應當在同意徵募他們的兒子和被監護人之前，把水手生活的好處和壞處考慮清楚。

艦上的生活並不艱苦。除了被徵募安排為運煤工和司爐工以外，勞動量也不大。但仍然要記住的是，要絕對服從命令，並且被徵募的人要履行艦上所有的義務工作，包括保持一切必須乾淨整潔的物品乾淨整潔。被徵募的人也不可以升到少尉以上的職位。在現代軍艦上履行職責的指揮官，需要受到比在訓練艦上更高的教育。

至於海軍學院的職缺資訊，可以致函設在華盛頓海軍部的海軍人事處主管那裡得到。

海軍學院位於安娜波利斯史文河畔的一個美麗的地方。國會最近又撥了一大筆資金用於學院新教學大樓的建設。學院的訓練雖然嚴苛，可是訓練出來的學生，不僅尊重，更是崇拜他們的教官和和與他們相關的人。幾年前我去海軍學院辦事情時，受到了幾名軍官的熱情招待。他們把自己的宿舍讓給我使用，並稱之為「長官專用區」。一回到紐約，我就向一名已經從事專業性工作的海軍學院的畢業生提起這件事。

「天哪！」他說，「你知道嗎，我根本無法想像有人能夠在『長官專用區』度過一個快樂的週末。」

事實上，那些教官們在和學生保持一個尊重對方的距離時，他們自己也並非是過著一種隱士的生活，而是在某種程度上，享受著鄰近城市社會的樂趣。

在海軍學院除了理論教學外，教授實踐操作會貫穿學生的整個學習過程，所開設的課程如下：學生實踐操作、船舶駕駛技術、打繩結和接繩、羅盤運用和領航、船舶命名法、切割和安裝麻繩索具、切割和安裝金屬索具、划船、用櫓和帆操縱船舶、攏帆、縫帆、繫帆、鬆帆和掌帆、船舶帆

動力和蒸汽動力的轉換、打訊號、陸軍和海軍密碼、汽艇駕駛、蒸汽動力艦隊和汽艇戰術。

軍械器材：步兵、排、連、營的順序；砲兵，使用輕型武器，把槍作為練習目標的是次等砲兵。使用籐條、短劍、寬劍；操作和發射水雷；使用里勒和羅德曼試驗機、工作臺測量儀；預備、稽核、儲備軍需物資。

六種獎章作為射擊最佳者的獎勵。金、銀、銅牌獎給最高等級的海軍學生。分別代表一二三等獎的，則頒給第二等在來福槍和槍的練習中成績好的學生。

導航：觀察者需要隨時準備航海六分儀、水平尺、經線測準儀、天文鐘校正儀、緯線測準儀和方位角測定儀等。測量：測量和繪製出英國賽文河的部分地圖。

羅盤偏移：透過自由擺動的鐵擺，觀察羅盤中的水平方向和垂直方向指標振幅的每個過程，透過這些來觀察並找到最接近精確值的一個係數，讓水平和垂直兩個方向的力來操縱羅盤。同樣的方法能夠找到船的傾斜係數，而不需要船的傾側。同樣也能糾正羅盤的偏角，這便是海軍的羅經櫃。

蒸汽工程、工廠製造、店鋪模式：用於每個用途的材料都是經過精挑細選的。

鑄造部：使用鐵器和銅器鑄件製成銅、合金等物質。

鍛工部：工作包括鍛造、銲接、表面硬化和測試金屬柔韌性等工序。

鍋爐部：包括鉚接、銲接、管道柔韌性測試等。

機器部：包括老虎鉗臺工作間和機床間，也包括機器的配置、刨床、打孔、力刨機床等。管件櫃架支撐和引擎的配置，其他的工作也是大同小異。

船體工作部：在軍艦需要全速前進時，管理主、副引擎的運轉，從容

地修理可能出現的漏氣問題，保證燃料室和引擎室路線的暢通，水和油的補給等各方面的問題。當在海上部署的時候，同樣也要保持引擎的最大推動半徑，這些都取決於學生的操作情況和在行進中的機器本身，包括防止鍋爐、蒸汽管爆裂、氣體的攝取量和煤的供應。位於炮臺下方的拋錨架和機器都要徹底檢查，清洗鍋爐、清理冷容器。當沒有被委派任務時要去維護艦體，收集行程中產生的數據。

正常的損失：包括補給管爆裂、鍋爐產生的裂縫、爐壁欄的燒毀、航海日誌的紀錄情況、炮臺掩體的損壞和被海水沖壞的隔房等。

在戰鬥中的損壞：隨時準備行動、臨時的修理、更換裝置和在受到炮火和魚雷攻擊的時候，做出最行之有效的調整、迅速破壞陷入敵人手中的軍艦方法。

種類：計算尺、常規機器、氣體和油量監測儀、標準的蒸汽計量表和指示器、確保必需物質和核心機器穩定；測試、檢查、補給的儲備；預備好各種水泥、油漆和常規的損耗材料。

煤的選擇：估算好煤的隨時供應量和船體防腐等。確定觀察點、指揮和沿途港口的停靠表。

體能訓練：包括柔軟體操，讓肢體能夠保持靈活。特殊的訓練能夠讓人的身體在需要的狀態下保持平衡。健壯體格的訓練包括拳擊、游泳和跳舞。

就像斯考特所說：「在任何時候都要做好進攻的準備，一有機會就立刻出擊。」

第四十章　海軍軍官的訓練

正是一位紳士，同時也是一位在理論和實踐上都合格的水手，才是身為現役海軍軍人應有的品格。假使一個人不能以文字語言與人交流並達到以上要求，那麼這樣的人不適合指揮一艘艦艇。

—— 約翰・保羅・瓊斯

美國的阿瓦斯海軍院校始建於西元 1845 年，它的創始者是一位歷史學家，名叫班克羅夫特，他是當時美國總統的海軍祕書長。第一間海軍院校位於馬里蘭州的安納波利斯，除內戰時期外，那個地方被永久地保留著，它是那個時期羅德島的暫時中轉新港。

—— 朗斯伯萊《哈伯雜誌》

不論在海軍還是在陸軍院校，錄取要求遠遠低於一些同類性質的機構，是為了保證人們享有應有的公民權利。現行的低標準錄取，是由於先前和後來加入的人員工作傷害所致。把這樣的低標準錄取放在首位，是基於大量人員不符合錄取標準來定的。對於普通人來說，儘管標準放低，但卻在考試中失利，這樣會比標準放高更可笑和出人意料。並且這樣的事是不容置疑的。

—— 朗斯伯萊

那些申請者和無足輕重的個別學生也只是準備所需要的科目，從來不多做其他的事情。如果標準放低，那麼他們也會把標準放低，反之亦然。要是我們的大學入學考試只把讀、寫、和數學等科目作為錄取考試，那麼大多數的應試者將不會通過他們專業課之外的考試。

—— 朗斯伯萊

對於居住在這個國家的土地上，並知道他們居住地上任何事物的所有公民來講，除安納波利斯人之外，或許沒有人能夠在西點這一詞上感受到意義和不同。陸軍和海軍院校畢業生與其他畢業生相比非常出眾，並且與普通公民也有不同。

—— 詹姆斯‧巴恩斯《展望》

西班牙戰爭給了我們許多啟示，並且證明在有限選用官員機構方式上的正確性。

—— 巴恩斯

現在的海軍院校正經歷著一個從前都沒有想到的、擴大的新紀元，國會已經批准 100 萬美元作為新建費用，並且許多設施已在建設之中。老海軍院校屆時將帶著傲人的業績隱退，也不會因為它的任何一處魅力建築而引人注目

—— 巴恩斯

他現在在安納波利斯（老海軍院校學生，你會發現他已經完全變成了他的官銜使他表現出來的樣子，一個試用期的海軍軍官。）他從哪裡來，這位未來的艦隊司令？他是不是來自海濱小鎮，帆和船是激起他抱負的原因？他是否還留有海上霸主的血液？他是不是握著船槳長大的，是否能駕馭三角帆船？不，他來自廣闊的陸地，他甚至沒有聞過海鹽和海水的腥味，直到他戴上整潔的軍帽。他踱步在有難聞的船錨移動的甲板上幾個月，他才真實的感受到了他是一位海軍

—— 巴恩斯

與所具有的西點軍校和部隊的知識水準相比較，直到最近，這個國家的人才對海軍院校和海軍有所了解。當留任的海軍官員缺勤時，常常會遭到羞辱，比如說會回答這樣的問題：你們的船在哪裡？你們海軍現在在哪裡？就像信件有時會被寄往印第安納城邦海軍學院所在地。

—— 富拉姆

一名海軍學生在學校學習 2 年，在一次競選考試中與其他 17 個人競爭，最終獲得任命，帶著從他的軍事區域開具的推薦信：

致尊敬的海軍院校：

茲證明我們已經熟知他，並且可以毫不隱晦的說，他是一個具有優良品德和受朋友愛戴的人。

簽名：

然而這位優秀的候選人卻沒有通過資格考試。他的工作能力和他身邊的朋友也是如此優秀。在地理課上他透過回答卡桑尼亞是法國的北部地區，加爾各答是歐洲地中海的南部這一類問題，來惡搞世界地圖。

—— 富拉姆

儘管錄取標準仍然相同，不過在班級中學生的表現比以前的學生更加優秀。這樣的錄取標準應被提高，因為在錄取中成功的應試者發現，自己要應對他們較弱的科目這樣的學習過程。儘管海軍學院是一個完全民主的機構，但它還是更加願意招收聰明的而不是呆笨的學生。聰明孩子比較容易達到高標準，但是相對較笨的孩子僅僅透過（父母）的權勢和影響力，就在海軍院校得到任命，這是既不民主也不公平的。

—— 富拉姆

如此低的錄取標準，而使不超過三分之一到一半的院校生可以成功畢業是不足為奇的。軍校的課程相當嚴格，學生只能從頭開始學，可是這並不能發揮很大的作用。現代的軍事環境要求我們的海軍軍官，在數學和科學基礎訓練中達到高標準，正因為這個高標準，我們的高尖端艦艇、槍枝和機艙才能由軍校畢業生設計出來。我們的海軍已經能自給自足。我們的槍和炮在使用中非常順手，因為是海軍軍官所設計並製造的，它能滿足服務性要求。

—— 富拉姆

　　海軍院校的實戰訓練變得日益進步、靈活，並且具有完整性，歷史上從沒有像今天這樣輝煌過，這已經達到了海軍院校的歷史最高點。

—— 富拉姆

　　從 10～5 月這 8 個月的時間裡，每天都要進行戶外實戰練習訓練。接下來是戶外訓練操練表，時間分配十分合理：航海技術，蒸汽切割導火線，左輪手槍射擊訓練，來福槍、機槍金牌爭奪戰，步兵訓練，軍營小戰和刺刀練習，砲兵團訓練，登陸教學，魚雷作戰訓練，實用航海和測量。

—— 富拉姆

　　冬令室內訓練包括：實用軍械，實用電學，鍋爐操作，舞蹈和劍術練習；艦艇繩索、機械間、鍋爐房、模型間的教學。除此之外，一年中有三個月所有科目停練，利用這段時間來進行海上實戰巡航。在海上的教學是非常實用的，學生們做好水手的工作，而士兵們在甲板上或機艙忙碌，高級長官則負責船上事物並履行好一切指揮的職能。

—— 富拉姆

　　擴大海軍隊伍，在敵軍登陸前和他們交戰。

—— 約翰・倫道夫

　　海軍院校位於塞文河沿岸，占地 50 英畝，兩面由圍牆環繞，另外兩面分別以河與港口為界線，包括圍牆裡的學院總共占地 116 英畝。在這個封閉的世界裡，我們有獨特的團體社群，有給軍官和學生專門準備的居住區、醫院、教堂、墓地、圖書館、報告廳、劇院、實驗室、工廠、文學作品閱讀室、煤氣廠、麵包店、洗衣間、室內體育館、軍械庫和操練室。實際上，在這裡每個人都能住得非常舒適，設施一應俱全，不用去想念學院外面的花花世界。

—— 海軍少尉　華特・理查森

政府為入圍的每一位候選人提供旅行費用，但要求馬上繳納 190 美元的書本和服裝費用的押金，許多參加考試的男孩深信，自己透過考試就能成為班裡的第一名，不過說來也怪，每個班只有一個是第一名。

—— 理查森

　　在孩子們進入海軍院校，簡陋的大鐵門並沒有刻著任何字跡。只是讓那些進入這裡學習的孩子們銘記一個告誡：要拋棄掉懶惰。唯一可以確定的是，只有透過不斷地勤奮學習才能造就一個合格的學生。一個進入海軍院校的學生就像進入了一個新世界，他的時間的來去、工作的高低起伏，都將被一本鼓鼓的筆記本主導著。他的體育、文學背誦、走路方式和用餐時間，實際上應該說是生活的每個瞬間都被嚴格規定著，甚至他的俚語都完全與外面的世界不同，會帶有一股獨特的水兵氣息和淡淡的海水鹹味。

—— 理查森

　　像代數、幾何這樣的學科，學生要在黑板上寫出公式，將定理的證明以及課本的知識應用在具體問題中。像歷史、修辭學這樣的文科，習題形式可以是口頭的或者是在黑板上作答，這樣老師可以修改文法、語法、標點、拼寫、詞的選擇，以及現實中存在的其他錯誤。在學員學習之前或之後，老師都會解釋課文。但學生們都要在做習題之前，學完課文的主要內容。這樣他們就可以得心應手地完成布置的任務。

—— 理查森

　　學員們能夠順利地完成任務，靠得是他們的勤奮和與生俱來的天賦。在這個國家，在一樣的分數下，還沒有一所學校會像這所海軍學校這樣，給學生這樣多的個人課程。很少有學生能讓老師給他們一些自由的時間去學習，這一點是非常必要的，否則學生們在大量課程的壓力下，很難短時間有效地理解老師所講的內容。所有學員都有相同的學習經歷。前兩年的學習是為後兩年打基礎，包括所有的技術與專業科目。

—— 理查森

　　學生在海軍學校完成四年的課程後，將在巡航船上進行兩年的實踐，在這之後學生們將回到安納波利斯進行最後的考試。然後他們將在海軍陸戰隊擔任少尉、工程師助理或上尉等職務。因此學生在海軍學校要完成六年的課程，而西點軍校的學生只學習四年就可以接受委任。

—— 富拉姆

　　相當多的學生在第三年年末被分配到工程部門，因此這些學生將提前接受蒸汽工程學、武器裝備和航行等課程。學習這些科目的，一定是會堅守這條戰線的學生。

—— 富拉姆

第四十一章 發明

技術的適當創新與發明是密切相關的，這根本就是一個自然規律。

—— 謝里丹

當年輕人將自己的身心投入發明時，要對其有個明確的概念。你要了解發明的三個同義詞：適應、提高、發展。發明並不是創造。當一個人發現了微生物，在這之後會有數以百計的人，也許數以千計的人為之而努力。在這裡提高一些，在那裡改進一些，然後當一個人介入這項發明並進行實驗最後得到應用，我們就稱這個人為偉大的科學家。隨之而來的，是帶給這位科學家無上榮譽或者可觀的財富。

你可以輕易地檢驗這一命題的真實性。試著想像一下，要是沒有先前的懵懂和不確定的階段，怎會有一項偉大的發明出現？你能舉出一個反例嗎？有一些發明起先可以看成靈光一現，但調查表明，它們是像微生物一樣慢慢成長起來的。

拿現代海洋汽船為例，它是人類大腦與肌肉偉大的作品之一。你是否能幻想一個人，他可以不用獨木舟作為基礎，就給我們一艘完全成熟的現代汽船，這可能實現嗎？你根本想不出這樣一個人。我不能，其他人也不能。亞歷山大、拿破崙（Napoleon）、米爾頓、莎士比亞和喬治·華盛頓，都沒有資格替這個人繫鞋帶。這樣的人根本就不存在，永遠也不會存在。

任何其他的例子都能說明，不過我們現在以船為證，在我們謙卑的傳統裡，你認為有多少人能給我們現在稱為完美的海上運輸裝置，數以百計

嗎？我們可以大膽的說，數以億計。這些人的祖先不穿衣服，也沒有使人類種族受益的深遠想法，他們對人類種族一無所知，對此也漠不關心。當然他們並不讀寫，他們也沒有什麼東西可讀，沒有條件寫。

他站在岸上，出於一些原因渴望跨越河流。我們可能為他的渴望設想上千種理由，卻無濟於事。我們會說他希望穿越海洋，對我們來說這已足夠。他沒有船，全世界也沒有一艘船，他的世界僅僅沿著自己以往去過的方向延展，他的朋友也一樣。可是他穿越水域的願望還是極為強烈，若是有敵人追趕，那他就必須有此願望了。他曾經看過一個漂流的木筏，但是手頭上沒有木材。他也曾經看過一個漂流著的破舊蘆葦蓆，並且確切地知道，大量漂流著的蘆葦有相當大的浮力。

他有了主意，迫切的渴望和需求刺激著他的智慧。他收集了大量的蘆葦，並用藤蔓把它們捆起來，然後跨坐在蘆葦筏上，用空出來的兩隻手滑水，幫助自己向目的地前進，他是一位偉大的發明家，可是他自己並不知道。

那時候還沒有船帆，因為它們沒有用武之地。東西都是在我們有需要之後才發明的。利用蘆葦筏過河成為當時主要的交通方式。划槳是個艱苦活，他討厭費力，便砍下一片多葉的灌木，把莖穩固地插在蘆葦中，乘風啟程。

很久以後，一些其他發明家發明了用兩根石棒摩擦取火的方法。而他兩分鐘之內就取到火了，這是你在四個小時內辦不到的事，並且他將這項成果應用到現代汽船的發展上。

以灌木當帆的蘆葦筏，讓人們到達這個微小世界的另一端，不過在一些水域，橫跨在筏上卻是不方便的，因為水裡有鯊魚。鯊魚鍾情於人們的腿和腳，想在那些水域安全地前行，有必要使腳脫離水面。同時，取火的方式已被發明，並且這個地方有很多被風吹倒的樹木，那個時期最偉大的

發明之一，是用火挖空一個寬樹幹，做成第一支獨木舟。

　　在其他發明家的幫助下，羊毛的發現使人們學著製作粗糙的衣服。毋庸置疑，他們向創造者們致謝，因為他們連結了先進的文明，為沒有衣服穿的祖先們感到惋惜。在真正起航前，黏在蘆葦上的灌木不久就消失了。

　　我不必更遠地追溯現代汽船的發展史。你自己就可以看到木製獨木舟在其他發明家手中的改變，木船和被劈斷的長木板或划艇，成長為單桅帆船再到兩或三個桅桿的艦艇，艦艇再到快速帆船，到推進器，再到特快海輪，每一步都需要一個發明家或上千個發明家，每一次提升都是由於人們對它的需求。這就是我想向您闡述的觀點，但是不要混淆需要和大眾要求。通常大眾不會要求一個必要的物品。有用物品的供應，確定了對它的要求。

　　意思就是，你應花費所有精力在發明創造上，發明一些大眾需要的、讓生活變得更容易的東西，或讓生活更好、更快樂的東西。如果你用盡畢生去發明創造，完成一個人用十天就可以穿越大西洋的海洋腳踏車，那麼你的生命就會被浪費，因為不論是多麼精美絕倫的機器，人們也不會渴望獨自穿越海洋，你也無法創造這樣一個渴望。

　　除了讓生活舒適的東西更便宜、更簡單之外，90% 的偉大發明都是什麼呢？我們現在使用電話，而我們的祖輩們卻是使用書信；在他們那個時代寄信是便宜的，現在卻是昂貴的；我們只需要轉動水龍頭就能有水，他們卻要派遣僕人去打水；僱傭人在那個時代是便宜的，現在卻是昂貴的。生活方式的改變，使得新方法的產生成為必然。

　　他們那個時代每個房間都有壁爐，並且有傭人燒火。而我們在地下室安裝個火爐來替所有的房間供暖，以代替昂貴的傭人薪水，而這每天也只需要幾分鐘的操作就能完成。這樣不但能更加節省開銷，又能提供更多的熱量。他們那時沒有電燈，所以需要僕人來點和滅蠟燭。實在無法想像生

活在那種原始的、不舒適的狀態下。

所有在我們現在看來，只需要按個鍵或轉動把手就能完成的事情，他們卻得用一批的隨從才能完成。在那個時候僱傭人是廉價的，不過按鈕和把手現在也是廉價的。如果現在的勞動力像在奴隸社會時期一樣廉價，那麼就不會有電話、電燈，地下室也不會有火爐。在英國，由女僕來完成大量的工作，而在美國由機器就能完成。在英國，僱傭一個女僕每年需要 60 美元，而在美國則需要 240 美元。

但是你能發明賺錢的東西嗎？不管你能否利用它去賺錢，都取決於你的商業頭腦。我確信一個發明者需要一個相信他就像相信自己一樣的搭檔。不管發明者發明了什麼，他的搭檔都能將它變為金錢。對此我確信無疑，因為過去我經常看到，在一百件有九十件都是有用的並且重要的發明中，發明他們的發明家都會陷入極為可怕的貧困中。

在大部分案例中顯示，只要一位精明的商業搭檔就能改變它。發明產品的你，無法去評價自己的發明是否有用，而資本家會從商業的觀點來評估，此時資本家和你的關係，就像出版商跟作者的關係。作家寫書並將書寄給了出版商，但他拒絕了作者。

「我會自己出版它的，」作者說道，尤其是一些年輕的作家。「這很好，大眾會買它的。」也許他是個有個性的作家，但是他不像出版商一樣了解出版業的行情。或許出版商寫的東西只有作家的一半好，或者根本就不會寫，可是他了解市場，了解市場需求和大眾口味。要是連這些都不知道，他就不會做出版商了。作家不懂這些，甚至不能假裝知道。也許他會明智地選擇另外一個出版商，另外一個，再另外一個，直到他的作品出版為止。

問題是，如果其中有人對於出版自己的作品有足夠的信心，並且認為自己比那些出版商懂的都多，而去出版自己的作品，那他就是個傻瓜。這

就像資本家和發明家。除了賺錢，資本家們並不懂太多關於發明的東西。但是他一定知道一些賺錢的事情，否則他就不會成為資本家了。若是這樣的人拒絕接納你的發明，這時候你就得停下來反思了。不要認為你發明的是世界上最好的東西。如果你能給他們指明一條適當明確的道路，來為他們的商店賺取 1 萬美元，只要你喜歡，就算花費五千萬美元他們也會僱傭你。有個好專案，你就能賺到錢。

放心，你作為發明家可能成為國家的一部分，也可能是世界的一部分，就像其他的發明家一樣。你能在田西納的山脈中做發明，在新英格蘭的中心區也會有創造靈感。大自然不會讓一個新英格蘭人比一個田西納人更有創造力，這在於他周圍的環境而不是大自然。一開始，新英格蘭人發明和製造東西僅供自己使用，接著他的兒子發明東西是因為他需要錢，最後他的孫子繼續發明東西，是因為他看到了身邊有名的、從發明中得到利益的例子。

新英格蘭的河堤上，就是製造捕鼠器的大工廠。那種捕鼠器的發明者由此得到了巨大的財產。在河的對面是個製針廠，那位發明針的人得到了一百萬美元，並且其子也受用無窮。在森林的邊緣，有間用磚塊建成並帶有一排排煙囪的巨大工廠。你認為他們會在那些巨型建築裡做什麼呢？就是馬車頂端的轉軸。也許你認為不會有人會去製造這種東西，可是有些人想到了，並從中得到巨大的利潤。

那昂貴的馬車奔馳在平坦的大道上，被優良的、帶有光鮮馬具的馬所牽引著，一直飛奔到大廈下面。倘若你住在自己國家較新的地區，你可能沒有這個機會親眼看到傑出的榜樣。建造英格蘭工廠的材料與你們國家所擁有的智者一樣多。啊，火的靈感，它是天堂裡最明亮的發明！

—— 莎士比亞

第四十二章　深受自然規律影響的人

創造能力的發展史，就是人類的發展史。

—— 奧蒂斯·梅森

「發明」這個詞，還適用於四個不同但相關的現象。首先，發明的事物與制度。其次包括腦力活動。再次，對這事的收益和回報，最後，大自然的力量和材料。

—— 奧蒂斯·梅森

我認為所有的工業、藝術、語言、機構和哲學都是發明。

制度不是本來就有的，每個制度曾經都是一個人的行為，每一條法律都是人們遇到特殊事件的應對方法。

在某些危急時刻，甚至連無脊椎動物似乎也會將牠們的智力集中，以便順利逃脫，這些行為在某些緊急情況下是非常有用的。首先牠發現了必要性，然後是短暫的混亂，最後努力地思考和實驗。這些發明家的堅持常常是非凡的，畢竟牠得想出逃跑的正確路線，否則就會筋疲力盡而亡。

精心的獎勵應該贈給發明家，這是不該被忽視的。起先大眾一直認為沒有什麼，直到發明家擁有了自己的專利證書，他的發明讓他得到更好、更多的食物。敏銳教會了他智慧遠比暴力更強大，這讓他獲得了讚美、尊敬、受人敬仰還有大量的隨從。後來在歷史上，部落吸收了利益，接著是國家。這位發明者被加冕，現代專利系統的歷史應該包括這些。

接下來的發明家是格洛斯特郡的喬納森赫爾，他在西元 1736 年為一艘將漿輪放在船尾容器和紐科門發動機的蒸汽船申請了專利，他在埃文郡

河流通道裡試航，但沒有成功，這個發動機最後被帶到岸邊。在汽船實驗被忘記很久之後，大家仍然記得這次失敗。

喬納森赫爾多次在紙上實驗，試圖發明一個能夠抵禦狂風和大浪的機器，可是他並不是很聰明的人，因此一直都沒有成功，直到最後他都難以啟齒了。

—— 塞謬爾‧斯邁爾斯（Samuel Smiles）

艾瑞克森是一位天生的發明家。在瑞典，當他還是個孩子的時候，就用工具自己發明了一些機器。他開始學習繪圖，從而開始了他的機械生涯。他被任命為瑞典機械工程師隊伍學員。接下來的一年，艾瑞克森在哥達船上深造直到成年。後來他來到英格蘭，偉大的機械工業中心，那時他23歲。艾瑞克森和約翰‧布雷斯維特合夥，兩人一起研究新事物，並在西元1829年10月16日，參加了在雨山舉辦的機車大賽。

發明是青年人的才智和對年齡的判斷。

必要性通常被喻為發明之母，所有人的行為都是人們需求所激發的。例如飢餓就意味著渴望食物、水和一切進入食道的物質；疲倦感則渴望休息；對千篇一律生活的厭倦則是渴望改變。還有許多情況是由於受到了外界的刺激。

—— 奧蒂斯‧梅森

準確的說，當有創造能力時，事物被發明創造出來，並且透過有趣的進化作為回報，舊的事物逐漸融入新的事物中。因此，就刺激物而言，這是一段平行的歷史。在野蠻時期與文明時期，對於飢餓的感受並不相同。對於房屋、衣物、利益、藝術品、社會、文學以及解釋事物的渴望，讓人類需求的進展，因此成為了歷史的一部分。

—— 奧蒂斯‧梅森

人類降生在地球上，生存並且繁衍不息，擁有、征服了地球，這種非凡的創造能力才使民族實現了他們的任務。

—— 奧蒂斯·梅森

　　反覆地聽著社會學家說，人類沒有創造習俗，卻逐漸形成習俗。承認百分之九十九跟著習俗，我們每個人每次幾乎都是跟隨著他的領導人。這種行為大約起源於 100 或 1,000 年前，這些都是組成世界的過程。此外，我們讀到人們沒有創造文明，只是在借鑑它：正如一個人離開了文明，他就會死；沒有人會自己形成，那麼向誰借？第一個借貸者又是從哪裡獲得他的第一筆資本？

—— 奧蒂斯·梅森

　　這真是不可思議，若我們忽視或者否認攀登是為了站得更高，學習是為了懂得更多，創造是為了發明的探險精神而存在。那麼讓沒有經驗、沒有學識的種族去了解，並且只用很短的時間來征服世界的想法，對於機智的人來講簡直太討厭了。確實，起源與發展對於我們種族的進化非常有必要，人類不得不開始比第三紀看得更遠，獲得更多的利益與成功。

—— 奧蒂斯·梅森

　　文明人將他的整個生命融入車輪、曲柄或鐵發動機的中間，他注視著他們的每一天。在他們的運動中是不是就會有新的想法，改進可以使他們的行動變得更容易簡單，同時能減少他的疼痛或花費，這就是發明並為此而尋找專利。原始人則讓他們的生命遠離車輪，他從未看見融入車輪的人向他展示，但他周圍環繞著各種充滿暗示的東西代替輪子，他看到發明創造是怎麼為他們證明，使他們的行為變得容易簡單，同時也便於他們減少勞動和增加收穫，他做出了改變，這難道不是一種創造嗎？

—— 奧蒂斯·梅森

他是其中最隱蔽的居民，的確，在最粗魯的原始部落裡，仍有人沉溺於同類相食的情況。在非洲，不論棉花還是玻璃球，都抵不過非洲人那本土機械能力的本能。

—— 斯徹威夫斯

卡珀坦·思拜瑟，一個融入愛斯基摩人的捕鯨者告訴筆者，他們把發明作為運動的一部分，他們去到一個艱困的環境，並且想像他們處於困境，關於他們願意做的事情他們會交換意見，並確實地做出嘗試，在創造上解決另一個問題。—— 奧蒂斯·梅森

在創造的長期發展中，在技工與他的工作、科學家與他的儀器之間，有一個永恆的鬥爭。在發展的低階階段，這種競爭通常存在於原始人和他們工作用的材料，或使他們達到目的的工具之間。如果一個人去了解雕刻的藝術，他將會立刻注意到難以處理的原料不斷增長。這種增長在相互平衡利用的同時，也克服了相應的阻礙。每一次成功都會激勵雕刻家們去雕刻更完美的作品。只要他們在礦石中發現無法雕刻的東西，這對他們雕刻的雄心便是一種威脅。他在雕刻方面的技術越高，就越渴望從中發現一些對雕刻來說，更具有困難的礦物材料。

—— 奧蒂斯·梅森

記載關於原始的產業和當時的發明有很多的特徵。因為作者沒有考慮到當時時代和部落的技巧與特殊方法，他用笨拙的語言描述這些方法，並且說他這一生都難以想像，人們是如何使用這些電器裝置的。但人們做到了，你會看到一個人為了研究多次的相互撞擊而產生的火花，不停地摩擦石頭數個小時。原始人為了他們的生活摩擦多次，漸漸地，前面知識的累積為後面的困難掃清了障礙。

拉菲托說，一塊光亮的石頭是需要用斧頭削成的。約瑟夫·麥圭爾先生在不到 100 個小時的時間裡，把一塊粗糙的石片製作成有凹槽的玉翡翠。每個人將會讀到在生活中這樣的例子，不只是在許多騙子中，車床

工人中，還有在商店、農場或屋裡，總是有一些人擁有一種十分特別的技巧。

—— 奧蒂斯·梅森

在他那個年代是相當有名的，那個院長擅長寫詩。

—— 斯威夫特

我們的文明受父母的影響，一個人如果犯了殺嬰罪和強暴婦女罪，他將會被逮捕並處死刑。沒有人去培養犯這樣的罪。從表面上看，這種殘酷的行為，在我們現實生活中存在著很大一部分。

在這些人中，地中海沿岸的人是最不呆板的，他們擁有藍色或棕色的眼睛，他們會用自己的方式來生活。猶太人是人數最少的人種。蒙古人的手是最靈活的，非洲人、巴布亞人比玻里尼西亞人更無意識和呆板。愛斯基摩人與印度人、澳洲人相比，他們是最笨的。在發明上，他們都有一個相似的特點，那就是征服自然，利用自然。歐洲人與亞洲人在語言、藝術、社會結構、文學、科學、物理上擁有極高的地位。西伯來人在宗教問題上是最敏感的；埃及人創造了編年體；最和諧並在藝術上創造了肖像畫的是希臘人；羅馬人是法學的奠基人。

—— 奧蒂斯·梅森

休倫族用小且鋒利的石頭，把他們的手臂劃破從中取出血液，將這些血液與黏土混合，用來修改或黏牢東西，這是一項偉大的發明。在沒有別的、更好的替代品發明之前，這項發明是十分令人欽佩的。

—— 薩加爾德

原始人的剪刀與文明人是不一樣的。剪刀不是雙刃的，只有一邊刀刃。一把剪刀中的一邊刀刃在左邊，另一邊刀刃就在右邊。的確，那時沒有布料和絲緞可供裁剪，只有皮膚與頭髮可供裁剪。殘忍的母親會用木條與皮革去打她們的孩子，用鋒利的石頭和貝殼去剪孩子的頭髮。在這種酷

刑之後，留給孩子們的是火一般深深的烙印。這種事情在美洲部落是相當普遍的。

　　去準確地計算出發明的日期是極其愚蠢的事情。他們在嘗試發明時遠遠不止做過 50 次實驗。人的腦子是一個拱形的大機器，各部分的轉換都成了玩具的模型。為了長遠的需要，在每次緊急情況下，他們懂得自救，去複製或加倍增加他們所擁有的東西。

　　這個絕妙的發明，只不過是從一個放大的模型中分離出來的。不過模仿確保了創造的希望。

—— 奧蒂斯・梅森

第四十三章　天文學

天堂的頂蓬是用星星來裝飾的，這顯得天堂更加美麗了。透過這明亮莊嚴的月光，是否那是一個充滿愛的世界？她為人們睡夢中的世界落下帷幕。

—— 珀西·雪萊

一個半世紀之前，愛德華·揚（Eduard Jan Dijksterhuis）寫道：「不虔誠的天文學家是瘋子。」現在對此說法更加有理可循。因為在我們強而有力的現代設施條件下，相比我們祖先所可能了解的，我們對天體有著更好的理解。但我們不應該只了解天文對人類思想的作用，更應該把它當成一種職業，一種謀生方式，否則除非他熱衷於天文並精通天文，且情不自禁地想把天文知識傳播給其他人，不然沒有人希望靠成為天文學家來謀生，哪怕是謀取一種中等水準的生活。

不久前，我寫信給一位天文學家，他是美國最著名的天文學家之一，因我和他相交多年，所以請教他一些看法，是關於現在從事科學並把科學當作畢生事業的一些年輕人，他們的成功機率。下面是他的回答：

「要是把天文學當成一種謀生手段，那麼它也許是最貧困的一門科學。就科學本身而言，它相當純粹，在現實生活中很少有實際用途。在為商業界提供所謂的時間方面，它所能做的都被那些並不真正懂得科學內涵的人做到了。天文臺並不多，而且我懷疑在美國能否有一兩百人在領著天文工作的薪水。年輕的天文學者必須明白，這項工作本身就是回報。廣泛閱讀後，我建議一些書籍：揚的《天文學概論》、紐康（Simon Newcomb）的《天文學流行論》、鮑爾的《天國的故事》、托德的《新天文學論》和蘭勒

的《新天文學論》，以及任何關於這門學科的學生可能讀懂的現代課本。

對那些足夠了解天文科學且變得對之感興趣，和那些渴望深造並想依靠天文學謀生的年輕人來說，那是一幅有些朦朧的圖畫。可是這幅圖畫是把雙刃劍。多年來上述那位天文學作家靠食「星體」為生，任何東西都不能誘使他改變「日常飲食」。他已經達到了這樣一種境界，每當他有些關於天體的東西要寫的時候，那些著名的雜誌社就會樂意付高價來買他的論文。

而且這種寫作也不像你認為的那樣，完全是他的另一個職業。那些雜誌社願意支付的並不是他的寫作風格，而是他對於天文學的淵博知識。雖然他謙虛地在建議閱讀的書單上，省略了他自己的著作。他寫的關於天文學的書籍，其所有利潤直接來源於天體，因為若沒有他那淵博的天文學知識，他將無法寫作這些書。

不僅在每種行業，而且也在每種職業中，去了解你工作所要使用的工具都是很好的。天文儀器製造者提供給天文學者工作工具，這些工具必須被製造出來，人們必須製造它們，年輕人必須學習如何製造它們。天文學家去了解他所使用的儀器結構，正如一個印刷者要了解他的印刷機一樣重要。一位一流的天文學家若能製造和修理天文機械，且到處都能做一些小小的改進，那麼他就會比和他同等水準但不會做這些事情的天文學家，處在一個更好的位置。倘若你內心有這些會使你成為一名偉大科學家的想法，那麼學習一門對實踐科學而言必要的行業的想法，就不會讓你驚慌失措。這是把收入和科學相結合的方式之一。

我認識另外一名天文學家，他的名字你肯定立刻就能辨識出。我講述他早期的奮鬥時提及他的名字，會對他不怎麼公平。據說，他的天文發現比任何同時代的人都重要很多。我最早認識他是在 25 年前，那時他在紐約州中心的一個小城鎮有一家照相館，不過很少有人來拍照，他住在郊區

的一間被漆成亮紅色的狹小房子裡。我認為房子之所以被漆成紅色，是因為它比其他顏色都便宜。

雖然他從事拍照工作，心卻全在天體上，除了死亡沒有什麼能阻擋他成為一名天文學家。按理說，作為鄉村攝影師他並不富有，也沒有錢買天文裝置，所以他的第一個望遠鏡是他自己做的。經過長期的節衣縮食，他能夠買一個更好的了，並且把它安裝在房子較高的位置上。

隨後他的發現開始引起了人們的注意，短時間內來這個小鎮參觀的科學家，比以前聽說的都要多。他發明的專門的攝影工具、許多的發現以及「小紅屋天文臺」，在天文學家之間變得十分有名。這樣的一個能人是絕對不會一直只當個鄉村攝影師的，所以後來他被邀請到一所一流大學去教天文學。你並不用擔心他已經發現了天文學的所有奧祕，那仍然有相當大的空間供你和他發揮。

天文學的基礎工作並不需要昂貴的裝置，大腦和眼睛就足夠了。要是你能得到一副雙筒望遠鏡、小望遠鏡或是一架小的天文望遠鏡，那麼它們能給你的眼睛提供相當大的幫助。著名的林科天文臺的主任愛德華·霍頓博士建議，去讀所有百科全書裡的關於望遠鏡、太陽、行星、恆星和日晷的天文學文章，同時開始用雙筒望遠鏡、小望遠鏡，或者天文望遠鏡做觀察。如果沒有上述裝置的話，只用眼睛也可以。在你讀天文學的文章時，你會發現自己不理解的天文學術語，盡力去理解它們的含義。若是無法理解也沒關係，跳過去繼續看。當你掌握更多的天文學知識以後，你就會明白它們的具體含義了。

晚上看天上的星星，它們彼此之間都非常相似，但這只是天文學的基礎階段；稍微注意一下就能發現它們之間的區別，在亮度上的區別很快就會變得非常明顯，而且在顏色上也會有區別。在許多百科全書裡面有不少星體圖片，如果你要買一副，霍都博士會建議買保護者的《星星半小

時》，並建議青年學子能夠找出星圖中描繪的每個星座裡的星星，這會讓你熟悉星座和其中的一些星星。每個上過天文學課的人都知道大熊座，當你追著它找時，會發現它們又成了另一個星座的腳了，這時大熊座就變樣了。

當你學會了怎麼根據星圖中的資訊，在空中找到星星的位置後，你要找一些易變的星星，每夜都仔細觀察它們，直到它們完成一個週期。易變的星星是那些亮度上有週期性變化的星星，觀察它們由亮到暗，再到幾乎看不見的過程，觀察它逐漸增加亮度，到我們感覺它已經最亮的過程。把它亮的頻率與周圍不發生變化的星星進行比較並記錄下來，霍頓博士說：「要是你能夠清晰、快速、良好、無誤地記下這些資訊，說明你已經取得了巨大的進步。」

同樣權威的人士建議，倘若買了並不怎麼貴的《星星半小時》之後，就應該用雙筒望遠鏡做觀察了。為了引起對後一部分的注意，我一字不差地引用他的原話，他說：「通常並不值得自己花時間去做望遠鏡，儘管這樣可以學到很多東西。」有著名天文學家的觀點，能夠支持我所說過的、關於儀器裝置的內容。一名不熟悉天文望遠鏡結構的天文學家，會跟一個不會用刨子的木匠一樣迷茫。工人必須熟悉自己的工具。

霍頓博士說花錢買個好的雙筒望遠鏡並不是浪費，但並非所有的雙筒望遠鏡都是好的，所以在買的時候應該尋求建議，並且和信得過的公司買。兩個鏡筒之間的距離，應該跟你兩眼之間的距離相同，這樣你就能看到一個影像而不是兩個。望遠鏡要容易聚焦，鏡筒之間的距離也不要太大，否則即使是調好焦距，效果也不會太好。

有了《星星半小時》和一個好的雙筒望遠鏡之後，便能夠學到很多東西。我始終持有這種觀點，在某種程度上，這也可以說是霍頓博士在波士頓《青年朋友》裡，給天文初學者的建議。因為他不僅是一名有經驗的天

文學家，而且在天文教學上也有豐富的經驗。另一本你應該擁有和學習的書是加略特‧舍維斯的《雙筒望遠鏡下的天文學》。你很有可能在報紙和雜誌上讀過一些舍維斯先生的天文學文章，只要你曾讀過其中的一篇，你就會知道他懂得怎樣使令大眾對天文學感興趣。

「當你掌握了舍維斯的書裡面的內容之後，」霍頓博士繼續說，「想學到更準確的概念，你就得花上相當長的時間了。你或許得從學校的書本中學到，楊教授寫的高中教材《天文學元素》，牛康博教授和霍頓博士的《短暫課程》，在大多學校裡作為課本使用，並且人們發現當中的每一本，對任何一個想要自學的人都非常有用。」

「對於那些經濟上比較充裕的人，」霍頓博士建議：「現在正是時候買一個貴一些、好一點的望遠鏡。二點五或者三、四英寸孔徑的望遠鏡，的確是一個令人滿意的工具。這樣的望遠鏡能讓人帶著三角架帶到一個又一個地方。它有一個接目鏡可以放大影像，兩個半英寸的可以放大一百五十倍，四英寸的可以放大三百倍。

你還急需一張很好的星圖，整體而言，麥克盧爾在紐約出版的星圖是目前最好的了。並且現在正是買這兩本書的時候：一本是用於普通望遠鏡的，叫做《韋伯天體》；還有就是韋斯特伍德先生的《約翰奧利弗的天文學》供業餘愛好者閱讀。」

此外，我只提到了應該讀的一部分書目。任何一間圖書館都有不少藏書，從每一本書裡都能學到一些東西。如果你有空餘時間，最好通讀這些書，。最有名的一本書是羅伯特‧鮑爾先生的《天空的故事》，這在大多數大型圖書館裡都看得到。

「最後，若你是真希望從中得到真知識，你需要把大學課程與那個物鏡連繫起來。你可能會得到數學知識、物理學知識，和許多在物理實驗室的試驗經驗，除了這些，對一個天文學家來說，沒有更好的訓練辦法了。

你需要懂法語，德語和拉丁語也極為重要。並且你需要足夠的運動，以保持健康的體魄和良好的性格。

「大學畢業之後，要是你希望在專業上開始有所作為，你需要在大學訓練三年，這對於出國很有用但不是現在要做的。在美國有不少地方，例如利克天文臺，任何準備得到天文知識的人，都可以在這裡耳濡目染。」

在霍頓博士看來，年輕的天文學家將成為學院的學生，而且在畢業後完成一個三年的大學學業。對於大多數年輕人的規劃來說，這是十分嚴肅的事。聯合大學的評價和大學的訓練課程，不論對你還是對其他的年輕人都是無可爭議的。

擺在我們面前的問題是，一個人是否能在不經過訓練的情況下，就成為一等的天文學家。讓我們從一個實際的觀點和一些鮮明的例子上來看。首先看一些霍頓博士說到的特殊要求：「你可以在大學學到的所有的數學知識，物理學知識和在物理實驗室裡的大量實驗，在大學中向世界開放數學和物理學，是比什麼都重要的事情。」

你會需要用到法語和德語，拉丁語也很重要。問問你自己，為什麼需要掌握法語知識還有德語知識，因為只有這樣，你才能自然而然地讀懂，法語和德語天文方面的作品和文章。其次是拉丁文。有不少拉丁名字和拉丁術語，都被用到天文學中。一旦你學習它，對於學生來說，它們就像是大熊座這個名字一樣簡單。如果你著手學習這門語言，那麼就要學得完全，這樣你就可以去附近的天主教神父那裡，與他用拉丁語進行交流。我不會低估任何一種學習的價值，但是我不會讓你被所謂的獎學金這種形式所欺騙。這句話是拉丁語韻文中一個令人苦惱的錯誤，可後來卻闡述了語言學知識的巨大優勢。

在我的朋友中有兩個相識已久的著名天文學家，他們都非常成功。據我所知，他們都沒有上過大學。毋庸置疑的是，假使他們上過大學，那麼

他們一定會比其他的大學生更加優秀，不過這些並不重要。威廉‧赫雪爾（William Herschel），著名的天文學家之一，他就不是一名大學生。他的父親是漢諾威皇家樂隊中的一名雙簧管演奏者。

威廉先生直到中年都沒受過什麼教育。他是一名音樂家，一名出色的風琴演奏家。在將近 35 歲的時候才在英國定居，讓他的妹妹卡羅琳（Caroline Herschel）幫他製作一架望遠鏡。在那時候（西元 1772 年）望遠鏡是稀有並昂貴的，但效能卻不佳。赫雪爾租用了一面大約 2 英寸孔徑的小格里高利反射鏡，然而這並沒有滿足他的需求，便又買了一個焦距為 18 英尺的小透鏡，他的妹妹為他提供一個長為 18 英尺的厚紙管，就這樣他將透鏡變成了一架簡易的望遠鏡。當然這樣的紙管很容易彎曲，於是他又製作了一支錫製的，那就是他的第一架望遠鏡。他不需要去閱讀法國或者德國天文學家的著作，就了解了比他們綜合起來還要淵博的天文知識。

就在他製作錫製望遠鏡的第十年，喬治三世（George III）邀請他去溫莎，並任命他為自己的御用天文學家。在任何一本好的百科全書中，你都會找到關於他奮鬥和成功的記載，你會被這些內容所吸引。他自學成才，所以有必要的話，你也可以像他那樣做。他熱愛科學、堅毅、懂常識。而你若從他的經歷中找到了自己的方法，那麼你也可以像他那樣。

無論在哪裡，只要是有太陽照射的地方，就會存在著他那光榮而偉大的名字，並造就新的國家。

—— 莎士比亞

第四十四章　對天空的研究

　　也許有一個原因可以解釋，為什麼受過教育的人對星空知之甚少，那就是他們普遍認為，只有強大的望遠鏡和天文臺那些昂貴的裝置，才能用來進行觀測，這樣才不會造成更大的錯誤。而與取得一些精煉又不可或缺的成就的耗費相比較，不需要任何光學儀器和大量的勞力，就可以了解令人愉悅又有用的、關於行星和恆星的知識，那是最好不過了。

　　　　　　　　　　　　—— 加勒特·普特南《天文學與雙筒望遠鏡》

　　在雙筒望遠鏡的幫助下，可以在星空下進行有趣的、令人感到滿足的，並且有科學價值的觀測活動。我不只一次的聽到，那些曾經對行星一無所知的人，在被勸說使用一架好的望遠鏡去觀測天空後，由於驚奇和歡喜而發出的感嘆聲。從那以後，他們就對天文學產生了興趣，而在這之前，連他們自己也不相信會這樣。

　　　　　　　　　　　　　　　　　　　—— 加勒特·普特南

　　伽利略（Galileo Galilei）也是僅僅利用一架雙筒望遠鏡，就獲得了他著名的發現。後來這種望遠鏡被淘汰了，因為它不能獲得更高的放大率，而這樣就限制了觀測的領域。不過由於雙筒望遠鏡能讓被觀測的物體更加清晰又便於攜帶，所以依舊很有價值，並且在某些方面是種無法匹敵的觀測儀器。

　　　　　　　　　　　　　　　　　　　—— 加勒特·普特南

　　在選擇雙筒望遠鏡時，首先要看清楚其物鏡是無色的，儘管這個忠告幾乎沒有必要，因為現在所有的、名副其實的雙筒望遠鏡，都是用無色的物鏡製成的。可是在製造品質上卻有著天壤之別，要是望遠鏡呈現的物體周圍有彩色的散亂邊紋，那就不要選擇它。物鏡的直徑是用肉眼可以看見

的、鏡頭上那片最大的玻璃的厚度，它不能薄於半英寸～一英寸。放大倍數最小要達到 3 或 4 倍，判斷放大倍數最常用的方法，就是一隻眼睛透過雙筒望遠鏡的一支筒看一面磚牆，另一隻眼睛不透過望遠鏡看。然後觀察一下，用裸眼看到的磚需要有多少塊，才相當於用望遠鏡所看到的一塊磚的厚度。那個數目就代表放大倍數。

—— 加勒特·普特南

同時透過雙筒望遠鏡的兩個筒來觀看景物是非常完美的。當我們觀看遠處的物體時，若是一部分景象重疊在另一部分上是很惱人的。而這種誤差是由於雙筒望遠鏡的兩個筒的位置距離過遠、過於分散所引起的，導致望遠鏡的光學中心與觀測者的視覺中心位置不一致。

—— 加勒特·普特南

由於鏡片的錯誤聚焦，造成了被觀測的物體形成重影的現象。在這種情況下望遠鏡是沒有用的；但若僅僅是在視野的一端新增一個小的月牙形外延，這個缺陷也許會被忽略，要是能挑選一個可以呈現完美視野的望遠鏡就更好了。一些望遠鏡有調節鏡筒的裝置，以此來適應不同人的眼睛，如果所有的望遠鏡都能這樣就更好了。

—— 舍維斯

不要買價格低廉的望遠鏡，也不要把你的錢浪費在特製的裝備上。有一些儀器上會印有製造者的名字，這普遍被認為是優質的保證。不過最好的檢驗是實際的效能。我有一副在一家當鋪找到的小型雙筒望遠鏡，上面沒有印製造者的名字，但是就某些方面來說，它和大量做廣告的那些光學儀器相比，也絲毫不遜色。

—— 塞若斯

一副好的野外用或航海用的望遠鏡，在某些方面比一副用來觀測天空的望遠鏡要好。它具有強大的放大力，這有時會是一個決定性的優勢。

—— 塞沃勒斯

我們能在眾多學科中記錄下天文學嗎？天文學的作用不是融入到普通人的生活中，而是幫助提高思想到單純的智力所領悟到的對事物的沉思。

—— 蘇格拉底

　　他（威廉・赫雪爾）起初租用一個小型的反射望遠鏡，從而激發了他的好奇心。他買不起較大的儀器，於是下決心將來要擁有屬於自己的光學儀器。西元 1772 年，他首次嘗試安裝鏡片到人造電子管上，結果可想而知。之後他從一名教友派信徒手中，購買了他當作廢物丟棄的工具、模具、磨光器和反光鏡。

　　西元 1773 年 6 月，威廉開始認真工作。在 200 次的失敗後，他製造出一架還算可以的反射式望遠鏡，孔徑大約 6 英寸，焦距大約半英尺。對於付出如此之大的勞苦來說，這個結果可能相當不起眼，可是這 200 次的失敗，讓赫雪爾成為了一名無人能及的、無與倫比的專家。西元 1774 年 3 月 4 日，他使用新的儀器，觀測到獵戶座的星雲，代表他最初天文學成就的這份紀錄，現仍被儲存在皇家學會。

—— 阿格尼斯《赫雪爾一家》

　　赫雪爾在西元 1780 年開始寫第二篇天文學學術文章，他用了一臺 7 英尺、6 英寸孔徑，帶有 227 倍放大力的望遠鏡，「為了不同的視角，」他說，「這臺儀器等同於以往製造出的任何一臺。」他的稱讚是有充分理由的。因為他努力探索雙子星座，在西元 1781 年 3 月 13 日的晚上，一個史無前例的發現誕生了。一顆行星進入他的視野，他並不十分了解這顆行星，唯一能確定的只有那不是一顆恆星。他如同備有高階望遠鏡般的敏銳視覺，立刻就分辨出那個物體帶有光環，在使用了更大倍數的望遠鏡後發現，這圈光環是真實存在的。

—— 克萊克

　　在那個時期，還沒有很多人發現新行星。除了自遠古時代就知道的 5 個地球外的行星，便再也沒有了。太陽系的範圍是無法想像的，它們竟然

在擴大。赫雪爾關於彗星的發現，被審慎地報告給皇家學會。不到一年後，西元 1782 年 11 月 7 日，他感覺已經可以確定行星的地位了，從而運用他的權利為它命名。

——基爾克

這個發現成為赫雪爾事業的轉捩點，這讓他由一位音樂大師成為一名天文學家。倘若沒有這個轉捩點，對他的能力將會是極大的浪費。

——基爾克

天文學不是一門興趣使然的科學；它起源於人類的好奇心——好奇心驅使他進一步探索宇宙甚至是造物者上帝。這是一門正在不斷發展、擴大的科學，直到它成為人類智慧最高權利的代表。

——米歇爾

天文學的完善是人類努力和智慧的偉大勝利；我們關於行星的知識被認為是完整的；恆星一定能被人的肉眼和望遠鏡所看到；在天文學的系統中，無窮的視野已向人類的研究開啟。

——伽利略

每當他處理有關人類的事物時，對天體的注視會使人說話和思考更加令人讚嘆。

——西塞羅

天文學是人類對外部世界進行的探索之一。那些能夠挖掘出真相、發現規律的人，所得到的不光是屬於科學本身的壯麗和延伸。它是奉獻的催化劑。

——賀瑞斯‧馬琴

心胸狹窄的宗教信徒，是不能以一顆公正純潔的心去看待、理解天文學的。它的宗教信條會逐漸枯萎，就像天文臺門外那皺巴巴的落葉一般。

——愛默生

這裡有一把鑰匙可以解開天文學的奧祕，那就是對數學知識的充分掌握和研究，以及使用大型儀器來精密探測。

—— 約翰・赫歇爾

　　我記得有一次羅斯伯爵曾經解釋過，為什麼他能夠全心全意地投入到天文學的研究中。當他發現自己看起來正處於一種無所事事的狀態時，他就會故意到處閒逛，從而去發現這其中究竟還有多少時間可以再充分地被利用。所以你不必驚訝他竟然會以這種方式，為他呆板的思考習慣去提供更特別的視角。他得出了一個結論，那就是建造大型的望遠鏡，是一個先前從未得到過任何有價值資訊的嘗試與創作，而這些在威廉姆・賀瑞斯轟轟烈烈的日子裡卻早已開始。他明白要想建造如此龐大的一件設備去研究天文學，需要的不單是大量的時間還有大筆的金錢。同時他也感受到其中的艱辛，不管他擁有什麼樣的機械技術，這些都將會加重挑戰的難度。這就是他決定進行太空探索的原因。建立大型望遠鏡應該與我的生命相連。

—— 偉大的天文學家羅伯特・鮑爾

　　善於用望遠鏡的人在觀察微小的遙遠物體時，為了防止眼睛偏離準確的位置，他們總是會全神貫注、繃緊神經，就是為了讓視網膜的移動更加的敏感準確，而不像平時那樣用眼。當你發現自己正在搜尋的物體處在中心位置時，請朝視線的邊緣看，然後它可能全部顯現在你的鏡頭之中，你就會看到它。這樣當一顆小星星的光芒被它旁邊的一顆大星星所遮擋時，你去觀察這個現象所帶來的結果，會令你感到十分有趣。這顆小星星像是突然間闖進了帷幕之中，完全的與眾不同，細小的像一根針尖。但是當想你定睛一看時，它卻快速地消失了。

—— 舍維斯

　　當你腦中已經對星座的輪廓和位置有了一個大概的了解，並且能夠辨識出主要的星星時，拿出你的戶外望遠鏡開始探尋獅子座和它的一等星吧！設法讓你的肩膀在扛著望遠鏡時輕鬆點，這樣做不僅可以讓你感到舒

適，更重要的是可以固定視線。一個帶靠背的躺椅將會是不錯的借力工具，尤其是為了能夠方便得到一個精確的觀測點。你要知道世界上沒有兩個一模一樣的觀測家，就算是同一個觀測者偶爾也需要變換位置。尋找一個遙遠複雜的物體時，有時我會輕輕地調整焦距，從而讓它進入搜尋影像的狀態，然後再固定。

　　　　　　　　　　　　　　　　　　　　　　　　　　—— 舍維斯

　　現今有記載的新星中最著名的一顆，出現於西元 1604 年。起初，它比天空中的任何星星都要明亮閃耀，隨後開始變暗，並且在一年之內逐漸消失。它實在很有意思的原因是在於克卜勒（Johannes Kepler）寫的、關於這顆奇異星星的書。但當今的一些哲學家卻爭辯說，這顆奇異星星的突然閃現是因為它恰巧遇到了原子。

　　而克卜勒的回答充滿個性又十分機智幽默：「我將會告訴這些喋喋不休的爭論者，長久覘覬我的對手們，這並不是我本人的意見而是我妻子的。昨天正當我為寫作煩悶不已，滿腦子都在思考有關於原子的問題時，晚飯時間到了。我想要的沙拉早已準備妥當放在我的面前。」「看起來，」我大聲說：「就好像一個白瓷盤，幾片生菜葉，一小勺鹽，再來點水、醋、油還有一些雞蛋。本來它們是在宇宙中不相關的飛翔物，最後卻偶然遇到，然後組成了一盤沙拉。」「是的，」我妻子回答道，「可是都不會像我做的這盤，如此的誘人和美味。」

　　　　　　　　　　　　　　　　　　　　　　　　　　—— 舍維斯

　　為了觀察太陽，當然有必要採取一定的措施去保護眼睛。拿兩塊玻璃，長約四或五公分，然後用煙燻黑其中的一塊，直到你感覺用它來看太陽不是很清楚為止。而後再把兩塊合併，被燻黑的那一面朝裡，用一些碎的硬紙板小心翼翼地把它們稍微分開，放置底端，最後用紙帶把邊緣紮緊固定好。然後透過一條橡皮筋來繫緊深色玻璃，用一種能使兩塊鏡片都被深色玻璃所覆蓋的方式來安裝望遠鏡孔。它需要一點調整使你能夠將太陽

保持在視野中，為了達到這個目的，你需要適當的坐姿讓你可以穩穩地舉起鏡頭。然後用鏡頭朝著太陽的方向緩緩移動，直到太陽的光環進入視野。

—— 舍維斯

我相信，科學只不過是訓練和整理過的常識，它和後者的區別只是像老兵與新兵的不同。目前，科學的方法和常識的區別，就像禁衛軍的肉搏技巧與俱樂部中野蠻人舞弄的差別一樣。

—— 赫胥黎

科學 —— 換種說法，也就是知識 —— 不是宗教的敵人；如果是的話，宗教將意味著愚昧。但科學總是成為神學院的對手。

—— 奧利弗·溫德爾·霍姆斯

威廉・德萊斯代爾論青春——寫給雄心壯志的你：

以正確的方式步步為營，用堅持與毅力克服挑戰！美國教育家談青春的轉化與成功

作　　　者：[美] 威廉・德萊斯代爾
　　　　　　（William Drysdale）
翻　　　譯：孫陽
發 行 人：黃振庭
出 版 者：財經錢線文化事業有限公司
發 行 者：財經錢線文化事業有限公司
E - m a i l：sonbookservice@gmail.
　　　　　　com
粉 絲 頁：https://www.facebook.
　　　　　　com/sonbookss/
網　　　址：https://sonbook.net/
地　　　址：台北市中正區重慶南路一段
　　　　　　61 號 8 樓
8F., No.61, Sec. 1, Chongqing S. Rd.,
Zhongzheng Dist., Taipei City 100, Taiwan

電　　　話：(02)2370-3310
傳　　　真：(02)2388-1990
印　　　刷：京峯數位服務有限公司
律 師 顧 問：廣華律師事務所 張珮琦律師

國家圖書館出版品預行編目資料

威廉・德萊斯代爾論青春——寫給
雄心壯志的你：以正確的方式步
步為營，用堅持與毅力克服挑戰！
美國教育家談青春的轉化與成功 /
[美] 威廉・德萊斯代爾（William
Drysdale）著，孫陽 譯. -- 第一版.
-- 臺北市：財經錢線文化事業有限
公司, 2024.08
面；　公分
POD 版
譯自：Helps for ambitious boys
ISBN 978-957-680-935-4(平裝)
1.CST: 成 功 法 2.CST: 生 活 指 導
3.CST: 自我實現
177.2　113010706

定　　　價：470 元
發 行 日 期：2024 年 08 月第一版
◎本書以 POD 印製
Design Assets from Freepik.com

電子書購買

爽讀 APP

臉書